스포츠
마케팅의 미래

박재민 지음

추천사

스포츠 마케팅의 탄생과 미래를 읽는다
김주호(KPR 사장, 전 2018평창동계올림픽 및 동계패럴림픽 조직위 부위원장)

뉴질랜드 5달러짜리 지폐 앞면에는 에드먼드 힐러리Edmund Hillary 경의 초상화가 실려 있다. 에드먼드 힐러리 경은 세계에서 가장 높은 에베레스트 산(8,848미터)을 처음 등정한 사람으로 20세기 가장 위대한 탐험가 중 한 명으로 손꼽힌다. 그가 셰르파sherpa[1] 텐징 노르가이Tenzing Norgay와 함께 에베레스트 산을 처음 등정한 것은 1953년이다. 그로부터 10년 동안 에베레스트 정상을 밟은 사람은 150명에 불과했다.

그런데 2017년 한 해에만 무려 648명이 정상에 올랐다. 이제 아마추어 산악인들도 팀을 이루어 비록 꼭대기까지는 못 다다르더라도 8,000미터 이상을 비교적 쉽게 오르락내리락한다. 이 구역은 심장을 얼어붙게 하는 차가운 바람과 눈사태로 여전히 죽음의 지역이라 불린다. 그런데 어떻게 이 지역을 정복한 사람들의 수가 그렇게 많아졌을까? 등반 장비와 루트가 익숙해진 덕분도 있겠지만 비결은 베이스캠프 위치에 있다. 과거 2,000미터 지점에 있던 베이스캠프가 5,400미터까지 높게 설치된 것이다. 2,000미터에서 시작해 정상을 오르는 것과 5,400미터 지점에서 체력을 비축한 뒤 오르는 것은 엄청난 차이다.

이 책은 스포츠라는 또 하나의 거대한 산봉우리에 위치한 베이스캠프 역할을 자처한다. 이 베이스캠프 안에서는 스포츠를 둘러싼 다양한 이야기들이 오고 간다. 스포츠의 역사, 철학, 문화, 종교, 사회 등을 바탕으로 스포츠가 상업화되고 대중화되는 과정을 생동감 있게 전달하고 있다. 베이스캠프 주인장인 박재민 셰르파가 오늘날 스포츠 마케팅이 탄생하기까지의 과정을 생생하게 들려주고 있다. 박재민 셰르파가 설치한 베이스캠프를 기반으로 현직 스포츠 관련 종사자들은 더 높은 목표를 향해 나아가는 데 영감을 받을 것이고 스포츠에 전혀 관심 없는 일반인들은 베이스캠프에 머물기만 해도 충분히 훌륭하고 멋진 경험을 가질 수 있을 것이라 믿는다.

나는 지난 2018 평창 동계올림픽에서 대한민국 스포츠가 정상에 가까운 곳에 다다를 수 있도록 베이스캠프를 차린 소중한 경험이 있다. 평창 동계올림픽에서는 많은 사건이 발생했다. 북핵 이슈, 남북단일팀, 개·폐회식과 추위, 폭설, 티켓 판매, 노쇼no show, 인명사고, 노로바이러스, 강풍으로 인한 경기 변경, 제천 화재와 성화 일정 취소, 캠페인 슬로건 보완, 대회 붐 조성 등 하나같이 쉬운 일이 없었다. 하지만 정상을 향하고자 베이스캠프에 모인 다양한 사람들의 집단 지성 힘으로 이를 이겨내고 국내외에서 좋은 평가를 받을 수 있었다.

이 책에는 특히나 평창 동계올림픽과 관련된 이야기가 많이 담겨 있다. 올림픽 조직에 대한 설명부터 올림픽을 둘러싼 수많은 마케팅 활동과 머천다이징 전략 그리고 무엇보다 저자가 현장에 참여하면서 느낀 당시 분위기가 살아 있다. 독자 여러분께서는 스포츠 팬과 스포츠 마케터의 관점에서 올림픽을 입체적으로 바라볼 기회를 잡을 수 있을 것이다.

분야를 막론하고 통섭consilience이 대세인 세상이다. 이 책은 독자들이 잘 안다고 생각했던 스포츠를 더욱 입체적으로 보여주고 더 높은 곳에 있는 베이스캠프로 데려다주는 셰르파 역할을 충실히 할 것이다. 저자가 가진 스포츠에 대한 열정이 작은 불쏘시개가 되어 더 많은 사람이 스포츠라는 공통분모를 통해 좋은 길동무를 만들어가길 바란다.

"자신과의 싸움을 위해 산을 오르는 것은 괜찮다. 하지만 남을 이기기 위해 산에 도전해서는 안 된다."

2008년 오클랜드 병원에서 심근경색으로 사망한 에드먼드 힐러리 경이 한 충고다. 스포츠의 핵심 가치는 더 이상 경쟁이 아니다. 공생, 관용, 배려, 품격과 같은 새로운 가치가 경쟁을 대체한 지 오래다. 분야를 떠나 이 책을 접하는 독자들이 자신만의 베이스캠프를 차리고 많은 사람을 초대하는 모습을 상상한다. 함께 한다면 아무것도 두려워할 필요가 없다.

추천사

우리 인생에 스포츠 정신이 필요하다

박항서(베트남 축구 국가대표팀 감독)

　운 좋게도 2002년과 2018년 두 번의 잊지 못할 경험을 했다. 한일 월드컵과 베트남 U-23대표팀에 대한 양국 국민들의 뜨거운 성원이 그것이다. 아직도 뜨거운 함성과 경적이 귓가에 들리는 듯하다. 2002년 한일 월드컵 때 코치로서 2년간 히딩크 감독을 모시면서 그의 철학과 위기관리 능력 등을 보고 들은 것이 큰 도움이 되었다. 하지만 히딩크 감독과 감히 비교하지 않았으면 한다. 나는 아직 부족함이 많은 사람이다.
　나는 팀워크와 정신력을 중요시한다. 훌륭한 팀을 만들기 위해서는 내가 우선이 아니라 우리가 우선이 돼야 한다고 생각한다. 베트남에서는 직접 말로 전달하지 못하기 때문에 스킨십을 많이 했다. 보통 경기가 끝나고 나면 선수들을 일일이 안아주면서 수고했다는 말을 전한다. 베트남 선수와 체온을 나누면서 신뢰를 쌓으려 노력했다. 가끔 베트남 선수들의 눈을 바라보며 내 진심이 잘 전달되었는지 확인하는데 진심으로 대하면 통한다는 확신을 하게 됐다. 그런데 이러한 스킨십을 통한 신뢰는 베트남이기에 가능했다고 생각한다. 서구화된 태도와 사고방식을 가진 한국 선수에게 베트남 선수에게 했던 스킨십은 다소 이질적으로 비칠 수 있을 것 같다. 어쩌면 현재 내가 가진 축구에 대한 철학이 한국보다 베트남 상황에 더 잘 맞아떨어졌을지도 모르겠다. 나는 우연히 나를 알아봐주는 곳에서 최선을 다했기 때문에 결과적으로 좋은 성과를 이루어낼 수 있다고 생각한다.

한때 한국에 젊고 유능한 지도자들이 많이 나왔고 '이제는 내가 현직에서 물러나야 하는구나.'라고 느낀 적이 있다. 이제는 K리그로 돌아가기가 쉽지 않겠다고 생각했다. 힘든 시간이었다. 하지만 그럴 때마다 나 자신을 다독이며 최선을 다했다. 내가 가진 것에 집중했다.

이 책은 스포츠에 대한 저자의 애정이 듬뿍 담겨 있다. 저자 자신이 스스로를 다독이며 최선을 다한 결과물이다. 책 곳곳에서 저자가 스포츠 현장을 누비며 고민한 흔적들이 묻어 있다. 하지만 책 내용과 별개로 책이 잘 팔려서 스포트라이트를 받게 될지는 나중에 생각할 문제다.

때론 자신이 쌓아온 방식이 외면을 받을 때가 있다. 스스로에 대한 의심이 들고 심적으로 힘든 상황을 겪을 수도 있다. 우리는 스스로 나약한 존재임을 부정할 수 없다. 하지만 최선을 다했다면 그 자체로도 정말 훌륭한 일이다. 성공의 기준을 남에게 맞추지 마라. 성공은 결국 관점의 차이다. 나는 과거 상주에서 우승을 했지만 구단으로부터 재계약을 하지 않겠다는 통보를 받은 적이 있다. 당시 상주 구단에 서운한 감정이 앞섰지만 훗날 반성해야 할 부분도 있다고 생각했다. 돌이켜보면 내겐 모두 소중한 성공의 순간들이다.

성공이라는 것은 늘 있을 수 있고 그때그때 의미가 다를 뿐이다. 외부 시선보다 자신에게 집중하길 바란다. 움츠러들지 말고 어깨와 가슴을 펴고 당당히 고개를 들기 바란다. 최선을 다했다면 자부심을 가져도 된다. 당신이나 우리는 모두 이 시대를 살아가는 당당한 주역임을 잊지 말자.

들어가며

누구나 좋아하는 스포츠 하나쯤은 있다

　누구나 좋아하는 스포츠 하나쯤은 있다. 평소 스포츠에 별다른 관심이 없는 사람조차도 스포츠 경기 중 일어난 감동적인 순간 하나쯤은 기억하고 있게 마련이다. 우리는 정도의 차이는 있겠지만 스포츠가 주는 특별한 감정을 공유하고 있다. 우리네 삶이 영화, 음악, 예술, 공연으로 풍요로워지듯이 스포츠 역시 삶을 풍요롭게 하고 일상생활에 활력을 불어넣는다. 필자는 과거 누구나 한 번쯤은 관심을 가졌을 법한 스포츠가 저마다의 이유로 재발견되었으면 한다. 일상의 작은 위로와 활력을 찾는 데 스포츠만 한 것도 없기 때문이다.

　이 책은 스포츠에 대한 호기심을 자극하기 위해 스포츠를 둘러싼 다양한 사건을 다각도로 해석하고 재조명했다. 그러기 위해 각 장의 주제에 따라 가치 있는 지식을 선별하고 쉽고 재미있게 전달하고자 노력했다.

　1장은 인류가 스포츠 엘도라도를 쫓는 과정을 따라간다. 인류가 스포츠를 상업적으로 이용하면서 어떤 일들이 일어났는지 살펴보았다. 스포츠 마케팅 관점에서 역사적으로 중요한 사건을 선별했다.

2장은 스포츠 산업의 세부 분야를 다루었다. 오늘날 스포츠 산업은 크게 스포츠 미디어, 스폰서십, 선수 매니지먼트, 스포츠 이벤트, 머천다이징 등 5가지로 구분할 수 있다. '따로 또 함께' 발전하고 있는 각 분야의 특징을 세심히 담았다. 스포츠 마케팅 전공자와 관계자에게 특히 도움이 될 것이다.

3장은 4차 산업혁명과 코로나19가 스포츠 현장에 어떤 변화를 가져왔는지를 살펴보았다. 코로나19가 스포츠 현장에 미친 영향을 관찰하며 향후에는 어떤 변화가 일어날지 조심스레 예측하고자 했다. 코로나19로 허약해진 스포츠 산업의 빈틈을 거대 자본이 노리고 있다. 새로운 시장을 두고 펼쳐지는 혁신과 파괴의 과정은 스포츠 산업 종사자뿐만 아니라 많은 사람에게 영감을 제공할 것이다.

각 장은 독자들의 이해를 돕고자 되도록 시간의 흐름에 따라 구성했다. 스포츠 역사에서부터 오늘날 스포츠 산업에서 벌어지는 일들을 살펴보며 스포츠가 가진 매력에 흠뻑 빠져보길 기대한다.

이 책은 스포츠를 중심으로 벌어진 다양한 사건들 중 상징적인 사건을 추리는 과정에서 실제 스포츠 업계에서는 중요한 사건임에도 다소 복잡하거나 전문적으로 느껴지는 내용은 과감히 축소하거나 생략했다. 또한 이야기의 생동감을 전달하기 위해 필자가 스포츠 현장에서 직접 느낀 경험을 우선시하다 보니 다소 주관적으로 보이는 내용도 포함돼 있을 것이다. 선택과 집중에서 나온 결과에 너그러운 양해를 부탁드린다. 독자들이 이러한 점을 고려해 비판적으로 이 책을 활용할 수 있기를 기대한다.

스포츠의 어원인 데포라타레deporatare는 '엄하고 가혹한 노동이나 작업에서 잠시 벗어나 기분을 전환하다.'라는 의미다. 이제 기분을 전환할 준비가 되었나? 함께 가보자!

2022년 8월

박재민

목차

추천사	스포츠 마케팅의 탄생과 미래를 읽는다 김주호(KPR 사장, 전 2018평창동계올림픽 및 동계패럴림픽 조직위 부위원장)	• 5
추천사	우리 인생에 스포츠 정신이 필요하다 박항서(베트남 축구 국가대표팀 감독)	• 8
들어가며	누구나 좋아하는 스포츠 하나쯤은 있다	• 11

1장 스포츠 마케팅 • 21
현대 스포츠는 어떻게 탄생했고 발전해왔는가

1. **현대 스포츠의 시작**   27
   어떻게 스포츠는 인기를 얻기 시작했는가 • 27
   사회 변화는 스포츠에 어떤 영향을 미쳤는가 • 29

2. **스포츠 전파와 대중화**   31
   YMCA는 선교활동으로 스포츠를 대중화시켰다 • 31
   현대 스포츠는 언제부터 대중화됐는가 • 34

3. **스포츠 마케팅의 시작과 관점**   39
   스포츠는 제품과 고객을 어떻게 연결하는가 • 39
   스포츠 마케팅의 4가지 관점 • 41

       유명 인물 중심 • 41
       미디어 발달 중심 • 41
       스포츠 이벤트 중심 • 42
       기업 후원 활동 중심 • 42

4. 스포츠 마케팅의 역사   44
   1852년 최초의 스폰서십 조정 경기 • 44
   1858년 최초 메이저리그 올스타전(뉴욕 대 브루클린) • 45
   1869년 최초 프로야구단 창단(신시내티 레드스타킹스) • 47
   1890년 스포츠용품 산업 최초 공인 용어 사용
   (앨버트 굿윌 스팔딩) • 49
   1903년 자전거 대회 투르 드 프랑스 탄생 • 51
   1921년 최초 라디오 스포츠 생중계 • 53
   1923년 최초의 스폰서십 계약(골프 선수 진 사라젠) • 55
   1928년 기업의 올림픽 후원(코카콜라) • 56
   1934년 최초 라디오 중계 후원(포드자동차) • 62
   1936년 최초 스포츠와 TV의 만남(베를린 올림픽) • 64
   1951년 스포테인먼트의 탄생(빌 비크) • 66
   1984년 최초 흑자 올림픽(LA올림픽) • 71
   1985년 국제올림픽위원회의 톱 프로그램 도입 • 74
   1960년 최초 스포츠 마케팅 회사 IMG 설립(마크 맥코이) • 75
   1968년 햄버거 항공 수송 작전(맥도날드) • 82
   1975년 최초 위성방송과 유료 경기(알리 대 프레이저) • 83
   1979년 최초 24시간 스포츠 중계(ESPN) • 86
   1991년 스포츠 마케팅의 트렌드 세터
   (레드불 익스트림 시리즈) • 88
   1992년 앰부시 마케팅의 시작(마이클 조던) • 90
   1996년 나이키의 스타 마케팅(타이거 우즈) • 92

2장 스포츠 산업 • 95
스포츠 산업은 어떻게 구성되고 작동하는가

1. **스포츠 미디어**   99

    왜 스포츠와 미디어는 서로에게 호감을 느꼈는가 • 102

    TV 중계 없이는 스포츠도 존재할 수 없다 • 105

    미디어가 스포츠 현장에 변화를 몰고 왔다 • 107

    스포츠는 원 소스 멀티 유즈 콘텐츠이다 • 113

       ① 예능프로그램 • 113

       ② 영화 산업 • 114

       ③ 게임 산업 • 114

       ④ 테마파크 • 115

       ⑤ 스포츠펍 • 116

    '냉부해'는 스포츠 프로그램 포맷이다 • 117

    영화의 서스펜스 기법이 스포츠에도 통한다 • 119

    짧고 재미있는 틱톡형 콘텐츠를 부각한다 • 122

       ① 스포츠에 대한 예능적 요소의 부각 • 123

       ② 경기장 안팎의 다양한 스토리 개발 • 124

    왜 IT 기업이 스포츠 중계에 눈독을 들이는가 • 126

2. **스폰서십**   131

    스폰서십 판매 과정은 과일 판매와 같다 • 132

    스포츠 스폰서십은 종목과 기업이 맞아야 한다 • 133

    스포츠 마케팅에서 세일즈가 가장 중요하다 • 135

       ① 조지 파파스의 스포츠 세일즈 8단계 • 136

       ② 조태룡의 스포츠 5퍼센트의 법칙 • 140

3. 선수 매니지먼트　　　　　　　　　143

스포츠 에이전트는 협상의 달인이다 • 146

스포츠 에이전트에게는 5가지 자질이 필요하다 • 153

엔터테인먼트와 스포츠가 협업하고 있다 • 156
　① 엔터테이너 자질을 키우자 • 161
　② 스포츠 레전드에 주목하자 • 161
　③ 시스템을 구축하자 • 163
　④ 새로운 놀이터를 만들자 • 164

레전드 스타 비즈니스 모델을 만들자 • 165
　① 마리아 샤라포바 이야기 • 168
　② 김연아 이야기 • 176

4. 스포츠 이벤트　　　　　　　　　　184

스포츠 이벤트의 3원칙이 있다 • 190
　① 시장이 커야 한다 • 190
　② 시장이 안전해야 한다 • 191
　③ 시장 참여자 간의 혼잡을 해결해야 한다 • 192

팬 경험을 극대화해야 한다 • 193
　① 준비 경험 • 194
　② 도착 경험 • 195
　③ 동선 경험 • 197
　④ 관람 경험 • 197
　⑤ 프리미엄 경험 • 198
　⑥ 테크놀로지 경험 • 199

스포츠는 역시 직관이 최고다 • 200

5. 머천다이징　　　　　　　　　　　205

미국프로미식축구에서 스포츠 라이선싱이 시작됐다 • 209
　머천다이징과 라이선싱의 차이점 • 211

서울올림픽 때 한국의 스포츠 머천다이징 산업이
시작됐다 • 213
한국의 스포츠 머천다이징 산업은 평창 동계올림픽
전과 후로 나뉜다 • 217
마스코트가 엠블럼보다 더 효과적이다 • 224
    수호랑과 반다비 2세 탄생 • 227
올림픽 앰부시 마케팅은 위험하다 • 229
슬램덩크와 에어조던 협업 효과는 폭발적이었다 • 231
미국프로농구는 스포츠를 패션으로 확대시켰다 • 236

3장 스포츠의 미래 • 243
4차 산업혁명과 팬데믹 그리고 미래

1. 스포츠, 4차 산업혁명 시대와 만나다   248
디지털 트랜스포메이션이 스포츠를 덮치다 • 251
나이키는 어떻게 디지털 트랜스포메이션했는가 • 254
    디지털 세상을 이끌다 • 256
    달리기 개념을 재정립하다 • 256
    디지털 스포츠 부서를 신설하다 • 257
    디지털 스포츠 왕국을 꿈꾸다 • 258
    무형의 가치에 집중하다 • 260
    D2C 전략으로 직접 고객과 마주하다 • 262
    아마존에서 나이키 제품을 팔지 않는다 • 263

언더아머는 어떻게 디지털 트랜스포메이션했는가 • 265
  신발이 아니라 기능성 속옷에 집중하다 • 266
  'UA레코드' 앱을 출시하다 • 269
  디지털 피트니스 플랫폼 비전을 제시하다 • 270
  CEO 리스크로 부진의 늪에 빠지다 • 271
  언더아머-삼성 맞불 작전을 펼치다 • 272
  언더아머 브랜드 재정립에 집중하다 • 273
  D2C 전략 강화 발표 • 274
  다시 부활의 날갯짓을 시작하다 • 275

2. 스포츠, 코로나19와 만나다   277

코로나19 이후 1년 동안 무슨 일이 있었는가 • 279
  대한민국 4대 프로 스포츠 중단 • 280
  미국 4대 스포츠 리그, 유럽 5대 프로축구 중단 • 281
  올림픽 역사 124년만의 도쿄 올림픽 연기 • 282
  팬데믹 이후 최초 프로 스포츠 개막 • 284
  새로운 응원 문화 '랜선 응원' • 285
  미국프로농구 방역 대책 '버블 코트' • 287
  PGA, LPGA의 디지털 전환 • 290
  e스포츠 VR생중계 • 293
  디지털과 아날로그의 결합 • 294

팬데믹 이후 스포츠의 미래를 준비한다 • 296
  생동감: 실제보다 더 현실 같은 생생한 현장감 • 297
  개인화: 맞춤형 개인화 서비스 • 300
  데이터: 빅데이터를 활용한 다양한 정보 제공 • 301

스포츠가 블록체인과 MZ세대를 만나다 • 303
  연봉을 NFT로 발행 • 304
  대퍼랩스와 함께한 NFT 마케팅 • 305
  말본 골프 NFT 시장 진출 • 306
  알파고를 꺾은 이세돌 기보 영상 NFT 발행 • 308
  NFT 카드 구매하고 실제 선수와의 라운딩 • 308

식빵 언니 김연경 첫 번째 NFT 작품 완판 • 309
타이거 우즈 NFT 컬렉션 발매 • 310
올림픽 역사상 최초 NFT 마스코트 등장 • 311

스포츠 메타버스 열풍의 중심은 어디인가 • 313
KBO 포스트 시즌 메타버스 생중계 • 317
디센트럴랜드 맨체스터시티 홍보관 • 318
나이키의 메타버스 진출 앞둔 상품출원 • 319

3. 스포츠, 거대 자본과 만나다 　　　322

왜 SSG 랜더스를 주목해야 하는가 • 323
SSG 랜더스 이마트 플랫폼 구심점 • 324
프로야구는 더 이상 스포츠가 아니다 • 325

스포츠 프라퍼티 전쟁이 시작됐다 • 327
단기 프라퍼티와 장기 프라퍼티 • 328
해외 프라퍼티 전쟁- WME와 CAA • 329
국내 프라퍼티 전쟁- SM과 YG • 330
벨기에 구단을 인수한 스포티즌 • 332

스포츠 플랫폼 전쟁이 시작됐다 • 334
유럽슈퍼리그 • 335
리브 골프 인비테이셔널 • 338
프로당구 • 340
오팔세대를 사로잡은 프로당구 • 344

메가, 기가를 넘어 테라 이벤트 시대가 왔다 • 346

나가며 스포츠는 영원하다　　　　　　　　　　　　　• **349**

미주 • **353**
참고자료 • **356**

1장

스포츠 마케팅

현대 스포츠는 어떻게 탄생했고 발전해왔는가

엘도라도El Dorado는 황금이 넘쳐난다는 황금향에 대한 전설이다. 이곳은 16세기에 남아메리카 대륙 콜롬비아의 수도 보고타 북쪽 구아타비타 호수에 존재했다고 알려진 미스터리한 지역이다. 건물부터 가구와 의복까지 모든 것이 황금으로 만들어졌다고 알려졌다. 대항해 시대 당시 많은 정복자가 엘도라도를 찾으려고 했으나 모두 실패했다.

1965년 콜롬비아 정부는 엘도라도 전설의 근원지인 구아타비타 호수를 천연보호구역으로 정하고 호수 주변의 모든 발굴과 채굴 작업을 완전히 봉쇄했다. 인간의 욕망이 만들어낸 보물찾기가 대단원의 막을 내리는 듯했다. 그런데 1969년 수도 보고타 인근 동굴에서 순금으로 된 작은 뗏목 모형이 발견된다. 노잡이 여덟 명이 추장을 바라보지 못하고 등을 돌린 채 노를 젓고 있는 모습이었다. 오늘날 시내 중심가에 위치한 황금박물관에서 볼 수 있는 무이스카 뗏목이 그것이다. 무이스카 뗏목 발견 후 구아타비타 호수 일대가 엘도라도였다는 걸 확신하는 사람들이 늘어났다. 지금도 이 일대에 관한 뉴스가 심심치 않게 나오고 있다. 황금의 땅 엘도라도는 과연 존재했던 것일까?

전 세계적으로 스포츠 산업은 황금의 땅 엘도라도로 여겨진다. 코로나19 이전 전 세계 스포츠 산업은 약 2,000조 원 규모였다. 미국 시장 규모만 약 500조 원에 달했다. 미국 내 스포츠 산업 규모는 자동차 산업의 2배, 영화 산업의 7배에 이른다. 세계 스포츠 산업은 2011~2015년 기간 동안 연평균 성장률이 3.7%를 기록하며 동 기간 세계 국내총생산GDP 성장률을 웃돌았다.

2020년 문화체육관광부가 발표한 「스포츠산업실태조사」를 보면, 국내 스포츠 산업 규모는 80조 원 규모인 것으로 추산된다. 2016년 72조 원, 2017년 74조 원, 2018년 78조 원에 이어 지속해서 성장하고 있다. 국가별로 스포츠 산업의 범위가 차이가 있지만 2019년 기준 스포츠 천국인 미국은 약 5,626억 달러(약 617조 원)의 시장을 형성하고 있다. 한국 시장은 미국의 약 12.9% 수준이다. 참고로 2015년 스포츠 산업백서를 보면 당시 한국 스포츠 산업 규모는 43조 원으로 추산됐다. 미국은 569조 원의 시장을 형성하고 있어 한국 시장이 미국의 8% 수준이었다. 이 대목에서도 한국 스포츠 산업이 성장하고 있다는 것을 알 수 있다. 2018년 기준 중국의 스포츠 산업 규모는 약 2조 7,000억 위안(약 473조 원)이었고 2018년 초에 발표된 2015년 유럽연합의 스포츠 산업 규모는 약 2,997억 유로(약 376조 원), 2012년 일본은 약 12조 엔(약 125조 원)으로 나타났다. 2007~2013년 기간 동안 국내 스포츠 산업 매출액의 연평균 성장률은 17.7%로 국내총생산 성장률을 크게 상회했다. 국내총생산에서 스포츠 산업이 차지하는 비중 또한 2010년 2.7%에서 2019년 4.2%로 상승했다.

하지만 2020년을 강타한 코로나19로 인해 영원히 성장할 것 같던 스포츠 산업은 큰 타격을 받았다. 글로벌 시장조사업체 비즈니스리서치가 2021년 5월 발표한 자료를 보면 세계 스포츠 산업 규모는 2019년 4,588억 달러(약 540조 원)에서 2020년 3,883억 달러(약 460조)로 15.4% 역성장했다. 중계권료, 티켓 수익, 머천다이징 상품, 경기장 시설 운영비 등을 통합한 수치다. 경제지『포브스』집계에 따르면, 2020년 미국프로미식축구NFL, 미국프로아이스하키NHL, 미국프로농구NBA, 미국프로야구MLB 등 4대 프로 스포츠와 미국 대학 스포츠리그NCAA의 농구는 141억 달러(약 16조 원)의 손실을 봤다. 코로나19 기간 미국프로아이스하키와 미국프로농구는 연고지 대신 '버블(한 곳에 모든 구단을 모아 철저한 방역 하에 경기를 치르는 형태)' 방식으로 경기를 치렀고, 미국프로야구는 단축 리그, 미국프로미식축구는 무관중 경기를 펼쳤다. 글로벌 컨설팅사 KPMG에 따르면 지난 2020-2021 시즌 유럽 5대 프로축구 리그(잉글랜드, 이탈리아, 스페인 독일, 프랑스) 클럽들은 총 20억 유로(약 2조 8,000억 원)에 달하는 손해를 봤다. 컨설팅업체 딜로이트 자료에 따르면, 세계적인 명문 축구팀인 스페인의 FC바르셀로나는 홈경기장(10만 석) 티켓 수입을 포함해 2019-2020 시즌 매출이 전 시즌 대비 1억 1,400만 파운드(약 1,852억 원) 줄어들었다. 올 시즌을 앞두고도 별다른 해결책을 찾지 못한 탓에 팀 내 최고 스타인 리오넬 메시Lionel Messi를 이적료 한 푼 받지 못하고 자유계약 선수로 풀어줘야 했다.

코로나19를 극복하기 위해 전 세계적으로 백신 접종을 추진하고 있는 가운데 미국 뉴욕은 백신 인센티브로 스포츠 관람 티켓을 내걸었다. 쿠오모 뉴욕 주지사는 2021년 5월 19일부터 백신 접종 관중과 비접종 관중을 분리할 것이라고 했다. 코로나19로부터 자유를 얻은 사람이 스포츠 현장에 갈 채비를 마친 가운데 스포츠 산업은 코로나19에서 가장 먼저 회복될 수 있다는 기대감에 부풀어 있다. 실제 한국은행이 발표한 2021년 3월 통화신용정책 보고서에 따르면, 스포츠 산업 매출을 보여주는 스포츠 여가 생산지수는 2020년 3월 -29%였던 것이 2020년 12월 -10%가 되었고 2021년 2월에는 +15%까지 회복세를 보였다.

전 세계가 코로나19와 전쟁을 벌일 때 거대 자본은 슬며시 스포츠 산업에 발을 들여놓았다. 2021년 4월 19일 레알 마드리드, 바르셀로나, 맨체스터 유나이티드 등 유럽 12개 인기 구단이 모여 새로운 리그 출범을 발표했다. 유럽슈퍼리그$_{ESL}$로 미국 투자회사 JP모건이 60억 달러 투자를 약속하고 나섰다.

이처럼 스포츠 산업은 코로나19에도 불구하고 그 어느 때보다 역동적으로 움직이고 있다. 오늘날 스포츠 산업이 성장하게 된 배경에는 제2의 무이스카 떳목을 꿈꾸는 자들의 욕망이 자리한다. 이번 장은 과거부터 지금까지 인류가 스포츠를 상업적으로 이용하면서 어떤 일들이 일어났는지 살펴보려고 한다. 상업화의 꽃은 단연 마케팅 활동이다. 스포츠 마케팅 관점에서 역사적으로 중요한 사건을 선별했다. 과거와 현재를 보며 미래 스포츠 마케팅 활동에 대한 힌트를 발견하길 바란다.

# 1

현대 스포츠의 시작

흔히 미국 역사의 시작을 1620년 영국에서 종교의 자유를 찾아 메이플라워호를 타고 아메리카 대륙 떠난 102명의 청교도로부터 시작한 것으로 알고 있다. 실제 청교도는 지금의 매사추세츠 플리머스 정착에 성공하며 미국 최대 명절인 추수감사절 전통을 만드는 등 미국 사회 전반에 걸쳐 큰 영향을 미쳤다. 청교도는 절제된 생활과 성실한 노동을 바탕으로 한 삶을 살았다. 그러다 보니 스포츠 활동이 극히 제한적이었다. 특히 청교도가 많이 이주한 북부 지역은 스포츠 확산 속도가 느렸다.

어떻게 스포츠는 인기를 얻기 시작했는가

그런데 사실 미국 역사는 청교도가 메이플라워호를 타고 미 대륙으로 떠나기 13년 전으로 거슬러 올라간다. 1607년 영국 국왕 제임스 1세로부터 식민지 개척이라는 임무를 받은 104명의 영국인이 3척의 배를 나눠 타고 미국 남부 지역 버지니아에 도착한다. 그들은 그곳을 국왕의 이름을 따서 제임스타운이라 명했다. 제임스타운의 기틀을 닦은 사람은 선장 존 스미스John Smith였다. 인디언에게 붙잡혀 죽을 뻔했지만 추장 딸 포카혼타스의 도움으로 살아났다는 바로 그 사람이다. 제임스타운의 또 다른 주인공은 존 롤프John Rolfe였다. 포카혼타스의 남편이기도 했던 그는 1612년 버지니아의 토착 담배에 좀 더 순한 자메이카 종자를 교배해 새로운 담배 재배에 성공했고 그 담배를 영국에 내다 팔았다. 영국인들이 이곳에서 재배한 담배 없이는 살 수 없는 지경에 이르렀다. 제임스타운은 번영하기 시작했다. 이러한 이유로 버지니아는 자연스레 담배 농사의 본거지가 됐다.

담배 농사는 노동력이 절대적으로 필요한 산업이었다. 1619년을 기점으로 아프리카의 흑인 노예들이 아메리카 대륙에 대거 강제 이주됐다. 이 노예들은 플랜테이션plantation이라 불리는 대규모 농장에서 목화나 담배 같은 작물을 재배해야 했다. 당시 식민지의 백인 기득권층은 삶의 무료함을 달래기 위해 흑인 노예 간 권투 시합이나 흑인과 백인 노동자 간 시합을 부추겼다. 이 시기에 플랜테이션 농장에서는 투기 종목인 레슬링과 권투가 큰 인기를 끌었는데 뛰어난 성과를 낸 흑인 복서는 자유를 얻기도 했다.

북부 지역 플리머스에 정착한 청교도와 달리 남부 지역 제임스타운은 철저한 이윤 추구를 위해 탄생한 상업지구였다. 북부 지역은 청교도 사상으로 스포츠를 멀리했고 남부 지역은 왕령식민지로 출발하면서 스포츠에 대한 거부감이 적었다. 이렇게 식민지 시기에 미국 스포츠 역사는 북부와 남부가 각기 다른 형태로 발전했다. 중부 식민지는 지리적인 측면에서 북부와 남부의 중간에 있었기 때문에 스포츠를 포함해 문화적 가교 역할을 했다.

18세기 중반 미국 스포츠는 영국에서 인기 있는 경마, 사냥, 투계, 테니스, 크리켓, 보트 타기, 낚시 등을 중심으로 발전한다. 18세기 후반 미국에는 자수성가한 중산계층이 증가했다. 이들 또한 스포츠를 즐겼다. 특히 영국의 경마 전통이 미국 남부로 이식됐는데 경마가 좋은 말을 양산하는 데 기여하고 베팅에 최적화됐기 때문에 18세기 후반 미국 상류층의 관중 스포츠로 자리매김한다. 18세기 유럽에서 불어온 계몽주의 사상 역시 많은 미국인이 스포츠에 대한 인식을 긍정적으로 바꾸는 계기가 된다.

인디언이 즐겼던 스포츠가 역으로 퍼진 사례도 있다. 1492년 콜럼버스가 미국 대륙을 발견했을 무렵 원주민 사이에서는 부족 간 친선을 다지기 위해 라크로스Lacrosse 게임이 성행하고 있었다. 1636년 프랑스 선교사가 영국과 캐나다 등에 소개하며 오늘까지 큰 인기를 누리고 있다. 우리나라에는 1997년에 소개됐다.

사회 변화는 스포츠에 어떤 영향을 미쳤는가

19세기 말부터 미국은 사상, 학문, 기술의 발전 등을 통해 거대한 변화의 시기를 맞게 된다. 미국 사회에 미친 여러 분야의 다양한 변화가 미국의 스포츠 발전에 어떤 영향을 끼쳤는지 잠시 살펴보자.

첫째, 초월주의 사상의 출현이다. 초월주의는 인간을 우주의 자연스러운 부분으로 보고 자신의 목소리를 찾아 최대한 잠재력을 끌어내는 것에 집중했다. 이러한 초월주의 사상은 놀이를 죄악시하던 청교도적 정서를 종식하고 스포츠 문화의 발달을 촉진하는 역할을 했다.

둘째, 건강 중시 사조의 확산과 생물학적 사고의 발달이다. 1859년 다윈의 『종의 기원』이 출간된 이래 생리학적 체계는 사고 혁명을 일으켰다. 생물학의 발달로 스포츠 활동의 생리적 효과에 대한 검증이 이루어지자 스포츠의 필요성에 대한 인식의 대전환이 이루어져 스포츠가 발달할 수 있었다.

셋째, 심리학의 발달과 놀이 이론의 등장이다. 놀이가 아동의 인격 형성에 영향을 준다는 심리학자들의 주장으로 놀이와 스포츠가 교육의 중요한 수단으로 받아들여짐으로써 스포츠가 활성화된다.

넷째, 강건한 기독교주의 사상의 유입이다. 청교도 전통이 강했던 미국에 스포츠 문화가 정착될 수 있었던 건 영국에서 전파된 스포츠 이데올로기인 강건한 기독교주의 사상이 바탕이 됐기 때문이다. 강한 육체와 강한 믿음을 가진 사람을 양성하자는 취지는 미국의 대학과 YMCA 등으로 전파된다.

다섯째, 사회적 변화다. 중산계층의 증가, 산업의 발달, 도시화 등과 같은 사회적 변화는 스포츠 확산에 커다란 영향을 끼쳤다. 특히 매스컴과 통신 수단의 발달은 대중이 스포츠에 직간접으로 노출되는 시간을 늘렸다. 1830년대 신문의 출현, 1920년대 라디오의 출현, 1940년대 TV의 출현에 따라 대중은 경기장을 떠나서도 스포츠를 손쉽게 접할 수 있게 됐다. 이제 스포츠는 현장 관중 field spectator뿐 아니라 TV를 포함한 각종 매체의 지원을 통해 원격 관중 remote spectator을 끌어모을 수 있게 됐다.

스포츠 전파와 대중화

현재 우리나라에서 인기 있는 대다수 스포츠 종목은 YMCA를 통해서 처음 소개됐다. 다른 나라의 스포츠 역사에도 YMCA가 자주 등장하는 건 마찬가지다. 그렇다면 왜 스포츠 역사에 기독교단체인 YMCA가 그토록 자주 등장하는 것일까?

YMCA는 선교활동으로 스포츠를 대중화시켰다

YMCA가 탄생한 곳은 영국이다. YMCA는 1844년 런던의 의류 판매점에서 일하던 독실한 기독교인인 조지 윌리엄스George Williams가 창립했다. 조지 윌리엄스는 노동으로 변변한 휴식조차 취하지 못한 처지에 놓인 이들과 함께 젊은이의 신앙심을 굳건히 하기 위해 종교 모임을 지속해서 가졌다. 이후 YMCA는 유럽과 미국을 중심으로 전파됐다.

YMCA는 세계적인 단체로 성장하면서 지역 공동체 조직에 다양한 활동 프로그램을 제공했다. 하지만 전 세계 YMCA가 처음부터 스포츠 프로그램을 제공하지는 않았다. 이런 상황에서 선교 수단으로 스포츠를 가장 적극적으로 활용한 곳은 미국 YMCA였다.

제임스 네이스미스 목사는 현대 농구의 창시자다.

윌리엄 모건은 배구를 처음 고안했다.

미국 YMCA는 스포츠 프로그램을 능동적으로 수용하고 스포츠를 YMCA 운동의 지렛대로 활용했다.

미국 YMCA는 1851년에 결성됐다. 미국의 스포츠 역사에서 YMCA의 역할은 지대하다. 뉴욕의 브루클린 YMCA가 '체육 사업

physical work'을 YMCA 운동에 포함한 이래 19세기 말까지 미국 전역의 YMCA에는 약 450여 개의 체육관이 세워졌다. 이와 더불어 다양한 스포츠가 이 시기에 개발됐다.

스프링필드 YMCA의 네이스미스James B. Naismith 목사는 1891년 1월 복숭아 바구니에 공을 던지는 실험을 거쳐 농구를 만들었다. 미식축구광이었던 네이스미스 목사가 개발한 농구는 제1차 세계대전 이후 대학을 중심으로 미식축구 인기에 버금가는 인기 스포츠로 성장한다. 농구는 1920년대부터 전 세계로 확산됐으며 선교사들의 영향으로 필리핀을 비롯한 아시아 국가에도 소개됐다. 우리나라에 처음 소개된 것은 1907년 YMCA를 통해서였다.

매사추세츠주 홀리요크 YMCA의 체육 지도자 모건은 민토네트라는 게임을 창안하여 배구로 발전시켰다. 농구보다 운동량이 적고 여러 사람이 함께 즐길 수 있는 실내경기를 목표로 만들어졌다. 테니스와 핸드볼에서 영감을 받은 이 경기는 1895년 스프링필드 대학에서 개최된 YMCA 지도자 회의 석상에서 공개됐다. 우리나라에는 1915년 선교사를 통해 처음 소개됐으며 1916년 당시 조선중앙기독교청년회YMCA(현 기독교청년회YMCA)와 세브란스 병원 직원이 최초로 공식 시합을 했다.

이 밖에 보스턴지회의 로버츠R. J. Roberts는 보디빌딩이라는 새로운 체력 증진 운동 프로그램을 개발했다. 코네티컷주 그린위치 YMCA의 소벡Joe Sobek은 라켓볼을 창안했다. YMCA 행정간사 호이싱턴Homer Hoisington은 다이아몬드볼, 플레이그라운드볼, 키튼볼, 시시볼 등으로 불리던 놀이를 소프트볼로 명칭을 통일하고 재조직했다.

19세기 후반 미국 YMCA는 영국의 강건한 기독교주의 사상을 수용하고 YMCA 스포츠 운동을 전개함으로써 YMCA 강당에서 스포츠를 즐기고자 하는 청소년들을 끌어들일 수 있었다. '애슬레틱 선데이'라는 용어도 미국 YMCA를 통해 나왔다.

YMCA가 스포츠 프로그램을 적극적으로 도입하기까지 많은 논란이 따른 것도 사실이다. 일부 복음주의자는 육체 활동보다 정신 활동에 무게를 둬야 한다고 주장하며 스포츠 프로그램 도입을 반대했다. 하지만 안식일 엄숙주의에 반감이 있는 많은 하층계급 청소년이 강건한 기독교주의 사상의 영향으로 대거 교회로 몰려들면서 YMCA가 추진한 스포츠 프로그램은 성공적으로 정착했다. 미국 YMCA에서 시작된 스포츠 열풍은 종교를 넘어 스포츠가 미국 사회에 새로운 문화로 자리매김하는 데 큰 역할을 했다. 오늘날 YMCA를 '미국 스포츠의 요람'이라고 부르는 이유가 여기에 있다.

미국 YMCA가 스포츠를 통해 성공적인 선교 활동을 펼치자 전 세계 YMCA는 앞다투어 스포츠를 주요 선교 수단으로 활용하기 시작했다. 이러한 흐름 속에서 YMCA는 아메리카, 오세아니아, 아시아 등지에서 확고히 자리 잡는 데 성공한다. 우리나라뿐만 아니라 전 세계 스포츠 역사에서 YMCA라는 단체가 자주 등장하게 된 이유도 이러한 시대적 배경과 연결돼 있다.

현대 스포츠는 언제부터 대중화됐는가

미국 내 많은 스포츠 사회학자들은 영국 상류층 자체들이 다니는 퍼블릭 스쿨을 이상적인 교육관이라고 믿었다. 스포츠 활동을 통해 미래 지도자를 양성하려는 교육관은 미국 대학으로 고스란히 전파됐다. 1880년대부터 미국 대학은 스포츠를 광범위하게 수용하기 시작했다. 최고의 유소년 영재를 끌어모으려는 대학의 노력과 맞물려 대학 스포츠단 창단이 이어졌다. 해당 대학 내 스포츠팀이 지역사회를 대표하게 되면서 미국 대학 스포츠팀은 해당 지역 연고로 두터운 팬층을 보유하게 된다. 여러 스포츠 종목에서 우수한 자원을 보유한 대학은 애교심을 고양하고 양교 친선을 도모하기 위한 목적으로 정기적으로 친선 경기를 갖기에 이른다. 미국 하버드 대학교와 예일 대학교 간 미식축구 경기를 대표적인 예로 들 수 있다.

어느 날 갑자기 톱다운 Top-down 방식으로 프로화를 맞이한 우리나라와 달리 미국 사회는 대학 스포츠의 인기를 등에 업고 바텀업 Bottom-up 방식으로 프로화를 맞았다. 현재 미국은 대학 스포츠와 프로 스포츠가 양립하고 있는데 프로 출범 이후에도 대학 스포츠가 살아남을 수 있던 이유는 대학 스포츠 역사가 프로 스포츠 역사보다 훨씬 오래되었기 때문이다. 그리고 프로 스포츠팀이 경제력이 집중된 대도시를 중심으로 성장한 반면 대학 스포츠는 미국 전역의 중소 규모 도시에 뿌리를 두고 있기 때문이다. 실제 미국 4대 메이저 프로 스포츠팀이 없는 군소 주에서 최대 스포츠 행사는 주립대학 간 대항전이다.

미국 4대 메이저 스포츠는 미국프로야구, 미국프로미식축구, 미국프로농구, 미국프로아이스하키를 손꼽는다. 그중 야구의 역사가 가장 오래됐다. 실제로 야구가 처음 시작된 1830년대는 미식축구나 농구가 없었다. 남북전쟁에서 제1차 세계대전이 일어나기까지 야구는 미국 내 스포츠 시장을 독점했다. 야구가 미국에서 최고 인기를 누렸던 시절 미식축구는 이제 막 성장하기 시작했다. 미식축구는 대학을 중심으로 성장했는데 하버드, 예일, 프린스턴 등 소위 3대 명문을 중심으로 대학 간 대항전이 활성화됐다. 당시 NFL은 MLB 시즌을 피해 9월부터 이듬해 2월까지 시즌을 이어갔다. 그러다가 1970년대 TV가 본격적으로 보급되면서 미식축구의 호전적 이미지가 TV를 통해 중계됐다. 많은 미국인이 미식축구가 미국의 개척정신을 상징한다는 사실에 미식축구를 사랑하게 됐다. 미국 사회의 축소판이라 불리는 미식축구는 1883년경부터 미국 최고의 스포츠였던 야구의 인기를 추월한다. 1917년 미식축구 코치와 감독직은 전문직으로 발전했고, 1920년 미국프로미식축구협회APFA가 출범했고 2년 뒤 미국프로미식축구NFL로 개명한다.

현재 미국에서는 두 개의 미식축구가 사랑받고 있다. 바로 대학미식축구와 프로미식축구다. 미식축구 중계도 토요일에는 대학미식축구, 일요일에는 프로미식축구로 나누어 중계하는 것이 관행이 됐다. 둘 다 시청률 대박을 낳고 있다. 대학미식축구는 대학생 특유의 저돌적인 플레이가 매력이고 프로미식축구는 정교함과 세련된 맛이 있다. 미국에는 미국프로미식축구NFL 데이도 있다. 1920년부터 시작된 전통으로 최대 명절인 추수감사절(11월 넷째 주 목요일)을 맞이해 미국프로미식축구 경기가 아침부터 밤까지 이어진다. 미국인은 추수감사절에 가족끼리 둘러앉아 미식축구를 관람한다. 미식축구를 매개로 가족끼리 이런저런 이야기를 나눈다. 이런 측면에서 미식축구는 사회통합 기능을 수행하고 있다.

하지만 크리스마스 시즌은 미국프로농구에게 양보한다. 미국프로농구는 크리스마스에 맞춰 빅 매치를 연다. 1946년 출범한 미국프로농구는 미국 4대 프로 스포츠 리그 중 가장 역사가 짧다. 제1차 세계대전 이후 미국 대학을 중심으로 인기 스포츠로 성장한 농구는 1920년대부터 전 세계로 확산됐다. 미국프로농구는 처음에는 많은 인기를 얻지 못했다. 심지어 1970년대까지 대학농구 인기에 밀렸다. 하지만 이후 매직 존슨Magic Johnson, 마이클 조던Michael Jordan 등 스타플레이어가 등장하면서 현재 미국프로농구 이름이 세계에 널리 알려지게 된다.

　미국인은 스포츠를 특별하게 생각한다. 그들 대부분은 어린 시절부터 스포츠를 통해 페어플레이, 경쟁, 기회, 성공 등 미국 사회를 구성하고 있는 핵심 가치를 배운다. 미국인은 스포츠가 자신의 강점과 잠재 능력을 키우는 데 도움이 된다고 생각한다.

　그런데 스포츠가 일상으로 자리잡은 미국 사회도 최근 젊은 층을 중심으로 스포츠 인기가 예전만 못 하다는 사실에 긴장하고 있다. 2017년 미국 스포츠 전문 채널 ESPN이 『스포츠 비즈니스 저널』 기사를 인용해 전한 내용을 보면 미국프로야구는 미국 4대 프로 스포츠 중에서도 가장 '늙은' 팬을 보유하고 있다. 2016년 기준 미국프로야구 평균 팬 연령은 57세로 미국프로미식축구 50세, 미국프로아이스하키 49세, 미국프로농구 42세보다 훨씬 높다. 미국프로야구 입장에서는 오랜 역사를 내세워 야구는 할아버지, 아버지, 아들 3대가 모여 대화할 수 있는 유일한 종목이라는 점을 강조하고 싶겠지만 젊은 세대를 끌어안는 것은 쉬운 일이 아니다. 미국프로미식축구, 미국프로농구, 미국프로아이스하키도 사정이 크게 다르지 않다. 젊은 세대는 기성세대와 달리 스포츠 말고도 재미있는 유희 활동들에 둘러싸여 있기 때문이다.

미국 모닝컨설트가 2020년 8월 조사해 발표한 내용에 따르면 13~23세 사이 Z세대 39%가 지금까지 단 한 번도 스포츠 경기를 시청한 적이 없다고 한다. 과거 스포츠 단체는 젊은 층 유입이 비교적 손쉬웠다. 부모 손에 이끌려 경기장을 찾게 된 아이들이 자연스레 해당 지역 스포츠팬이 되는 경우가 많았다. 하지만 스포츠 말고도 열광할 것들이 널린 현대 사회에서 MZ세대를 잡기란 스포츠 왕국을 자처하는 미국조차 쉽지 않은 일이다. 꿈과 모험이 가득한 스포츠 월드 미국의 위상이 흔들리고 있다. 전 세계 스포츠계를 주름 잡고 있는 미국은 이 위기 상황을 어떻게 돌파할 수 있을까?

스포츠 마케팅의 시작과 관점

'스포츠 마케팅'이라는 용어는 1978년 『애드버타이징 에이지 Advertising Age』 잡지에서 처음 사용됐다. 스포츠 마케팅은 기존 마케팅 개념을 확장하며 스포츠가 기업의 제품과 고객을 연결하는 판매촉진 수단으로서 활용되고 있다고 전했다.

스포츠는 제품과 고객을 어떻게 연결하는가

마케팅의 아버지 필립 코틀러 Philip Kotler는 마케팅을 다음과 같이 정의한다. "기업이 이윤을 내기 위해 타깃 시장의 수요를 충족하기 위한 가치를 탐구하고 창조하여 전달하는 과학이자 예술"이다. 세계적인 스포츠 마케팅 권위자인 버나드 멀린 Bernard J. Mullin 은 스포츠 마케팅을 "스포츠 제품을 매개로 스포츠 고객의 욕구 충족과 스포츠 관련 조직의 목적 달성을 위한 창조적 교환 활동"으로 정의했다.

이 밖에 다양한 학자와 전문가 그룹이 스포츠 마케팅 개념에 대해 정의했다. 하지만 스포츠 마케팅도 결국 마케팅에서 나온 개념이기 때문에 마케팅의 3가지 핵심 개념인 필요 needs, 욕구 wants, 가치values로 설명할 수 있다. 필요는 결핍을 느끼는 상태를 말한다. 욕구는 필요가 구체적인 대상을 갖게 되는 것으로 필요를 만족할 수 있는 어떤 제품이나 서비스를 말한다. 가치는 필요와 욕구를 실현하는 과정에서 발생한다. 예를 들면 스트레스를 풀고 싶은 상태가 '필요'라고 한다면 농구 경기를 보고 싶은 상태는 '욕구'에 해당한다. '가치'는 농구 경기를 보고 나서 느끼는 감정으로 다음에도 농구 경기를 볼 용의가 있는지 여부에 따라 결정된다.

고객 입장에서 농구 경기를 보러 갔는데 멋진 덩크슛이 쏟아지고 연장전 끝에 명승부가 펼쳐졌다면 티켓 값이 전혀 아깝지 않을 것이고 경기 관람을 마치고 다시 경기장을 찾아야겠다고 느낄 것이다. 반대로 졸전을 거듭한 끝에 애매한 심판 판정으로 허무하게 경기가 끝난다면 고객 입장에서는 티켓 값이 아깝다고 느낄 것이고 다음에 또 다시 농구 경기를 봐야 할지 고민할 것이다. 이때 가치라는 건 주관적인 느낌이다. 개인마다 만족도가 다를 수밖에 없다.

스포츠 마케터라면 경기장을 찾은 고객에게 경기 외 다양한 볼거리, 즐길 거리, 먹을거리를 제공함으로써 스포츠 게임이 내포한 불확실성을 상쇄할 수 있도록 노력해야 한다. 농구 경기를 포함해 모든 스포츠 경기가 매번 손에 땀을 쥐게 하는 재미를 보장하지 않기 때문이다. 분명 지루한 경기도 있다. 이는 스포츠가 가진 고유 특징으로 비일관성inconsistency, 비예측성unpredictability이라고 부른다. 스포츠 마케터는 경기장에 온 사람이라면 경기 외 다양한 경험을 통해 평균적인 만족감을 충족할 수 있도록 세심하게 배려해야 한다.

스포츠 마케팅의 4가지 관점

스포츠 마케팅의 역사는 4가지 관점으로 정리할 수 있다.

유명 인물 중심

스포츠 마케팅 역사에서 빠지지 않고 등장하는 인물로는 앨버트 스팔딩Albert Spalding, 빌 비크Bill Veeck, 피터 위버로스Peter Ueberroth, 마크 맥코맥Mark McCormack 등을 꼽을 수 있다. 앨버트 스팔딩은 스포츠용품 사업의 개발과 확장에 크게 기여했다. 빌 비크는 '현대 스포테인먼트의 아버지'라 불릴 정도로 스포츠 현장에 기상천외한 다양한 이벤트를 쏟아냈다. 피터 위버로스는 '위버로스 매직'이라는 신조어를 만들어낼 정도로 세계 최초로 흑자 올림픽을 달성한 인물이다. 마크 맥코맥은 IMG 설립자로서 거대한 스포츠 마케팅 기업을 창시한 인물이다. 이 밖의 다양한 인물들이 스포츠 마케팅 역사의 한 페이지를 장식하고 있다.

미디어 발달 중심

스포츠 마케팅은 미디어를 만나면서 폭발적인 성장세를 기록한다. 스포츠와 미디어가 최초로 만난 건 1936년 베를린 올림픽에서다. 이때 처음으로 TV를 통해 스포츠 경기가 중계됐다. 이를 시청한 관중들은 처음 보는 낯선 풍경에 열광했다. 1930년대 후반까지만 해도 TV 보급률이 높지 않았지만 이 시점부터 본격적으로 TV의 위력이 나타나기 시작한다. 1984년 LA올림픽은 '위버로스 매직'이라는 신조어를 창출하며 상업적으로 성공한 최초 올림픽이다. 무엇보다 미디어가 큰 역할을 했다. 스포츠 단체는 미디어로부터 받는 중계권료를 기반으로 수익을 창출하고, 미디어는 스포츠 중계 앞, 뒤, 중간에 후원 기업의 광고를 삽입함으로써 수익을 창출했다. 스포츠와 미디어의 공생 관계는 지금까지 이어지고 있다.

스포츠 이벤트 중심

올림픽과 같은 메가 이벤트는 전 세계 200여 개국이 참가할 정도로 세계 최대 이벤트로 성장했다. 올림픽은 오랜 역사만큼이나 관련 자료가 체계적으로 잘 정리되어 있다. 많은 학자가 위버로스 매직 신화가 탄생한 1984년 LA올림픽, 1988년 서울 올림픽, 1992년 바르셀로나 올림픽에 주목한다. 이 시기에 기업의 중요한 마케팅 수단으로 스포츠 마케팅이 떠올랐으며 학술적, 상업적 논의가 본격적으로 확대되기 시작했다. 올림픽 이외에도 월드컵, 슈퍼볼과 같이 전 세계인이 열광하는 글로벌 스포츠 이벤트를 중심으로 다양한 마케팅 활동이 일어났다. 최근에는 2030층을 중심으로 롤드컵이 월드컵 못지않은 인기를 누리고 있다.

기업 후원 활동 중심

스포츠 후광 효과를 노려 기업의 주요 홍보 수단으로 삼는 기업 마케팅 역시 주목할 만하다. 코카콜라나 비자카드와 같은 글로벌 기업이 펼친 다양한 스포츠 마케팅 활동은 기업이 스포츠 이벤트를 어떻게 활용해야 하는지 보여주는 대표적인 모범 사례다. 당대 가장 잘나가는 기업이 올림픽이나 월드컵과 같은 메가 이벤트를 통해 대대적인 마케팅 활동을 펼치기 때문에 최신 트렌드 마케팅 전략을 볼 수 있다. 많은 기업이 스포츠가 가진 긍정적인 이미지를 자사 브랜드와 매칭함으로써 긍정적인 이미지를 얻고 이를 판매로 이어나가고자 노력한다. 우리는 이러한 방식을 통해 스포츠와 기업이 어떻게 상생하고 있는지를 볼 수 있다.

스포츠 마케팅 역사는 이러한 4가지 관점이 교차하면서 따로 또 함께 발전해왔다. 이번 장에서는 스포츠 마케팅의 흐름을 느낄 수 있도록 시간의 흐름에 따라 주요 사건을 연도별로 정리했다.

스포츠 마케팅의 역사

최초의 스포츠 마케팅 사례로 알려진 1852년 하버드 대 예일의 조정 경기부터 2000년 이전까지 일어난 주요 사건들을 다루고자 한다. 많은 문헌과 언론을 통해 비교적 비중 있게 다뤄진 사건들로 구성했다. 2000년대 이후 등장한 주요 사건들은 「2장 스포츠 산업」과 「3장 스포츠의 미래」편에서 깊이 있게 살펴볼 것이다.

독자 여러분은 스포츠 마케팅의 역사를 살펴보면서 과거에 일어난 다양한 사건들로부터 새로운 영감을 받을 수 있을 것이다. 역사적으로 스포츠는 언제나 동시대 가장 최신 기술을 가장 먼저 선보이는 실험대 역할을 톡톡히 해냈다. 이번 장을 유심히 살펴보다 보면 오늘날 4차 산업혁명 시대를 맞아 빅데이터, 가상현실VR, 증강현실AR, 블록체인 기술 등이 산업 간 경계를 넘나들며 동시다발적 융합이 일어나는 현상을 더 자연스럽게 이해할 수 있을 것이다.

1852년 최초의 스폰서십 조정 경기

1852년에 처음 시작된 하버드 대학교와 예일 대학교의 조정 경기는 미국에서 가장 오래된 대학 대항전이다. 초창기 스포츠 마케

팅은 대학 스포츠를 중심으로 스포츠 인기를 일찌감치 인지한 소수 기업으로부터 출발했다. 역사에 기록된 최초의 스포츠 마케팅 활동은 하버드 대 예일의 조정 경기를 미국 뉴잉글랜드 철도회사가 후원하고 나선 일이다. 당시 뉴잉글랜드 철도회사는 하버드와 예일의 운동선수에게 무료로 교통편을 제공하면서 회사를 선전하는 기회로 활용했다. 물론 주된 목적은 하버드 대 예일의 조정 경기장으로 향하던 수천 명의 스포츠팬에게 기차표를 팔기 위함이었다. 당시로서는 모험적인 시도였다.

1858년 최초 메이저리그 올스타전(뉴욕 대 브루클린)

1858년 7월 20일 '그레이트 베이스볼 매치Great Baseball Match'라고 불리는 역사적 경기가 열렸다. 최초의 야구 유료 경기로 오늘날

1858년 7월 20일 메이저리그 첫 번째 올스타 경기를 묘사한 그림이다. 당시 3전2선승제로 뉴욕과 브루클린이 맞붙었다. 1858년 7월 24일 자 『뉴욕 클리퍼』 신문에 실렸다.

시티필드CitiField 근처인 뉴욕의 한 경마장Fashion Race Course에서 뉴욕 팀과 브루클린 팀이 첫 번째 야구 올스타전을 치렀다. 전용구장이 없었던 시기여서 경마장에서 열렸다. 4,000~1만여 명의 관중이 입장료 50센트를 내고 양 팀의 경기를 지켜봤다. 입장료 대부분은 경마장 대여료로 지급됐고 선수들은 단 한 푼도 챙기지 못했다. 그러나 당시 관계자들은 이 일을 계기로 스포츠가 돈벌이 수단이 될 수 있다는 사실을 직감했다.

1800년대 초 야구 경기는 스트라이크도 볼도 없었기 때문에 경기에 박진감을 불어 넣기 위해 야구 규칙을 개정하고 스트라이크와 볼 제도를 도입했다. 당시 투수는 타자가 칠 수 있는 공을 던졌고 아무리 가운데로 던져도 타자가 안 치면 그만이었다. 경기는 9회가 아니라 한 팀이 21점을 먼저 내면 끝나는 방식이었다. 그 때문에 초

양 팀 간 두 번째 경기는 1858년 9월 10일에 열렸다. 1858년 9월 11일 자 『뉴욕 타임스』 신문에 실린 기록지다.

기 야구 경기는 크리켓처럼 온종일 해도 21점을 내지 못해 경기가 끝나지 않는 경우가 부지기수였다. 9이닝 제도를 도입한 것도 이러한 문제점을 개선하기 위해서였다. 이후 야구는 미디어와 결합하면서 상업화에 눈뜨기 시작했다. 현재 야구는 현존하는 스포츠 종목 중 가장 미디어 친화적인 종목으로 미디어의 입맛에 맞게 점진적으로 제도를 개선하고 있다.

1869년 최초 프로야구단 창단(신시내티 레드스타킹스)

미국 사회는 19세기를 지나면서 빠르게 도시화가 진행됐다. 주말에 마땅한 놀거리가 없던 도시인들은 야구나 경마 같은 관전 스

1869년 신시내티 레드스타킹스

포츠에 관심을 두었다. 이러한 배경 속에 1869년 미국 최초 프로야구단인 신시내티 레드스타킹스Red Stockings가 창단 선언을 한다. 미국 야구 최초로 돈을 주고 선수를 기용한 프로야구단이다.

프로야구의 아버지라 불리는 해리 라이트Harry Wright는 1866년 당시 아마추어 선수들을 모아 레드스타킹스 클럽을 만들었고 창단 후 2년 동안 무패 행진으로 인기를 얻자 1869년 공식적으로 프로야구단을 출범했다. 해리 라이트는 레드스타킹스 팀을 창단하면서 다양한 야구용품을 고안했고 경기 기록지를 최초로 만들어 특허를 냈다. 레드스타킹스는 당시 잘나가는 선수들을 돈으로 싹쓸이했는데 그해 65승 무패라는 경이로운 기록을 달성하며 명예와 부를 거머쥐는 데 성공했다.

레드스타킹스의 성공에 자극받아 많은 아마추어팀이 프로팀으로 전향했다. 이러한 흐름 속에 1871년 최초로 프로야구연맹인 내셔널 어소시에이션National Association이 설립됐다. 이후 많은 리그들이 우후죽순처럼 생겨났지만 대부분 사라지고 오늘날 우리가 보고 있는 내셔널리그와 아메리칸리그만이 경쟁에서 살아남게 된다. 신시내티 레드스타킹스는 한때 추신수 선수가 뛰었던 신시내티 레즈의 전신이다. 오늘날 신시내티 팬은 미국 최초 프로야구단이라는 자부심이 대단하다.

1890년 스포츠용품 산업 최초 공인 용어 사용(앨버트 굿윌 스팔딩)

1890년대 미국 야구팀은 전 세계를 돌며 프로야구 시범경기를 보였다. 미국 야구팀은 유럽 각지를 돌면서 유럽의 각 구기 종목 팀과 경기를 펼쳤다. 미국 야구팀이 시범경기를 마치고 미국으로 돌아올 때면 루스벨트 대통령이나 마크 트웨인 같은 유명인이 항구로 나가 환영식에 참가할 정도로 인기가 있었다. 하지만 영국에서는 야구가 크리켓을 비롯한 여러 구기 종목을 베낀 스포츠라고 보도했다. 이에 앨버트 굿윌 스팔딩Albert Goodwill Spalding은 야구는 미국이 원조라는 사실을 널리 알려야겠다고 생각했다.

야구의 기원에 대해서는 두 가지 설이 있다. 하나는 13세기 영국에서 시작된 크리켓에서 파생됐다는 설이고, 또 다른 하나는 1839년 미국 애브너 더블데이Abner Doubleday 장군이 만들었다는 설이다. 실제로 야구는 크리켓과 유사점이 많아 '크리켓 파생설'이 유력해 보이지만 스팔딩은 미국 국기인 야구가 영국 스포츠에서 왔다는 것을 받아들일 수 없었다.

앨버트 굿윌 스팔딩(왼쪽)

　스팔딩은 상원의원 두 명을 포함해 야구의 기원을 찾기 위한 특별위원회를 조직했다. 결국 야구는 더블데이 장군에 의한 창조품이 됐다. 훗날 그가 야구를 처음 했다고 전해지는 쿠퍼스타운에는 명예의 전당이 생겼다. 남북전쟁의 영웅 애브너 더블데이 장군이 창시자라는 발표가 더해지자 미국 사회에서 야구는 국민 스포츠로 부상한다. 하지만 이는 2000년 초반 거짓으로 드러났고 크리켓 파생설에 무게가 실렸다.

　스팔딩은 1871년과 1878년 사이에 메이저리그에서 활약했고 이후 야구에 대한 공로를 인정받아 1939년 야구 명예의 전당에 입성한 인물이다. 사업 수완이 좋았던 스팔딩은 자신이 만든 야구 글러브를 착용하면서 스포츠용품점을 운영했다. 은퇴 후 시카고 화이트스타킹스의 구단주 윌리엄 허버트 William Hulbert 와 함께 내셔널리그를 설립한 후 내셔널리그에 야구공 독점공급권까지 따내 회사를 키웠고 1896년에는 골프용품 제조까지 뛰어들었다. 1876년 스팔딩이 설립한 스포츠용품점의 이름은 오늘날 스포츠용품의 대명사가 됐다. 우리나라에서 스팔딩Spalding은 미국프로농구 공인구로 널리 알려졌다.

스팔딩은 스포츠용품 산업 최초로 공인official이라는 용어를 사용했다. 스포츠용품의 질을 한 단계 끌어올림으로써 스포츠용품 산업의 현대화와 대중화를 주도한 인물로 평가받는다. 또한 야구장 주변 호텔, 레스토랑 등에 광고 스폰서십을 판매하고 다양한 품질의 스포츠용품을 개발해 다양한 계층의 사람들이 이용할 수 있게 했다. 그리고 야구에 관한 정보를 담은 『베이스볼 가이드』를 발간함으로써 사람들이 스포츠를 더욱 재미있게 관람할 수 있도록 유도했다.

1903년 자전거 대회 투르 드 프랑스 탄생

프랑스 신문사 로토L'Auto는 어떻게 하면 신문 판매 부수를 늘릴 수 있을지 고민한 끝에 프랑스 전체를 일주하는 대형 스포츠 이벤트를 기획한다. 당시 경쟁 신문사 '르 벨로Le Velo'는 몇 개의 크고 작은 사이클 대회를 개최해 관련 소식을 신문에 실으면서 신문 판매 부수를 늘리고 있었다. 1903년 1월 19일 로토 신문사는 그해 5월 31일부터 7월 5일까지 5주간에 걸친 경주 계획을 발표한다. 오늘날 세상에서 가장 긴 코스를 자랑하는 자전거 대회인 '투르 드 프랑스Tour de France'가 탄생한 것이다. 하지만 신청자는 15명에 불과했

투르 드 프랑스는 프랑스에서 매년 7월에 3주 동안 열리는 사이클 경기로 세계에서 가장 오래되고 긴 코스를 자랑한다.

다. 대회 기간은 19일로 단축되고 매일 수당을 지급한다는 수정안을 거쳐 참가자가 60명으로 늘어났다. 6개 스테이지의 평균 길이는 400킬로미터였으므로 참가자들은 종종 밤에도 달려야 했다. 이러한 레이스의 성격이 대중을 자극해 신문 판매 부수가 2만 5,000부에서 6만 5,000부로 늘어났다. 1908년에는 하루 25만 부를 넘어서더니 1933년 대회 기간에는 하루 85만 부가 팔리는 엄청난 흥행기록을 세웠다.

매년 7월경에 펼쳐지는 투르 드 프랑스는 23일간 21개 구간으로 나누어서 열리는 장기 레이스다. 레이스는 한 도시에서 다른 도시로 이어지는 스테이지로 구성되며 각각의 스테이지를 완주하는 데 걸린 총시간으로 우승자를 결정한다. 제1, 2차 세계대전을 제외하고 매해 경기가 열렸으며 그 긴 역사만큼이나 세계 최고의 권위를 자랑하는 사이클 대회다. 유럽에서는 월드컵 축구 못지않은 인기를 끌며 명성이 자자하다. 2020년 코로나19 상황에서도 대회를 개최했다.

1940년대 발행 부수에 관한 보고서[5]에 따르면 모든 신문의 25%가 스포츠면을 기반으로 판매됐다고 한다. 프랑스에서 열린 자전거 대회로 인해 '스포츠가 신문을 팔았다Sport sold newspaper'라는 명제는 오랜 기간 참인 것으로 받아들여졌다.[6]

미디어와 스포츠가 결합하게 된 시기는 대규모 관객을 동원하는 관람형 스포츠와 개인 여가생활을 즐기기 위한 여가형 스포츠가 본격적으로 발전하기 시작했던 19세기 초반이다. 신문은 판매 부수 확대를 위해, 스포츠 단체는 대중화를 위해 서로가 필요했다. 투르 드 프랑스처럼 신문은 독자를 유혹하기 위해 직접 스포츠 행사를 조직하기도 하고 경기 룰을 조정해 리그를 만들기도 하면서 스포츠 활동을 장려했다.

1921년 최초 라디오 스포츠 생중계

19세기 초반 스포츠 관련 소식은 신문을 포함한 인쇄 매체를 통해 대중에게 문자 형태로 전해졌다. 라디오는 1895년 세상에 등장했다. 라디오에서 최초로 중계된 스포츠 방송은 1921년 7월 2일 미국에서 열린 100만 달러 상금이 걸린 잭 뎀시 대 조지 카펜티어의 헤비급 복싱 경기였다. 당시 헤비급 경기는 RCARadio Corporation of America를 통해 생중계됐다. 세기의 타이틀 매치 중계는 성공적이었다. 그해 겨울 미국 전역은 라디오 수신기 세트 구매 열기로 뜨겁게 달궈졌다. RCA가 설립될 당시 보급된 라디오 수는 5,000대

1922년 옷을 갖춰 입은 노동자들이 그랜드 내셔널 경기 중계를 청취하고 있다. 초창기 라디오 중계방송은 노동자들을 선술집으로 끌어모으는 주요 유인 수단 중 하나였다.

가량이었으나 헤비급 경기 후 라디오 보급 대수는 순식간에 250만을 넘어섰다.

이 스포츠 이벤트는 '전파의 황제'로 불리는 데이비드 사노프 David Sarnoff가 주관했다. 그는 같은 해 미국프로야구 챔피언 결정전인 월드 시리즈를 중계하고 나섰다. 그는 새로운 매체에는 새로운 소프트웨어가 필요하다고 생각했고 라디오 판매를 위해 야구를 적극적으로 활용했다.

그는 "우리는 라디오 판매를 위해 다른 프로그램에 이어 야구 중계를 계속해야만 했습니다."라고 털어놨다.[7] 1922년 미국 가정의 라디오 보급 대수는 400가구당 3대 정도였지만 1929년 전 미국 가정의 3분 1이 소유하게 된다. 1927년 진 터니 대 잭 뎀시의 챔피언 결정전이 방송됐을 때 뉴욕의 한 백화점은 9만 달러 이상의 라디오 수신기 판매고를 올렸다.[8]

TV는 1925년 영국 존 베어드 John Baird가 발명했다. 1930년대 최초로 TV 방송이 시작됐고, 1936년 베를린 올림픽에서 최초로 스포츠 경기가 중계됐다. 1937년 6월 영국에서는 BBC를 통해 25분짜리 남자 윔블던 단식경기를 중계했다. BBC는 1938년 영국 최초로 잉글랜드와 스코틀랜드 간 국제 축구 경기를 생중계했고 몇 주 후 FA컵 결승전을 생중계했다. 이후 BBC는 1950년대까지 TV 수상기를 사도록 장려할 목적으로 스포츠를 활용했다. 특히 축구를 적극 활용했다. '동료가 TV에서 벌어진 빅매치를 얘기할 때 당신은 그냥 묵묵히 앉아 있을 겁니까?'라는 슬로건을 강조했다.

20세기 초중반 라디오와 TV가 전 세계에 보급되면서 이제 대중은 스포츠를 문자가 아니라 소리와 영상으로 접하게 됐다. 이처럼 스포츠는 라디오와 TV 판매 수단으로 활용되면서 대중의 품으로 파고들었다.

1923년 최초의 스폰서십 계약(골프 선수 진 사라젠)

골프 팬이라면 벤 호건Ben Hogan, 잭 니클라우스Jack Nicklaus, 게리 플레이어Gary Player, 아널드 파머Arnold Palmer 등 골프 레전드의 이름은 친숙할 것이다. 진 사라젠Gene Sarazen은 이들이 등장하기 전 세계 골프 무대를 주름잡은 골프계의 전설이다. 1920년 PGA에 입문한 그는 통산 7회 메이저 대회 우승과 총 43승이라는 놀라운 업적을 남겼다. 그는 1923년 3월 1일 윌슨Wilson Sporting Goods과 역사상 최초로 스폰서십 계약을 체결했다. 윌슨은 계약을 체결한 대가로 매년 6,000달러를 지급했고 2년마다 새로운 계약을 갱신했

1932년으로 추정되는 진 사라젠을 이용한 윌슨의
골프 광고 포스터

다. 윌슨과 진 사라젠 선수는 1923년부터 1999년까지 무려 75년 간 파트너십을 이어갔다. 이 기록은 영원히 깨지지 않을 계약으로 남았다. 또한 오늘날 선수와 브랜드 간 장기적인 파트너십 계약의 효시가 됐다.

1928년 기업의 올림픽 후원(코카콜라)

'현대 마케팅의 교과서'라 불리는 코카콜라는 참신한 마케팅을 통해 전 세계 고객의 마음을 사로잡는 데 성공한 기업이다. 코카콜라는 설립 초기부터 스포츠 마케팅 활동에 적극적인 모습을 보였다. 1928년 암스테르담 올림픽에서 미국 대표팀에 콜라 1,000상자를

1928년 암스테르담 올림픽의 코카콜라 부스

제공했는데, 당시 많은 사람들이 미국 선수가 마시는 시커먼 액체의 정체가 무엇인지 궁금해했다. 미국은 46개 참여국 중 1위를 차지했고 이 때문에 코카콜라는 더욱 주목받았다. 코카콜라는 1928년 올림픽을 처음 후원한 이래 지금까지 무려 90여 년 동안 올림픽에 공식 스폰서로 참여하고 있다.

코카콜라는 1996년 애틀랜타 올림픽에서 가장 적극적인 스포츠 마케팅을 펼치면서 본사가 애틀랜타에 있다는 점을 충분히 활용했다. 개막 1년 전부터 성화 봉송 프로모션을 진행했고 애틀랜타 시

코카콜라가 출시한 평창 동계올림픽 한정판 패키지

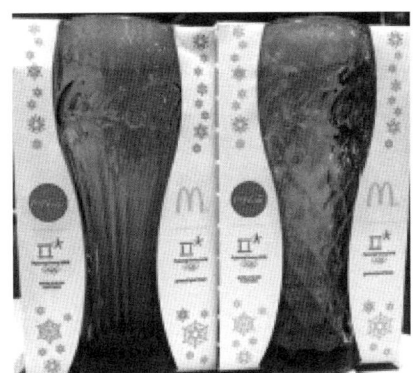

올림픽을 맞이하여 맥도날드 매장에서 판매된 코카콜라 컵. 2017년 12월 30일에 5종류의 컵을 출시했다.

내 공식 후원 장소인 센테니얼 올림픽 공원Centennial Olympic Park에 올림픽 시티를 세우며 올림픽 기간을 코카콜라 축제의 장으로 만들었다. 무려 2억 5,000만 달러의 마케팅 비용을 투입하며 대대적인 선전을 펼쳤다. 코카콜라는 경쟁사인 펩시콜라와 미국 내 시장 점유율을 42% 대 31%로 벌렸는데 과거 20년간 최고 격차였다. 당시 코카콜라는 "100년 콜라 전쟁에서 승리했다"라고 선언했다. 코카콜라는 애틀랜타 올림픽을 계기로 전 세계적인 브랜드로 급부상한다.

2018년에도 코카콜라는 국내에서 평창 동계올림픽이냐 평양 동계올림픽이냐를 두고 정치 싸움이 한창일 때 조용히 마케팅 활동에 집중했다. 코카콜라는 올림픽 후원사 등급 중 가장 높은 '월드 와이드 올림픽 파트너'다. 코카콜라와 같은 세계적인 기업이 대형 스포츠 이벤트를 어떻게 활용하는지 살펴보자.

2017년 3월 평창 동계올림픽이 채 1년도 남지 않은 시점에 코카콜라는 평창 동계올림픽 한정판 패키지 2종을 출시한다. 한정판 패키지는 올림픽 성화와 평창 동계올림픽 엠블럼을 모티프로 했다.

한정판 패키지는 콜라병을 새롭게 디자인해 출시한 것으로 소장 가치가 높다. 한정판 패키지 병에는 QR코드를 삽입해서 성화 봉송 주자에 응모할 기회를 제공했다.

코카콜라는 올림픽뿐만 아니라 월드컵과 같은 메가 스포츠 이벤트를 앞두고 다양한 콜라 병 패키지 디자인을 선보이고 있다. 이는 본격적인 올림픽 마케팅 활동에 앞서 첨병 역할을 한다. 참고로 2015년에는 코카콜라 탄생 100주년을 기념하여 한정판 콜라 병을 발매해 큰 인기를 끌었다.

2017년 12월에는 전국 맥도날드 매장을 통해 평창 에디션 코카콜라 컵을 판매했다. 많은 사람이 햄버거를 먹다가 코카콜라 컵을 사기도 하고 코카콜라 컵을 사려고 맥도날드 매장을 방문하기도 했다. 햄버거와 콜라는 보완재다. 보완재는 함께 사용할 때 만족도가 더 커지는 특징이 있다. 맥도날드와 코카콜라는 이런 윈윈 전략을 마케팅으로 자주 활용한다.

2017년 11월 평창 동계올림픽이 3개월 앞으로 다가온 시점에 코카콜라는 프로모션 활동을 다각도로 전개했다. 제일 먼저 성화 봉송 행사를 사전 프로모션으로 활용했다. 성화 봉송은 2017년 11월 1일에서 2018년 2월 9일까지 101일간 2,018킬로미터에 걸쳐 진행됐다. 코카콜라가 사전에 선정한 성화 봉송 주자는 11월부터 2월에 걸쳐 해당 지역에서 뛰었다. 성화 봉송로 주변에는 코카콜라 랩핑 차량이 함께 따라다녔으며 코카콜라 광고음악이 흘러나왔다.

참고로 코카콜라는 1992년부터 성화 봉송에 참여해왔다. 성화

코카콜라 팝업스토어(좌)와 88올림픽 때의 코카콜라 병(우)

봉송 프로모션과 동시에 평창 동계올림픽 기간 중 활용할 음원을 무료로 공개했다. 글로벌 코카콜라 브랜드 주제곡인 「테이스트 더 필링Taste the Feeling」을 한국어로 번안한 것으로 국내 유명 보컬 그룹인 마마무와 함께했다.

2017년 12월에는 전속모델 박보검과 평창 동계올림픽 홍보대사인 김연아를 앞세운 광고를 선보였다. 콜라는 더위와 갈증을 해소하는 음료라는 속성이 강해서 겨울에 콜라 소비 욕구를 불러일으키기란 쉽지 않았다. 이에 갈증 해소보다 빨간색 코카콜라 로고, 흥겨운 노래, 즐거운 분위기에 초점을 맞춘 광고를 선보였다.

그리고 올림픽 기간 내내 박보검과 김연아 화보를 다양한 장소에서 활용했다. 서울역 주변을 비롯한 주요 도심지역, 편의점, 휴게소, 옥외 광고판, 평창동계올림픽플라자, 강릉올림픽파크 등에서 적극적으로 활용됐다. 화보를 보면 '콜라를 마시고 싶다'는 욕구가 생기기보다 젊은 남녀가 즐겁게 노는 모습이 눈에 더 들어온다. 하계올림픽에서는 코카콜라가 어떤 이미지를 어떻게 활용하는지 지켜보는 것도 재미있을 것이다.

코카콜라의 모든 활동은 코카콜라 저니Coca-Cola Journey를 통해서 고객들에게 전해졌다. 코카콜라 저니에는 피겨퀸 김연아와 성

코카콜라 자이언트 자판기(위)와 코크 큐브 갤러리(아래)

화 봉송 첫 주자인 피겨 샛별 유영의 만남, 봅슬레이 원윤종 선수와 서영우 선수 인터뷰 등 성화 봉송과 올림픽 현장에서 벌어진 다양한 에피소드와 인터뷰가 차례로 게시됐다.

2018년 2월 1일부터 26일에는 홍대에서 팝업 스토어를 운영했다. 젊음의 거리인 홍대 앞에 위치한 4층 건물 전체를 단기 임대해 외관을 초대형 코카콜라 자판기 모양으로 디스플레이했다. 1층부터 4층까지 다양한 이벤트를 진행했다. 입장 방법은 당일 입장과 코크플레이 앱을 통한 VIP 입장이 있었다. 후자의 경우 여러 가지 혜택이 주어지는데 대표적으로 자신의 사진과 이름이 새겨진 네임보틀을 받을 수 있었다.

팝업 스토어에는 역대 올림픽 때 제작했던 병들이 전시됐는데 가장 눈에 띈 것은 88올림픽 때의 코카콜라 병이었다. 병에 호돌이를 새겨 한국 고객들에게 미국 음료인 코카콜라를 친숙하게 만들려는 의도로 보인다.

팝업 스토어는 1~2주라는 짧은 기간 동안 큰 비용이 들어간다. 따라서 단기 매출에 도움이 된다기보다 화제성이 더 중요하다. 기업 입장에서는 화제를 불러일으키기 위해 항상 새롭거나 트렌디한 콘텐츠를 발굴해야 한다. 일단 고객들의 관심을 끌게 되면 고객들은 자발적으로 관련 콘텐츠를 퍼뜨린다. 트위터, 페이스북, 인스타그램, 틱톡 등 SNS 매체를 통해 자연스럽게 활성화된다.

올림픽 기간 중 색다른 오프라인 홍보 활동도 눈에 띈다. 코카콜라는 평창올림픽플라자와 강릉올림픽파크를 중심으로 현장 이벤트를 준비했다. 특히 강릉올림픽파크에 설치된 높이 15미터의 자이언트 자판기가 눈길을 끌었다. 이 자판기에 특수 제작된 코인을 넣고 버튼을 누르면 다양한 선물이 주어졌다. 주로 코카콜라 제품들이다. 현장에서 지켜본 바 어린 참가자에게는 곰 인형, 목도리 등을 추가로 선물했다. 많은 사람들이 한 시간 이상을 기다리며 이벤트에 참가했다. 평창올림픽플라자에는 컨테이너 부스를 활용한 코크 큐브 갤러리가 설치돼 랜드마크 역할을 자처했다.

평창 동계올림픽은 최근 국내에서 개최된 메가 스포츠 이벤트로 코카콜라와 같은 세계적인 B2C 기업이 스포츠를 어떻게 마케팅 수단으로 활용하는지 볼 수 있는 기회였다.

1934년 최초 라디오 중계 후원(포드자동차)

1934년 포드자동차는 미국프로야구 커미셔너와 월드 시리즈 라디오 중계를 4년간 후원하는 대가로 40만 달러 스폰서십 계약을

1924년 그리피스 스타디움에서 개최된 월드 시리즈에서 미국프로야구 최초 스포츠 아나운서 그레이엄 맥나미가 라디오 중계를 하고 있다.

체결했다. 2011년 기준 월드 시리즈의 30초짜리 라디오 스폿 하나가 40만 달러가 넘는다. 당시 월드 시리즈는 NBC와 CBS 라디오를 통해 방송됐다. 포드자동차는 1908년 가성비가 뛰어난 포드T 모델을 개발하여 선풍적인 인기를 끌었는데 제너럴모터스와 같은 경쟁사가 다양한 색상과 고급 기능을 추가한 차량을 선보이자 새로운 판촉 수단으로 월드 시리즈 라디오 중계를 활용했다. 1930년대 후반은 아직 TV가 널리 보급되지 않은 시기였기 때문에 라디오를 선택했다.

지금도 미국 스포츠 중계 기본은 라디오다. 야구는 라디오 중계에 최적화된 종목이다. 미국은 땅덩어리가 워낙 크다 보니 대중교통보다 승용차로 이동하는 시간이 많은데 이런 이유로 스포츠 라디오 중계가 현재도 인기가 높다. 마이너리그도 라디오 중계로 들을 수 있을 정도다.

1936년 최초 스포츠와 TV의 만남(베를린 올림픽)

텔레비전이란 말은 1900년 8월 25일 파리에서 열린 국제전기기술총회에서 처음 사용된 용어다. 그 후 제대로 된 TV가 세상에 나오기까지는 20여 년이라는 세월이 필요했다. 그동안 여러 과학자와 발명가가 TV를 발명하기 위해 경쟁했다. TV는 1925년 영국 존 베어드John Baird가 발명했고 1930년대 최초 TV 방송이 시작됐다. 독일에서는 1935년 처음으로 텔레비전 방송을 시작했고 1936년 베를린 올림픽을 생중계해 화제를 불러일으켰다. 대회 기간 베를린과 독일 내 주요 도시 강당에 설치된 TV 수상기에서 육상과 수영 경기가 중계방송됐다. 당시 이를 지켜본 관중은 처음 보는 낯선 풍경에 열광했다.

베를린 올림픽은 나치 올림픽이라고도 불린다. 아돌프 히틀러Adolf Hitler가 추진한 올림픽이었다. 1936년 8월 1일에 히틀러는 제11회 하계올림픽 개회를 선언했다. 올림픽이 개최된 2주 동안 나치 정권은 인종차별주의와 군국주의적 특성을 은폐했다. 나치 정권은 올림픽을 통해 외국 관중과 언론에 독일이 평화를 사랑하는 민족이라는 이미지를 심어주고자 노력했다. 독일 선수단은 348명으로 최대 규모였다. 하지만 유대인 선수들은 나치 독일에 항의해 참가하지 않았다. 미국 선수단은 312명으로 두 번째로 큰 규모였다. 그중 18명의 흑인 선수가 포함됐다. 독일은 자국과 고대 그리스를 연관 지어 나치가 주장하는 인종적 신화, 즉 우수한 독일 국민이야말로 고대 민족 아리아의 문화를 정당하게 상속할 수 있음을 상징하고자 했다. 올림픽이 끝난 후 1938년에 독일의 영화감독이자 나치

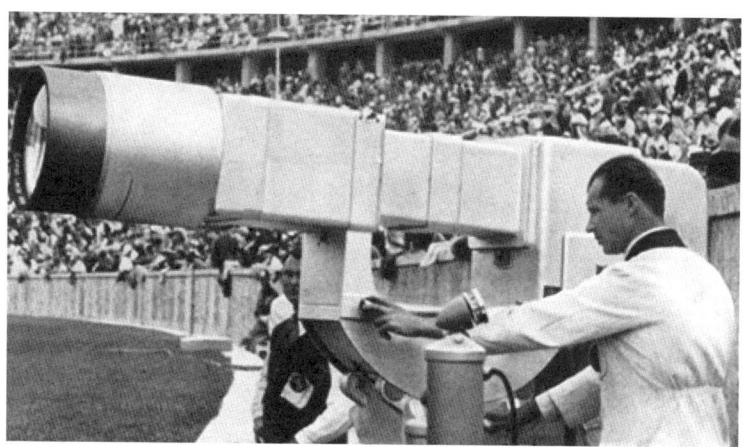
1936년 베를린 올림픽은 TV로 중계된 첫 번째 스포츠 프로그램이다. 엄청난 크기의 카메라를 볼 수 있다.

찬동자인 레니 리펜슈탈Leni Riefenstahl은 베를린 올림픽을 다룬 다큐멘터리 「올림피아」를 영화관에서 개봉했다. 올림픽 게임을 다룬 최초 장편 다큐멘터리 작품으로 독일어, 프랑스어, 영어 세 언어로 제작됐다. 나치 선전 영화이지만 영상 기술 면에서 전 세계 극찬을 받았다. 독특한 카메라 앵글, 극도의 클로즈업 등 당대 볼 수 없었던 혁신적인 기술을 선보여 후대 표준이 됐다.

독일이 정치적 목적으로 올림픽과 같은 메가 이벤트를 활용하기 시작하면서 스포츠는 이때를 기점으로 미디어와 상생의 길을 모색하게 된다. 이후 스포츠는 1940년대 상업 광고의 등장과 스포츠 중계 활성화로 대중에게 큰 인기를 끌기 시작했다.

1951년 스포테인먼트의 탄생 (빌 비크)

스포테인먼트sportainment란 스포츠sport와 엔터테인먼트entertainment의 합성어다. 스포츠와 엔터테인먼트 요소를 둘 다 내포한 개념이다. 최근에는 스포츠와 엔터테인먼트 결합이 너무나도 당연한 일이어서 더 이상 이 단어가 신선하게 들리지 않지만 스포츠 업계에서는 잊을 만하면 이 단어를 꺼내 든다. 이렇게 생소한 외래어를 친숙하게 만든 인물이 바로 '스포테인먼트의 아버지'라 불리는 빌 비크Bill Veeck다. 빌 비크는 제2차 세계대전 중 미 해병대에서 3년간 포병으로 근무했는데 오른쪽 다리를 다쳐 절단해야 했다. 절단된 자리는 나무다리로 대체했다. 그는 흡연 애호가였는데 나무다리를 재떨이로 사용하기 위해 구멍을 뚫었다는 재미있는 일화도 전해진다.

빌 비크는 1960~1970년대까지 지금 봐도 파격적인 다양한 이

빌 비크

1951년 난쟁이 에디 가델이 타석에 들어섰다.

벤트와 프로모션을 기획했다. 대표적인 사건은 1951년 8월 19일에 키 110센티미터의 난쟁이 에디 가델을 타석에 내보낸 일이었다. 당시 상대팀이었던 디트로이트 타이거즈의 투수 밥 케인은 웃느라 그랬는지, 스트라이크존을 못 찾았는지 가델을 볼넷으로 내보냈고 가델은 바로 대주자로 교체된다.

1959년에는 메이저리그 최초로 '익스플로딩 스코어보드 exploding scoreboard'를 창안했다. 선수가 홈런을 칠 때마다 가장 주목도 높은 스코어보드를 중심으로 불꽃놀이와 음향 등 각종 특수 효과를 사용해 경기장 분위기를 한층 더 고조했다. 관중은 홈런과 함께 터지는 불꽃놀이를 즐기며 열광했다.

현재 메이저리그는 구장별로 특화된 홈런 퍼포먼스를 선보이고 있는데 대표적으로 샌프란시스코 자이언츠의 홈구장인 AT&T파크 홈런 퍼포먼스를 들 수 있다. AT&T파크는 맥코비만과 베이브 릿지가 보이는 아름다운 구장이다. 자이언츠 타자가 AT&T파크의 우측 담장을 넘겨 맥코비만에 타구를 떨어뜨리는 홈런을 스플래시

1장_스포츠 마케팅 **67**

히트splash hit라 부른다. 스플래시 히트가 터지는 순간 우측 관중석 최상단 굴뚝에서 축포로 분수가 뿜어져 나온다. 경기가 열리는 날에는 우측 담장을 넘어간 홈런 볼을 줍기 위해 많은 팬들이 카약을 타고 맥코비만 주변을 어슬렁거린다. 오늘날 메이저리그 구장마다 볼 수 있는 기상천외한 홈런 퍼포먼스는 모두 빌 비크로부터 시작됐다.

이 밖에도 빌 비크는 팬이 결정한 작전을 감독이 수행하게 한다든가, 경기장 내 열기구를 띄운다든가, 외야에 샤워장을 만든다든가, 결혼식과 서커스를 하는 등 각종 이벤트와 퍼레이드를 야구장에서 개최하며 관중을 흥분의 도가니로 몰아넣었다. 선수의 백넘버 위에 이름을 넣은 것 또한 그가 처음으로 시도했다.

1979년 빌 비크의 기상천외함의 끝을 보여주는 이벤트가 열린다. 바로 '디스코 파괴의 밤Disco Demolition Night'이다. 1970년대 후반 디스코는 미국에서 인기가 높았다. 1977년 영화 「토요일 밤의 열기」가 크게 성공한 이후 디스코는 미국 전역에 선풍적인 인기를 끌었다. 이러한 인기는 일부 록 팬들의 반발을 불러일으켰고 빌 비크는 그 점을 파고들어 이벤트를 기획했다. 1979년 7월 12일 코미스키 파크에서 빌 비크는 디스코를 싫어하는 팬들이 갖고 온 디스코 음반을 내던져 깨뜨리면서 스트레스를 풀 수 있는 이벤트를 기획한다. 외야에서 진행된 이벤트였지만 비행접시처럼 날아드는 음반으로 운동장은 금방 아수라장이 되고 말았다. 흥분한 많은 사람들이 그라운드로 난입해 폭동이 일어났고 노게임이 선언되기에 이른다. 이렇게 상식을 파괴한 빌 비크의 행동은 오늘날까지 그 영향력을 발휘하고 있다. 전 세계 스포츠 마케팅 역사에 새로운 장을

할렘 글로브트로터스는 1926년 시카고에서 시작됐다.

연 빌 비크는 그 공로를 인정받아 1991년 야구 명예의 전당에 들어간다.

스포테인먼트의 첫 주자인 할렘 글로브트로터스에 대해 자세히 알아보자. 빌 비크는 어려서부터 할렘 글로브트로터스Harlem Globetrotter를 동경했다. 할렘 글로브트로터스는 에이브 세이퍼스테인Abe Saperstein이 창단한 미국 묘기 농구단이다. 인종차별이 극심했던 당시 흑인으로 구성된 독자적인 이 농구단은 스포츠 마케팅의 역사를 새롭게 썼다. 1941년 빌 비크는 할렘 글로브트로터스의 프로모터 권리를 획득했다. 할렘 글로브트로터스는 농구, 코미디, 연극이 어우러진 종합 엔터테인먼트 농구 경기를 실현했다. 좀 과장되게 이야기하면 무늬만 농구일 뿐 농구의 모든 규칙을 무시했다.

할렘 글로브트로터스는 남녀노소 누구나 즐길 수 있는 엔터테인먼트를 표방했는데 이들의 경기는 연일 매진 행진을 기록했다. 할렘 글로브트로터스는 쇼맨십을 과시하는 측면이 있지만 실력에서도 세계적인 농구팀이었다. 1984년 NBA 챔피언 미니애폴리스 레이커스를 이긴 사건은 주요 일간지 헤드라인을 장식했고 할렘 글로

'디스코 파괴의 밤' 이벤트에서 그라운드로 난입한 관중들

브트로터스의 농구 실력을 인정받은 중요한 사건으로 꼽힌다. 할렘 글로브트로터스는 NBA 초창기 몇 년 동안 종종 오프닝 경기에 참가했다. 지금은 상상하기 힘들지만 당시 NBA 팀들은 할렘 글로브트로터스의 시범경기가 끝난 뒤 텅 빈 경기장에서 경기를 치러야 했다.

할렘 글로브트로터스의 경기는 오늘날 프로 스포츠가 바라는 엔터테인먼트 요소를 모두 갖고 있었다. 스포츠 경기에 식상함을 느낀 팬들은 할렘 글로브트로터스의 경기에 열광했다. 하지만 프로농구가 유색인종에 대한 차별을 없애고 흑인 스타를 하나둘씩 고용하기 시작하면서 할렘 글로브트로터스는 쇠락의 길을 걷게 된다. 오늘날 NBA는 할렘 글로브트로터스의 엔터테인먼트 요소를 그대로 흡수하면서 더 큰 성장의 기회를 맞이했다.

국내 스포테인먼트 도입은 2007년 SK와이번스 구단을 기점으로 활성화됐다. 2007년 이만수 코치는 만원 관중이 되면 속옷만 입고 문학구장을 돌겠다는 약속을 했고 실제로 실행에 옮겨 화제를 낳았다. 2008년 3월 SK와이번스는 경쟁 상대로 에버랜드, 롯데

월드를 지목하면서 문학구장을 테마파크로 만들겠다고 선언했다. 2021년 2월 신세계 그룹이 SK와이번스를 인수하며 팀명을 SSG 랜더스로 바꾼다. 정용진 신세계그룹 부회장은 소셜미디어 클럽하우스를 통해 문학구장을 세계적인 테마파크로 만들겠다는 포부를 밝힌 바 있다. 야구장을 중심으로 테마파크와 쇼핑몰이 들어서고, 비시즌에는 수만 명을 수용할 수 있는 야구장에서 가수들의 공연을 볼 수 있는 복합 공간으로 조성해 지역의 명소를 만들겠다는 계획이다.

1984년 최초 흑자 올림픽(LA올림픽)

1984년 LA올림픽은 상업적으로 성공한 최초의 올림픽이다. 1976년 몬트리올 올림픽 때까지만 해도 올림픽은 순수 국가 자본으로 치러졌으며 경제적으로 남는 장사가 아니었다. 피터 위버로스Peter Ueberroth가 등장하기 이전 올림픽은 인기 종목보다 비인기 종목이 더 많았으며 아마추어 무대였기 때문에 상업적으로 성공하기가 어려웠다. 당연히 올림픽은 상업적 목적보다는 정치적 목적 혹은 국가 위상을 전 세계에 알리기 위해 선진국 부자 도시들이 유치하는 것이 관행이었다. 그러나 이 모든 것이 1984년 LA올림픽을 기점으로 바뀌게 된다. 당시 올림픽 조직위원장을 맡은 피터 위버로스는 북미에서 두 번째로 큰 여행사를 경영하던 경영자였다. 그는 학창 시절 수영, 야구, 미식축구 선수로 활동했고 체육장학생으로 대학에 진학했다. 한마디로 경영과 스포츠를 모두 잘 아는 유능

피터 위버로스는 1984년 LA올림픽을 흑자로 치러낸 공로로 올림픽 특별 금메달을 받았고 타임지에 '올해의 인물'로 선정됐다.

한 스포츠 마케터였다.

그가 올림픽 조직위원장으로 취임했을 당시 그 주변의 모든 상황이 좋지 않았다. 직전에 열린 1976년 몬트리올 올림픽이 10억 달러라는 엄청난 적자를 기록했고 LA올림픽에는 소련과 공산권 국가들이 불참을 선언한 상태였다. 미국 연방정부와 LA시 역시 지원을 안 하겠다고 선언했다. LA 시민들은 올림픽 개최 반대 시위를 벌였다. 이러한 위기 속에서 위버로스는 엄청난 사업 기회를 포착했다.

그는 역대 올림픽의 손해 원인을 4가지로 요약했다. 첫째는 정부 자금에 의존적이라는 것, 둘째는 스포츠 시설 건설에 지나친 비용이 들어간다는 것, 셋째는 서비스 시설과 서비스 인력 비용이 과다

하다는 것, 넷째는 기업 후원이 미흡하다는 것이었다. 위버로스는 여러 가지 아이디어를 시도했다. 먼저 미국 전국에 거쳐 성화 봉송 릴레이를 시작했다. 그 과정에서 수만 명의 자원봉사자를 확보하며 대중의 관심을 끌었다. 처음에는 시큰둥하던 사람들이 점차 올림픽에 관심을 가지기 시작했다. 고조된 국민적 관심은 중계권 계약과 기업 후원에 긍정적인 영향을 미쳤다.

그는 또한 기존 스타디움을 적극적으로 활용해 시설비용을 최소화하고 후원 기업 간 경쟁을 유발하기 위해 올림픽 후원 기업 숫자를 30개로 제한했다. 업종별로 하나씩만 후원 기업을 선정한다는 발상도 이때를 기점으로 자리 잡혔다. 당시 후지필름, 도요타자동차, 코카콜라 등이 거액의 후원금을 제공하며 올림픽 스포츠 마케팅 활동에 동참했다.

위버로스는 중계권도 적극적으로 판매했다. 올림픽은 당시 기준 세계 30억 명의 시청자가 관심을 두는 글로벌 이벤트였다. 많은 시청자가 관심을 두는 글로벌 이벤트인 만큼 방송사는 막대한 광고수익을 기대할 수 있다고 판단했다. 위버로스는 미국 방송사인 ABC와 NBC 사이에 경쟁을 촉발해 ABC로부터 중계권 대가로 2억 5,000만 달러를 받아 내는 데 성공한다. 위버로스는 공식 로고와 올림픽 마크도 적극적으로 활용해 머천다이징 판매에도 열을 올렸다. 결과적으로 LA올림픽은 세금 지원 없이 순수 민간자본으로 2억 달러가 넘는 흑자를 기록했다. 모든 우려와 달리 세계에서 가장 성공한 올림픽으로 기록됐다. 위버로스는 올림픽을 흑자로 치러낸 공로로 올림픽 특별 금메달을 받았으며 미국 시사주간지 『타임』의 '올해의 인물'로 선정됐다.

개최국에서 부담하는 방대한 운영비 문제로 존폐의 갈림길에 섰던 올림픽 개최가 흑자로 돌아서자 사람들은 이를 가리켜 '위버로스 매직Ueberroth magic'이라 불렀다. 유례없는 흑자는 고액 중계권료 계약, 공식 스폰서 도입, 공식 로고와 올림픽 마크를 새겨 넣은 머천다이징 판매가 낳은 결과였다. 매년 국제올림픽위원회 지원을 통해 운영됐던 올림픽은 이때를 기점으로 민간자본이 주도하는 '상업 올림픽'으로 탈바꿈한다. 이후 올림픽뿐만 아니라 전 세계 스포츠 단체는 스폰서십 형태로 기업 참여를 적극적으로 유치하고 나섰다. 1984년 LA올림픽, 1998년 서울 올림픽, 1992년 바르셀로나 올림픽은 스포츠 마케팅 역사상 가장 활발하게 스포츠 마케팅에 대한 학술적 논의를 확대하는 계기가 됐다.

1985년 국제올림픽위원회의 톱 프로그램 도입

1984년 LA올림픽이 상업적으로 큰 성공을 거두면서 올림픽은 글로벌 기업의 마케팅 전쟁터가 됐다. 1985년 국제올림픽위원회는 공식 후원사를 지정하는 '톱 올림픽 파트너스TOP The Olympic

Partners' 프로그램을 도입했다. 이 프로그램을 통해 공식 파트너 개념이 생겼다. 톱 올림픽 파트너스 프로그램은 4개 등급으로 나뉜다. 4년간 동·하계올림픽에 대한 전반적인 후원과 올림픽 관련 독점 마케팅 권리를 갖는 올림픽 파트너The Olympic Partners, 단일 대회별로 주로 개최국 기업들이 참여하는 지역 파트너Local Partners, 스폰서Sponsors, 상품화권자Executive Suppliers 등급이다.

수많은 기업이 올림픽 파트너라는 날개를 달고 성장했다. 대표적인 사례가 비자카드다. 비자카드는 1985년 톱 올림픽 파트너스 프로그램 1기부터 올림픽 경기장과 숙소 등에서 비자카드만 사용할 수 있는 독점권을 획득했다. 올림픽 경기가 펼쳐지는 곳에서는 오직 비자카드만 사용할 수 있게 되면서 비자카드는 올림픽 파트너 참여 이후 3년간 전 세계 매출이 18% 성장했다. 특히 3위에 머물렀던 아시아 지역 내 카드 브랜드 순위를 1위로 끌어올리는 데 성공한다.

1960년 최초 스포츠 마케팅 회사 IMG 설립
(마크 맥코이)

IMG는 전 세계 30여 개국에 지사를 두고 있는 글로벌 스포츠 마케팅 회사다. 스포츠 마케팅계 공룡으로 불릴 만큼 거대하며 다양한 사업 구조를 갖고 있다. IMG 주요 사업으로는 선수 매니지먼트, 스포츠 이벤트 기획과 운영, 스포츠 마케팅 컨설팅, 아카데미, 미디어 콘텐츠 유통, 머천다이징 등이 있다. 2013년 12월 IMG는

IMG 창업자 마크 맥코맥

음악, 영화 관련 글로벌 에이전시인 엔데버그룹WME에 합병되면서 명칭이 WME-IMG그룹으로 바뀌었다. 당시 인수 금액은 약 22억 달러로 알려졌다. 2016년 7월 WME-IMG그룹은 종합격투기 단체인 UFC 인수를 공식 발표했다. 매각액은 약 40억 달러다. 인수 직후 WME-IMG는 그동안 쌓은 전문적인 스포츠 마케팅 노하우로 UFC 인기를 높이는 데 힘을 쏟을 예정이라고 밝혔다. 현재 WME-IMG그룹은 스포츠와 엔터테인먼트 사업을 앞세워 해외 진출에 주력하고 있다.

IMG가 스포츠 외 다양한 분야로 진출한 동력 뒤에는 창업자 마크 맥코맥Mark McCormack의 믿음이 있었다. 마크 맥코맥은 경쟁이 심할수록 뛰어난 성과를 얻을 수 있다는 믿음을 바탕으로 현재의 모습에 안주하지 않는 것이 1등 회사의 자세라고 역설했다. 2003년 5월 스포츠 마케팅의 선구자 마크 맥코맥이 72세 나이로 세상을 떠났다. 미국 PGA투어 커미셔너[10] 팀 핀첨Tim Finchem은 그를 "미국뿐 아니라 세계 골프 발전에 큰 영향력을 미친 인물"이라고 평가하고 "프로골프와 스포츠계는 가장 진정한 리더를 잃었다"라

아널드 파머(우)는 마크 맥코맥(좌)의 첫 번째 스타 클라이언트였다.

고 애도했다. 골프 황제 타이거 우즈는 "그는 스포츠 마케팅에 천재였으며 그가 아니었다면 우리가 현재의 지위를 누릴 수 없었을 것"이라고 말했다. 1960년대에 스포츠 사업을 시작해 한 시대를 풍미한 마크 맥코맥의 행보는 곧 스포츠 마케팅의 역사라고 할 수 있다.

IMG가 스포츠 산업에서 가시적인 성과를 거두면서 머천다이징, TV 중계권, 스포츠 이벤트, 선수 매니지먼트 등 특정 산업에 특화된 경쟁 기업이 우후죽순 생겼다. IMG와 같은 국내 스포츠 마케팅 대행사를 꼽자면 갤럭시아SM, YG스포츠, 브라보앤뉴 등이 있다. 국내 스포츠 마케팅 대행사 역시 IMG와 비슷한 사업 모델을 가지고 있다. 이들 스포츠 마케팅 회사는 스포츠협회, 단체, 연맹이 보유한 프라퍼티Property[11]를 확보하고 대행업을 통해 수익을 창출한다는 공통점이 있다. 국가마다 처한 상황이 다르기 때문에 IMG 성장 전략이 정답일 수는 없다. 하지만 놀라운 추진력으로 시장을 선도해나가는 IMG 성장 전략을 살펴보며 미래 스포츠 산업의 성장 동력은 무엇이 될 것인가에 대한 힌트를 얻을 수 있을 것이다.

IMG 아카데미

　잠시 스포츠 마케팅 회사 IMG에 대해 살펴보자. IMG는 어떻게 성장했을까? "내게 돈을 보여줘Show me the money"란 대사로 유명한 톰 크루즈 주연의 스포츠 영화 「제리 맥과이어」는 IMG 창업자 마크 맥코맥의 실화를 바탕으로 했다. 클리블랜드 변호사 출신인 마크 맥코맥은 젊은 시절 운동에 소질이 있어 아마추어 골프 선수로 활약했다. 1960년 친구이자 당대 최고 골프 스타 아널드 파머와 계약하면서 IMG를 설립하게 됐다. 그는 프로골프 선수에게 법적 자문이나 세금 문제와 같은 재무상 도움이 절실하다는 것을 간파하고 오늘날 '스포츠 에이전시'로 불리는 사업을 구상하게 됐다.

　• **스포츠** 에이전시 사업: 사업 초기 마크 맥코맥은 야구, 축구, 농구와 같은 팀 종목 선수보다 골프와 테니스와 같은 개인종목 선수에 초점을 맞췄다. 개인종목 선수가 관리 측면에서 수월했기 때문이다. 하지만 선수가 은퇴하거나 계약 기간이 종료될 경우 대행수수료가 크게 줄어든다는 사실을 깨닫고 사업을 다각화한다.

　• 라이선싱 사업: 1960년대 초 라이선싱 사업을 시작하여 1968년 윔블던과 라이선싱 계약을 맺는다. 당시 업계에는 라이선싱 개

념이 전무해서 "윔블던 로고를 활용해 라이선싱 사업으로 돈을 벌 수 있을까?"라는 회의적인 시각이 지배적이었다. 그러나 결과적으로 큰 성공을 거둬 향후 30여 년간 IMG 주요 수입원으로 자리매김한다.

- **골프 코스 개발 사업**: 미국 골프 산업은 제1, 2차 세계대전 이후 급격하게 성장했다. 특히 한국전쟁과 베트남전쟁 전후로 미국 내 골프 인기는 더욱 올라갔다. 『골프다이제스트』는 1967년부터 골프 코스 순위를 선정하기 시작했는데 결과적으로 그 순위가 명문이라는 공식이 적용되면서 골프 코스 개발 경쟁이 가속화된다. 이러한 흐름 속에 마크 맥코맥은 1960년대 말부터 골프 코스 개발과 골프장 마케팅 사업에 주력한다.

- **스포츠 미디어 사업**: 1950~1960년대 TV가 미국 가정으로 빠르게 보급되면서 스포츠 중계 역시 활성화된다. 1968년 마크 맥코맥은 스포츠 프로그램 제작, 배급 회사인 TWI를 설립한다. TWI는 2001년 3,500만 달러 매출을 기록하며 세계에서 가장 큰 스포츠 프로그램 독립 제작사 겸 배급사로 성장했다. 매년 200개국 이상, 240여 종목의 스포츠에 6,000시간 프로그램을 배급하는데 윔블던, 디오픈, PGA, 프리미어리그, 럭비월드컵 등과 같은 대형 스포츠 이벤트를 중계했다. TWI는 스포츠뿐만 아니라 다큐멘터리, 엔터테인먼트, 음악 프로그램 등 다양한 콘텐츠를 전 세계에 배급하고 있다.

- **IMG 아카데미**: 마크 맥코맥은 유망주 선수를 발굴하고 육성하는 아카데미 사업에도 큰 관심을 보이며 1987년부터 IMG 아카데미 사업을 시작했다. 성장 가능성이 큰 유망주 선수를 키우는 일이 장기적으로 큰 수익을 보장하기 때문이다.

2017년 1월 피아니스트 손열음이 IMG 아티스트와 계약했다.

현재 미국 플로리다에 있는 IMG 아카데미는 유소년, 고교생, 대학생, 프로 선수를 위한 사설 트레이닝 기관이다. 테니스, 골프, 야구, 농구, 라크로스, 축구, 미식축구, 육상 등 다양한 종목에 맞춤형 프로그램을 제공한다. 매년 약 80여 개국, 1만 2,000여 명의 선수가 IMG 아카데미를 이용한다. 우리나라 정현(테니스) 선수도 여기서 훈련한 바 있다. 앤드리 애거시Andre Agassi(테니스), 마리아 샤라포바Maria Sharapova(테니스), 팀 하워드Tim Howard(축구) 등 슈퍼스타들이 유망주 선수들을 지도하는 프로그램도 있다.

• 스포츠 선수 자산 관리 사업: IMG 아카데미가 설립된 해인 1987년에는 세계 최대 금융회사인 메릴린치Merrill Lynch와 합작해 스포츠 선수의 자산을 전문적으로 관리하는 맥코맥 어드바이저스 인터내셔널McCormack Advisors International을 설립했다.

• 클래식 음악·패션모델 사업: 마크 맥코맥은 음악 역시 스포츠처럼 언어 장벽이 없다는 사실에 착안해 1980년대 초 클래식 음악 산업에 진출한다. 1990년대에 이르러 IMG는 세계에서 두 번째로

큰 클래식 음악 에이전시로 성장했다. 지난 40여 년간 유명 아티스트를 발굴하고 명성 있는 음악가를 꾸준히 영입했다. 현재 르네 플레밍Renee Fleming(소프라노), 조슈아 벨Joshua Bell(바이올린), 정경화(바이올린), 안토니오 파파노Antonio Pappano(지휘), 손열음(피아노) 등 400명이 넘는 아티스트가 IMG에 소속돼 있다. IMG는 클래식 음악뿐만 아니라 패션모델 사업까지 손을 뻗쳐 사업 영역을 확대하고 나섰다.

2001년 『포브스』는 IMG를 세계 500대 기업으로 선정했다. 선정 당시 IMG는 전 세계 33개국에서 85개 지사를 운영하고 매출액은 약 16억 달러에 달했다. 매출액 중 60%는 해외에서 발생했다. 특이한 점은 IMG가 사업 다각화에 성공하면서 매출액의 30%가 패션, 아티스트, 모델, 작가 대행, 연설가 등 비스포츠 영역에서 발생했다는 사실이다. IMG는 2001년 글로벌 모델 시장이 크게 성장함에 따라 톱 모델 매니지먼트와 모델 에이전시로 1년에 1억 5,000만 달러 매출을 기록했다. 물론 본업인 스타 선수 영입도 게을리하지 않았다. 이 시기에 타이거 우즈(골프), 안나 쿠르니코바Anna Kournikova(테니스), 마르티나 힝기스Martina Hingis(테니스)와 같은 대형 스타 선수를 영입하는 데 성공했다.

• 협회·연맹 마케팅: 현재 IMG는 배드민턴, 농구, 크리켓, 미식축구, 하키, 럭비, 축구 등 팀 스포츠 시장과 협회, 연맹 관련 사업도 활발히 전개하고 있다. 대표적으로 럭비 월드컵 토너먼트와 ISU(국제빙상연맹) 스폰서십 권리를 대행하고 있다.

- **웹사이트·앱 개발**: IMG는 맨체스터 유나이티드, FC바르셀로나, 호주오픈 등과 같이 전 세계 주요 스포츠 리그 웹사이트를 관리하고 있다. 해당 경기와 관련된 최신 소식, 하이라이트 영상, 주요 정보를 볼 수 있는 앱을 연동해 개발하기도 한다.

1968년 햄버거 항공 수송 작전(맥도날드)

맥도날드는 1968년 프랑스 그르노블 동계올림픽에서 자국 음식을 그리워하는 미국 선수를 위해 햄버거를 항공 수송했다. 이를 시작으로 올림픽 후원 활동에 관심을 둔 맥도날드는 이로부터 8년 뒤 레스토랑 부분 올림픽 공식 파트너로 참여했다. 맥도날드는 올림픽 기간을 활용해 공격적인 마케팅 활동을 펼치는 것으로 유명하다. 2018년 평창 동계올림픽을 앞두고 코카콜라와 함께 전국 맥

1968년 프랑스 동계올림픽에 참가한 미국 선수들을 위해 맥도날드는 햄버거를 항공 수송했다.

도날드 매장에서 평창 에디션 코카콜라 컵을 판매했고 대회 기간 세계 최초로 햄버거 세트 모양을 한 독특한 임시 매장을 지어 운영하기도 했다. 햄버거, 후렌치후라이, 음료로 구성된 햄버거 세트 모양의 디자인 덕분에 해당 매장은 평창 동계올림픽의 대표적인 랜드마크로 손꼽혔다.

그런데 마케팅 귀재 맥도날드에도 치욕스러운 역사가 있다. 바로 1984년 LA올림픽이다. 당시 맥도날드는 자국에서 열린 올림픽에서 만전을 기하며 행운권 긁기 이벤트를 대대적으로 실시했다. 미국이 금메달을 따면 빅맥을 무료로 지급한다는 내용이었다. 여기서 예상치 못한 문제가 발생한다. 앞서 미국은 1980년 모스크바 올림픽 당시 소련의 아프가니스탄 침공을 문제 삼아 올림픽 보이콧을 선언한 바 있다. 이에 대한 보복으로 이번에는 소련과 공산권 국가들이 보이콧을 선언한 것이다.

그 결과 미국 대표팀은 올림픽 무대에서 역대 최고의 성적을 거두었고 맥도날드는 프로모션 비용으로 수백만 달러를 더 쏟아부어야 했다. 올림픽 역사상 대표적인 마케팅 실패 사례로 기록되며 많은 조롱이 이어졌다. 미국 대표팀의 선전이 맥도날드에게 재앙을 가져온 것이다. 한 기업의 마케팅 활동이 통제할 수 없는 외부 변인에 얼마나 취약한지 보여주는 대표적인 사례다.

1975년 최초 위성방송과 유료 경기 (알리 대 프레이저)

미국 최고 인기 유료 채널 중 하나인 HBO는 1972년 11월 3일

1975년 HBO는 알리 대 프레이저 경기를 위성 생중계했다.

펜실베이니아에서 365가구의 가입자에게 첫 방송을 내보낸 후 1970년대 중반에 위성 기술과 케이블 시스템을 결합함으로써 일대 도약을 맞이할 준비를 마친다. HBO는 1975년 9월 마닐라에서 열린 무하마드 알리Muhammad Ali와 조 프레이저Joe Frazier의 권투 시합을 위성 생중계했다. 이 대결은 20세기 복싱 역사에서 가장 위대한 대결로 평가된다. HBO가 이 세기의 대결을 위성 기술을 이용해 케이블TV를 통해 생중계하자 그때까지만 해도 케이블이 지역 방송을 선명하게 볼 수 있는 수단 정도로 여겼던 시청자들은 케이블TV가 독자 프로그램을 언제 어디서나 공급할 수 있다는 점을 깨달았다. 이러한 사실은 HBO 사세를 확장하는 결정적인 계기가 된다. 현대적 의미의 유료 케이블 채널 서비스를 미국에 도입한 HBO는 1980년대 초에 눈부시게 성장한다. 2015년 HBO는 인터넷 스트리밍용 단독 전용 상품을 출시하기에 이른다. 최근 유료 케이블 채널을 떠나 인터넷으로만 콘텐츠를 즐기는 코드커팅cord-

흥행의 마술사 돈 킹

cutting[12] 현상이 급증하면서 정책을 바꾼 것으로 풀이된다.

그런데 이 대목에서 또 하나 주목할 만한 인물이 있다. 바로 흥행의 마술사 돈 킹Don King이다. 돈킹은 1975년 이 세기의 대결이 열리기 1년 전인 1974년 아프리카 자이르(현 콩고민주공화국)에서 열린 '정글의 혈전The Rumble in the Jungle'이라 불리는 무하마드 알리 대 조지 포먼George Foreman의 역대급 헤비급 경기를 주선하면서 권투 프로모터boxing promoter계의 신데렐라로 떠올랐다.

'마닐라의 전율'에서 알리와 프레이저 대전료는 각 600만 달러가 책정됐고 '정글의 혈전'에서 알리와 포먼 대전료는 각 500만 달러가 책정됐다. 당시로서는 천문학적인 금액이었다. 돈 킹은 뛰어난 기획과 마케팅 능력으로 두 경기를 성사시켰다. 특히 복싱계의 전설적인 경기로 손꼽히는 두 경기는 자이르와 필리핀 정부의 파격적인 지원을 받았다. 돈 킹은 독재로 불만을 품고 있는 국민의 시선을 돌리기 위한 수단으로 대형 헤비급 매치가 도움이 될 것이라고 독재 정부를 설득했다.

돈 킹은 자신이 프로모터하고 있는 선수를 다른 실력 있는 선수가 이기면 "당신의 다음 경기는 내가 프로모터 한다"라는 권리 조항을 삽입해 영향력을 유지했고 40여 년 동안 복싱계를 대표하는 프로모터로 활약했다. 이렇게 1975년 필리핀 마닐라에서 열린 세기의 이벤트로 '최초의 위성방송'과 '유료 시청 경기' 그리고 '돈 킹'의 존재가 부각됐다.

1979년 최초 24시간 스포츠 중계(ESPN)

1979년 설립된 ESPN은 365일 24시간 스포츠 방송을 표방했다. 설립 초기 기존 미디어 반응은 회의적이었다. 24시간 동안 스포츠만 다루겠다고 하니 "미국인들이 그렇게 한가한 줄 아는가?" "어리석은 짓"이라는 반응을 보였다. 하지만 작은 규모의 스포츠 채널은 해를 거듭할수록 비약적으로 발전하는 스포츠 시장을 등에 업고 세상에서 가장 영향력 있는 채널로 급성장했다. 이제 관중은 경기장에 직접 가지 않고도 안방에서 스포츠 경기를 라이브로 시청할 수 있게 됐다.

ESPN은 세분화된 잠재 고객의 니즈에 맞춰 콘셉트별로 나눠

서 채널을 운영했다. 대표적으로 ESPNEWS(스포츠 뉴스 전용 채널), EPSN Classic(과거 명승부 경기를 재방영하는 채널), ESPN U(대학 스포츠 전용 채널), SEC Network(대학 미식축구 최강 컨퍼런스인 SEC 중계 채널), ESPN2(18~49세 남성에게 인기 있는 스포츠 중계 채널) 등이 있다.

1997년 ESPN은 월트디즈니에 인수된다. 월트디즈니가 미국 3대 방송사 중 하나인 ABC를 인수하는 과정에서 ABC가 ESPN 지분 80%를 보유하고 있었기 때문이다. 콘텐츠 왕국을 꿈꾸는 월트디즈니는 ABC 인수를 통해 기존 영화 사업과 TV, 스포츠 채널을 흡수함으로써 큰 시너지 효과를 냈다. 2015년 ESPN은 디즈니 전체 영업이익 가운데 무려 25%를 차지할 정도로 알짜배기 채널로 성장했다.

그러나 최근 인터넷 스트리밍이 점차 기존 방송을 대체하면서 ESPN은 근본적인 위기를 맞았다. 시청자들이 케이블TV를 끊고 저렴한 인터넷 스트리밍 방송을 찾기 시작한 것이다. 코드 커팅 현상이 가속화되면서 2015년 ESPN 시청자 수는 전년 대비 320만 가구가 줄었다. 이러한 현상은 지난 2011년 7월 이후로 지속됐다. 2015년 기준 TV를 틀었을 때 ESPN이 나오는 가구 수가 불과 4년 사이에 1억 가구에서 9,290만 가구로 약 700만 가구(7.2%)나 줄었다.

2015년 미국 위성TV 사업자 디시네트워크Dish Network는 이날 라스베이거스에서 열린 국제전자제품박람회CES에서 ESPN과 CNN 등 12개 채널을 인터넷 스트리밍 방식으로 제공하는 슬링TV 서비스를 출범한다고 밝혔다. 인터넷 스트리밍 서비스를 이용하면 전통적인 TV 시청 방식인 케이블이나 위성TV를 이용하지 않고도 스마트폰과 아이패드, TV 등 인터넷 접속이 가능한 각종 기기를 통해 방송을 볼 수 있다. 스포츠 방송 시장을 독점하는 ESPN이

미국 플로리다주 디즈니랜드 옆에 위치한 ESPN

그동안 케이블TV 시청료에 의존해왔다는 점에서 인터넷 스트리밍 서비스의 참여가 주목된다.

현재 ESPN은 전 세계 200여 개국에 스포츠 콘텐츠를 송출하며 미국대학스포츠NCAA, 미국프로미식축구NFL, 미국프로야구MLB, 잉글랜드프리미어리그EPL 등 다양한 스포츠 콘텐츠를 제공하고 있다. 미국 가정에서 2015년 2월 기준 약 9,439만 6,000명이 ESPN을 시청한다. 참고로, 2015년 미국 인구는 약 3억 2,144만 명이었다. 미국 인구의 약 3분의 1이 ESPN을 시청하고 있는 셈이다.

1991년 스포츠 마케팅의 트렌드 세터
(레드불 익스트림 시리즈)

1984년 설립된 레드불은 호주의 에너지 드링크 회사다. 레드불은 1991년부터 요트, 산악바이크, 비행 경기, F1, 스케이트보딩 등

2012년 10월 14일 바움가르트너는 레드불 스트라토스에서 지상 39킬로미터 자유 낙하에 성공했다. 사상 최초로 동력기관의 도움 없이 음속을 돌파하며 스카이다이빙 최고 고도 기록을 달성했다.

매니아 층이 두터운 스포츠를 적극 후원하고 나섰다. 그리고 대표적인 캠페인 '날개를 펼쳐줘요Red Bull gives you wings!'라는 메시지를 중심으로 인간 한계를 극복하는 다양한 스포츠 이벤트를 만들어왔다는 점에서 스포츠 마케팅 분야에 새로운 이정표를 제시했다. 그 중 가장 인상적인 이벤트는 2012년 10월에 레드불 스트라토스Red Bull Stratos에서 펼쳐진 '우주 점프 이벤트'였다.

2012년 10월 14일 바움가르트너는 레드불 스트라토스에서 지상 39킬로미터 자유 낙하에 성공했다. 사상 최초로 동력기관의 도움 없이 음속을 돌파하며 스카이다이빙 최고 고도 기록을 달성했다.

당시 인류 역사상 최고 고도에서 스카이다이빙을 한 펠릭스 바움가르트너Felix Baumgartner가 화제였다. 3시간짜리 이벤트를 위해 5년간 6,500만 달러가 투입됐다. 당시 생중계는 CNN이나 BBC와 같은 전통적인 레거시 채널이 아니라 레드불 공식 유튜브 채널에서 진행했다. 약 800만 명이 유튜브를 통해 우주 점프를 지켜봤다. 미디어 관점에서 보자면 대형 스포츠 이벤트가 전통적인 레거시 채널을 벗어나기 시작했다는 점에서 의미가 있다. 레드불은 전체 매출액의 약 3분의 1을 마케팅 예산으로 활용하는데 예산 대부분을 스포츠를 활용한 콘텐츠 생산에 적극적으로 할애하고 있다.

1992년 앰부시 마케팅의 시작(마이클 조던)

마이클 조던, 매직 존슨, 찰스 바클리Charles Barkley, 존 스톡턴 John Stockton, 래리 버드Larry Bird. 이름만 들어서 설레는 '드림팀'은 1992년 바르셀로나 올림픽 남자 농구 대표팀의 또 다른 이름이다. 역사상 전무후무한 최고의 팀으로 작전타임을 한 번도 부르지 않고 8전 전승으로 이끌었다. 드림팀은 공식 스폰서 리복의 후원을 받았는데 마이클 조던, 찰스 바클리 등 나이키와 개인적으로 후원 계약을 맺은 선수가 다수 있었다. 그들은 리복 로고를 가리기 위해 겉옷에 나이키 제품을 착용했다. 특히 마이클 조던은 시상식에서 리복 로고를 가리기 위해 성조기를 망토처럼 두르고 나타났고 이 일을 계기로 앰부시 마케팅ambush marketing[13] 활동이 크게 주목받았다.

앰부시 마케팅은 언제부터 시작됐을까? 앰부시 마케팅이 최초로 기록된 사례로 1984년 LA올림픽에서 코닥의 활동을 꼽을 수 있다. 코닥은 당시 경쟁사 후지필름이 공식 올림픽 파트너로 선정되자 올림픽 방송 중계사인 ABC와 스폰서십을 체결하는 동시에 미국

1992년 바르셀로나 올림픽 남자 농구 시상식 무대

육상팀 후원사로 참여했다. 코닥은 이러한 활동을 통해 경쟁사인 후지필름보다 더 적은 비용으로 더 높은 인지도와 노출 효과를 얻었다. 당시에는 공식 올림픽 파트너사에 대한 권리가 확실히 보장되기 전이었다. 또한 앰부시 마케팅이라는 용어가 생기기 전이었으므로 코닥의 이러한 활동은 단지 독특한 마케팅 성공 사례로 주목받았다. 코닥은 1988년 서울 올림픽에서 공식 올림픽 파트너 권리를 획득했는데 이번에는 후지필름이 반격했다. 후지필름은 미국 수영팀을 후원하고 나서며 코닥에 복수했다.

현재 국제올림픽위원회IOC의 제재로 이런 형태의 앰부시 마케팅 활동은 불가능하다. 국제올림픽위원회가 톱 프로그램에 참여한 파트너사의 권익을 지키기 위해 모니터링 활동을 강화하고 나섰기 때문이다. 하지만 앰부시 마케팅 활동 역시 진화에 진화를 거듭하며 지속적으로 국제올림픽위원회를 괴롭히고 있다. 모험적인 마케터들은 올림픽과 아시안게임 등 메가 이벤트를 상대로 앰부시 마케팅을 펼침으로써 마케팅의 경계를 실험하고자 한다.

최근 올림픽과 아시안게임 조직위는 앰부시 마케팅을 전담해 모니터링하는 대행사를 공고해 운영하고 있다. 올림픽 개최 대략 1년 전부터 앰부시 모니터링 활동을 시작한다. 하지만 여전히 교묘하게 빈틈을 노리는 마케터가 세상에 득실득실하다. 수백억에 달하는 비용을 지급하는 스폰서 권리는 지켜야 마땅하겠지만 공식 스폰서 경쟁에서 밀린 기업들에게 해당 기간에 해당 이벤트를 연상하는 마케팅 활동을 하지 말라고 하는 것 역시 기회를 박탈하는 행위다. 막대한 자금력을 집행해 많은 노출 권리를 확보한 기업들은 이미 골리앗의 위치를 점하고 있다. 이미 유리한 고지를 점령한 만큼 어떤 형태로라도 소외된 기업들에게 기회를 주는 방식도 논의돼야 할 것이다. 세상에는 골리앗보다 다윗이 훨씬 많다. 다윗들의 마케팅 활동은 시장을 활성화하는 순기능을 하고 있다. 이를 어떻게 활용하느냐가 관건이다.

1996년 나이키의 스타 마케팅(타이거 우즈)

나이키는 1996년부터 타이거 우즈를 후원했다. 1996년은 무명이었던 타이거 우즈가 프로로 전향한 해다. 나이키와 우즈는 5년간 4,000만 달러의 계약을 맺은 것을 시작으로 2011년에는 5년간 1억 달러에 재계약했다. 타이거 효과Tiger effect는 분명했다. 1995년 나이키의 골프용품 매출은 4,000만 달러(약 471억 원) 수준이었으나 1996년 우즈와 계약을 맺은 후 2년 만에 2억 달러(약 2,355억 원)로 수직으로 상승했다. 우즈가 3대 메이저 대회를 휩쓴 2000년 나이키의 골프용품 매출은 3억 달러(약 3,532억 원)로 껑충 뛰었다. 타이거 우즈 행보 하나하나에 골프 산업 전체가 움직일 정도였다.

나이키는 1996년부터 타이거 우즈를 모델로 기용해 골프 산업에서 승승장구하다가 2009년 위기를 맞는다. 2009년 타이거 우즈가 섹스 스캔들로 인해 슬럼프에 빠지면서 나이키 매출이 떨어지기 시작했다. 잘나가던 타이거 우즈의 성적이 순식간에 곤두박질치자 2016년 신발과 의류 사업을 제외하고 골프 클럽 시장에서 철수하기에 이른다.

타이거 우즈는 수많은 우여곡절 끝에 2018년 9월 PGA 통산 80승을 달성했다. 2019년 마스터스 토너먼트와 조조 챔피언십에서 연달아 우승하며 PGA 통산 82승, 메이저 대회 15승이라는 대기록을 달성했다. 하지만 2021년 2월 교통사고를 당하면서 다리뼈가 산산조각이 나는 중상을 입었다. 2021년 12월 10개월 만에 아들 찰리 우즈와 함께 필드에 모습을 드러낸 타이거 우즈는 또 다시

1996년 8월 말, 나이키와 계약을 한 타이거 우즈가 스폰서 로고가 새겨진 옷을 입고 "헬로 월드Hello World!"라는 인사말과 함께 프로 무대 데뷔를 공식적으로 만방에 알렸다.

타이거 우즈가 입은 제품에 나이키 로고가 선명하다.

'왜 타이거 우즈인가'를 스스로 증명했다.

  이 대회는 타이거 우즈가 교통사고로 오른쪽 다리를 절단할 뻔한 위기를 딛고 재활을 거쳐 복귀한 대회였다. 이 대회를 중계한 NBC와 시청률조사업체 스포츠미디어워치에 따르면, 타이거 우즈가 12세 아들과 함께 나선 경기는 미국 전역에서 234만 명이 시청했고 시청률은 1.4%를 기록했다. 이는 세상에서 가장 오랜 역사를 가진 2021 디오픈The Open을 능가하는 수치다. 타이거 우즈는 타이거 효과가 여전히 유효하다는 사실을 스스로 증명했다.

  타이거 우즈는 성적을 떠나 시대를 대표하는 아이콘이다. 타이거 우즈가 이 위기를 어떻게 극복할지는 본인뿐만 아니라 나이키에게도 굉장히 중요한 이슈다. 과거 불미스러운 상황 속에서도 타이거 우즈 곁을 지킨 나이키의 행보가 주목된다.

2장
스포츠 산업

스포츠 산업은 어떻게 구성되고 작동하는가

소믈리에sommelier는 와인을 추천하는 전문가다. 고객 개인 취향을 고려해 와인을 추천하기 위해서는 많은 것을 알아야 한다. 포도의 품종, 원산지, 수확 연도, 구매와 저장, 숙성 방법, 재고 관리, 가격 등 풍부한 지식을 고루 갖추고 있어야 한다. 와인을 제대로 마시기 위해서는 오감을 잘 활용해야 한다.

우선 잔을 45도 정도 기울여 술과 잔이 만나는 지점의 색을 살핀다. 잔을 돌려 표면적을 넓히고 향을 맡은 뒤 한 모금을 마시고 입안에서 5초 정도 머금은 다음 맛을 본다. 빈티지vintage에 따른 정보를 알고 있다면 와인이 더욱 특별하게 느껴질 것이다. 우리가 와인을 맛있게 마시기 위해 소믈리에가 될 필요까지는 없다. 하지만 와인에 대한 기본적인 지식은 우리가 와인을 더욱 즐겁게 음미할 수 있도록 도와준다.

미술 작품도 마찬가지다. 기본적인 지식 없이 보는 미술 작품은 감흥이 덜하다. 지금은 흔하디흔한 풍경화의 경우 풍경화가 나오게 된 시대적 배경을 이해하고 후대에 미친 영향을 이해하는 순간 우리는 비로소 그 미술 작품을 온전히 느낄 수 있다. 우리가 미술 작품을 제대로 감상하기 위해 도슨트가 될 필요는 없다. 하지만 미술 작품에 대한 기본적인 지식은 미술 작품을 더욱 즐겁게 감상할 수 있도록 도와준다.

스포츠도 마찬가지다. 스포츠 룰에 대한 기본적인 지식 없이 스포츠를 관람하는 건 아무래도 재미가 떨어지게 마련이다. 우리가 스포츠를 관람하기 위해 심판 수준의 지식을 가질 필요는 없다. 하지만 스포츠 룰에 대한 기본적인 지식은 스포츠를 더욱 재미있게 관람할 수 있도록 도와준다. 스포츠 산업에 대한 기본적인 지식은 스포츠 산업에 대한 폭넓은 이해는 물론 스포츠 산업을 매개로 새로운 부가가치를 창출하고자 하는 이들에게 도움이 될 것이다.

이번 장은 스포츠 산업의 세부 분야를 다루었다. 스포츠 산업은 크게 스포츠 미디어, 스폰서십, 선수 매니지먼트, 스포츠 이벤트, 머천다이징 5가지로 세분화돼 있다. 스포츠 산업을 구성하고 있는 주체를 하나하나 살펴보고자 한다. 스포츠 산업 종사자 간 '이해'와 '소통'을 바탕으로 상호 발전적인 방향을 모색할 수 있기를 기대한다. 나아가 이종 산업 간 '연결'을 통해 새로운 기회가 열리기 바란다.

1
스포츠 미디어

태초에 TV가 있었다. 이 방송의 특징은 별다른 요금 없이 그저 안테나 하나만 설치하면 볼 수 있다. 그리고 케이블TV가 나왔다. 케이블TV는 TV와 다르다고 말했다. TV는 안테나를 사용하지만 케이블TV는 전봇대 위 굵은 줄인 동축 케이블을 사용한다고 말했다. TV는 무료지만 케이블TV는 유료라고 말했다. 그래서 많은 채널을 볼 수 있다고 말했다.

그리고 IPTV가 나왔다. IPTV는 케이블TV와 다르다고 말했다. 케이블TV는 동축 케이블을 사용하지만 IPTV는 인터넷망을 사용한다고 말했다. 다른 이가 말했다. 웃기지 말라고 했다. IPTV가 됐든 케이블TV가 됐든 시청자 입장에서는 그게 그거라고 말했다. 결과적으로 다른 듯 같았다. 방송이란 측면에서는 같지만 인터넷망을 이용하기 때문에 온디멘드on demand 서비스가 쉬웠다. 그걸 누군가는 확장성이라고 불렀다.

그리고 넷플릭스가 튀어나왔다. 같은 인터넷망 위의 서비스지만 넷플릭스는 IPTV와 다르다고 말했다. IPTV는 TV에서만 나오는 서비스지만 넷플릭스는 인터넷에 있는 것이라서 N-스크린이 된다고 말했다. 같은 인터넷망이지만 사업가의 의지가 달랐다. 이렇게 기술은 같기도 하고 다르기도 하다.[14]

미디어의 발달은 스포츠에 큰 영향을 미쳤다. 예를 들면 과거에는 스포츠를 TV를 통해서만 볼 수 있었다. 하지만 지금은 노트북, 태블릿PC, 스마트폰 등 다양한 기기를 통해 볼 수 있게 됐다. 미디어에서 스포츠는 훌륭한 원 소스 멀티 유즈one source-multi use 콘텐츠였다. 덕분에 스포츠 역시 미디어를 통해 전 세계로 확장해나갈 수 있었다. 스포츠는 미디어를 만나 큰 성장을 이룰 수 있었고 미디어도 스포츠를 만나 큰 성장을 이룰 수 있었다. 이런 이유로 미디어 발달 과정을 살펴보는 것은 스포츠 발달 과정을 살펴보는 일과 같다.

최근 소셜네트워크 기업이 새로운 미디어 기업으로 떠오르고 있다. 기존 SNS 서비스에서 미디어 영역까지 침범했다. 소셜네트워크 기업은 특히 스포츠 중계에 큰 관심을 보이는데 무엇보다 스포츠의 가장 큰 특징인 라이브 중계가 매력적으로 보였을 것이다. 자사 채널에 많은 고객이 더 오랜 기간 머물렀으면 하는 바람은 전통 미디어 기업이나 새로운 미디어 기업이나 다를 바가 없다. 여기에 소셜네트워크 기업은 이용자 한 명 한 명을 겨냥해 알고리즘을 바꿀 능력이 있다. 즉 개별 이용자가 좋아할 만한 맞춤형 콘텐츠 제공이 가능하다. 또한 소셜미디어 기술에 기반을 둔 스포츠 중계는 시공간을 초월한 쌍방향 커뮤니케이션을 앞세워 전통적 중계 방식과 차별화될 것이다. 2018년 3월 페이스북은 자사 플랫폼인 '페이스북 와치'를 통해 MLB 25경기를 독점 중계하기로 발표했다. MLB 사무국 입장에서는 온라인 스트리밍이라는 새로운 채널을 확보함으로써 젊은 시청자들을 끌어모을 수 있게 된 것이다.

넷플릭스처럼 OTT 서비스를 제공하는 기업들 역시 스포츠에 큰 관심을 보인다. 아마존은 OTT 서비스로 '아마존 프라임 비디오'를 운영하는데 2021년 6월 11일 유럽 5대 축구 리그로 손꼽히는 프랑스 리그1 중계권을 2024년까지 3시즌을 확보했다. 아마존이 낼 중계권료는 연간 2억 7,500만 유로(약 3,700억 원) 수준이다. 2021년 3월 미국 뉴욕 증시에 상장하며 성장 잠재력을 인정받은 쿠팡은 당해 6월 15일 자사 OTT 서비스인 '쿠팡플레이'를 통해 2021 코파아메리카를 중계한다고 밝혔다. '남미의 월드컵'으로 불리는 코파아메리카는 브라질과 아르헨티나 등 남미 10개국이 참여하는 축구 국가대항전이다. 쿠팡은 도쿄 올림픽 온라인 단독 중계권 계약에도 열을 올렸다.

　미디어가 발전함에 따라 스포츠 단체는 스포츠팬 층을 폭넓게 확보하기 위해 소셜미디어와 OTT 기업과 적극적으로 제휴하려는 움직임을 보인다. 새롭게 부상한 이들 매체에 IPTV, 인터넷, 온라인, 모바일 등 뉴미디어 중계권 판매를 확대하며 재원을 확보하고 있다. 스포츠 단체의 뉴미디어 중계권 수익은 해를 거듭할수록 증가하는 추세다. 지금까지 스포츠 시장은 ESPN 등 케이블을 중심으로 한 전통적 미디어 회사가 이끌어왔지만 미디어 무게 중심이 소셜네크워크, OTT서비스로 이동하면서 스포츠 미디어 시장에 큰 변화가 예상된다. 역사적으로 스포츠는 미디어와 밀접한 관계를 맺어왔다. 다양한 미디어가 스포츠에 미칠 영향에 관해 관심을 가져보자. 스포츠의 미래가 보일 것이다.

왜 스포츠와 미디어는 서로에게 호감을 느꼈는가

신문과 스포츠는 처음부터 서로에게 호감을 느꼈다. 신문은 독자 수를 늘리기 위해 스포츠 뉴스를 다루었고 스포츠 단체는 경기를 홍보하고 관중을 유치하기 위해 신문에 호의적이었다.

1830년대 대도시의 성장과 인쇄술의 발달은 신문 산업이 급성장하는 데 큰 역할을 했다. 1830년대 신문이 출현하고 1875년 내셔널리그가 창설된 이래 미국에서는 야구를 중심으로 다양한 스포츠 종목에 대한 관심이 폭발했다. 그리고 19세기 말 미국 뉴욕에서 신문 라이벌이 탄생한다. '현대 저널리즘의 창시자'라 불리는 조지프 퓰리처Joseph Pulitzer가 이끄는 『뉴욕 월드』는 뉴욕 내 독보적인 신문사로 우뚝 서 있었고 『뉴욕 저널』은 윌리엄 랜돌프 허스트William Randolph Hearst가 인수한 신생 신문사였다. 뉴욕 최고 신문사 자리를 두고 두 신문사는 치열하게 경쟁했다.

퓰리처는 "재미없는 신문은 죄악이다."라는 지론을 펴며 자극적이고 선정적인 기사를 보도했다. 하지만 이에 질세라 허스트 역시 파격적이고 선정적인 기사를 보도했다. '옐로저널리즘yellow journalism'15 경향이 신문사 사이에 유행처럼 퍼졌다. 퓰리처는 기사 제목과 내용을 유명인의 성추문, 범죄, 기괴한 기사로 가득 채웠는데 그에게 스포츠는 대중의 관심을 붙잡아둘 만큼 재미있고 자극적인 기삿거리였다. 1883년 그는 『뉴욕 월드』 최초로 스포츠 부서를 신설해 중요 경기를 1면에 보도했다. 이에 질세라 1895년 『뉴욕 저널』에도 스포츠란이 최초로 생겼다.

얼마 안 있어 대부분의 신문사는 사내에 스포츠 편집자와 스

조지프 퓰리처는 독자들이 무엇을 원하는지 정확하게 알고 있었고 이를 능숙하게 지면으로 옮겼다.

태프를 두기 시작했다. 1910년 이후 미국의 모든 신문은 프로권투 챔피언 결정전, 경마, 프로야구 월드 시리즈 등 주요 스포츠 이벤트를 앞다투어 보도하며 독자를 끌어모았다. 스포츠가 신문사의 주요 소재로 주목받기 시작하면서 1920년대 스포츠는 미국 문화의 중심으로 부상한다. 1846년 5월 신문사와 방송국 협동조합 형태로 설립된 미국에서 가장 오래된 통신사 연합통신AP은 이미 1920년대부터 12명의 스태프를 갖춘 독립된 스포츠 부서를 두고 있었다. 흥미로운 점은 취재 보도를 위한 신문사 경비를 스포츠 프로모터나 조직이 부담했다는 것이다. 특히 당시 인기 있었던 프로야구나 프로복싱 분야에서 관행으로 자리잡았다.

1920년대 스포츠 기자는 저명인사로 간주되었다. 그들은 드라마틱한 경기 내용을 전달하기 위해 스포츠 영웅을 만들었고 실제보다 과장해서 보도했다. 신문은 스스로 프로모터 역할을 자처하

미국 프로야구 올스타게임은 1933년 7월 6일 시카고 코미스키 파크에서 처음 열렸다. 올스타게임은 팬 투표와 감독 추천으로 선발된 최고의 실력과 인기를 얻고 있는 선수만이 출전할 수 있다.

1962년 MLB에서 매해 올스타게임 최우수 선수에게 수여하는 '아치 워드 트로피'

고 나서기도 했다. 『시카고 트리뷴』과 『뉴욕 데일리 뉴스』의 발행인인 조지프 미딜 패터슨Joseph Medill Patterson은 시카고와 뉴욕의 아마추어 복싱 골든글로브 경기를 주관했다. 『시카고 트리뷴』의 스포츠 편집장 아치 워드Arch Ward는 야구 올스타게임과 대학 미식축구 올스타게임을 고안했다.[16] 신문이 스포츠를 핵심 콘텐츠로 여기며 다방면으로 지원하고 나서자 스포츠는 더욱 탄력을 받고 성장했다.

그런데 신문사와 달리 라디오나 TV는 사정이 달랐다. 경기장으로 향하는 관중의 발걸음을 라디오나 TV 앞으로 돌릴 수 있다는 우려 때문이었다. 중계권료 개념이 전무한 당시 상황에서 주요 스포츠 단체는 수익 대부분을 티켓 판매로 충당했다. 현장을 찾는 관중 수 감소를 우려한 스포츠 단체는 라디오와 TV에 비용을 지불할 것을 요구했다. 오늘날 우리에게 익숙한 중계권료 개념은 스포츠 관람이 줄어들 것을 대비한 일종의 보험이었다.

하지만 이 우려는 시간이 갈수록 근거 없는 사실로 확인됐다. 라디오와 TV를 통해 스포츠를 소리와 영상으로 접한 사람들은 스포츠에 더 큰 관심을 두었다. 이후 더 많은 사람이 대회장을 찾기 시작했다. 1830년대 신문 출현, 1920년대 라디오 출현, 1940년대 TV 방송 출현으로 스포츠 콘텐츠는 새로운 시대를 맞이했다.

TV 중계 없이는 스포츠도 존재할 수 없다

나라가 전쟁 중인데 스포츠 이벤트를 하는 것도 모자라 중계까지 하자고 나서니 참으로 기막힌 일이 아닐 수 없다. 1991년 1월 전 세계가 걸프전 관련 뉴스를 보도하고 나설 때 부시 대통령은 병사들의 사기 진작을 위해 슈퍼볼을 볼 수 있게 하라고 지시했다. 다음 날 신문 지면에는 전쟁 중에도 슈퍼볼 중계를 보며 즐거워하는 미군 모습이 큼지막하게 실렸다. 부시 대통령이 걸프전 브리핑

걸프전 중 TV를 시청하고 있는 미군

을 기다리는 출입 기자에게 슈퍼볼을 보고 하자고 제안했던 일화 역시 유명하다. TV 중계 없이는 스포츠도 존재할 수 없다는 사실을 보여준 상징적인 사례다. 오늘날 미디어와 스포츠는 과거보다 더 단단하게 얽혀 있다. 미디어 노출이 없는 스포츠는 더 이상 가치가 없게 됐다.

참고로 1991년 당시 뉴 키즈 온 더 블록New Kids On The Block이 슈퍼볼 하프타임쇼를 했다. 걸프전 관련 뉴스를 전하기 위해 슈퍼볼 경기가 끝난 뒤 별도로 편성해서 중계했다. 오늘날 슈퍼볼 하프타임쇼는 이벤트 속에 또 하나의 이벤트로 자리잡았다. 초기 슈퍼볼 하프타임쇼는 대학 치어리더팀이나 행군밴드 등을 중심으로 공연을 펼쳤는데 1991년부터 인기 뮤지션이 슈퍼볼 하프타임쇼 무대에 서는 것이 관례화됐다.

미디어가 스포츠 현장에 변화를 몰고 왔다

　미디어가 스포츠를 핵심 콘텐츠로 인식하고 본격적으로 중계하고 나서자 스포츠 현장에는 다양한 변화가 일어났다.

　첫째, 미디어는 스포츠 단체의 경기 복장과 규칙을 개정하는 데 큰 영향을 미쳤다. 전파 너머로 스포츠를 시청하는 팬들을 위해, 방송 편성 시간을 맞추기 위해, 각본 없는 드라마를 전달하기 위해 스포츠 단체에 다양한 요구를 했다. 1997년 9월 국제하키협회 FIH는 흰색 운동화와 스타킹 착용을 금지했다. 흰색 장구를 사용하면 시청자가 하얀색 볼을 제대로 볼 수 없기 때문이다. 유도의 컬러 도복 착용, 탁구의 오렌지색 공 사용 역시 이러한 맥락에서 나왔다. 클레이사격 종목은 시각 효과를 높이기 위해 진흙 접시 속에 오색가루를 넣도록 했다. 양궁은 TV 중계에 적합하도록 1990년대 초부터 토너먼트제를 도입했다. 테니스의 타임브레이크 시스템, 야구의 지명 대타제, 농구의 24초 규칙과 3점 슛 등도 역시 미디어가 스포츠에 미친 결과물이다. 조지 리처George Ritzer는 이를 '스포츠의 맥도날드화McDonaldization'라는 개념으로 정의했다.[17]

　둘째, 미디어는 경기 시간을 방송 편성 시간에 맞추도록 요구했다. 대표적으로 88올림픽을 예로 들 수 있다. 당시 미국 내 독점 중계방송사인 NBC는 미국에서 가장 인기 있고 메달 획득 가능성이 큰 스포츠 종목의 결승전 경기를 미국의 황금시간대에 편성하도록 요구했다. 이에 따라 육상 경기 결승전의 약 70%가 한국 시각으로 점심때 생중계됐다. 한국 시각 12시면 LA는 오후 8시고 뉴욕은 오후 11시다. 여기서 '서머타임summer time'이라는 특별 조치도 함께 내려진다. 당시 우리나라의 모든 시계를 1시간 뒤로 돌려 아침 시간을 1시간 앞당기는 특별 조치를 취했다. 이에 따라 LA 시청자는 오후 7시에, 뉴욕 시청자는 오후 10시에 올림픽 주요 경기를 볼 수 있었다. 심판은 완벽한 중계를 위해 경기 시작 신호를 NBC 중계 PD가 허락할 때까지 기다려야 했다.

2008년 베이징 올림픽 역시 막대한 중계권료를 지불한 NBC의 요구에 따라 미국 금메달 획득이 예상되는 수영과 육상 경기 시간을 개최국인 중국의 주요 방송 시간대가 아니라 미국 동부 시청자의 저녁 시간대로 변경했다. 당시 NBC 채널을 통해 올림픽 경기를 지켜본 시청자 수가 2억 1,100만 명에 달했다. 이는 미국 TV 역사상 최다 시청자 기록이다.[18] NBC는 2008년 베이징 올림픽의 미주 독점 중계권을 따기 위해 10억 달러를 지불했다.

오늘날에도 이런 경우를 종종 볼 수 있다. 우리나라에서 최초로 열린 PGA투어 CJ컵은 당시 오후 2시 이전에 모든 경기를 마쳤다. 미국 시청자를 배려한 조치로 방송이 스포츠에 미친 영향을 여실히 드러내는 사례다.

셋째, 미디어는 스타플레이어를 제조했다. 각본 없는 드라마인 스포츠도 스토리가 필요하다. 그 중심에는 선수가 있다. 경쟁은 승자와 패자를 낳기 마련이다. 미디어는 이를 더욱 크게 부각했다. 팀워크가 중요한 종목도 결국 중요한 순간 골을 넣는 선수에게 초점을 맞췄다. 미디어 입장에서는 극적인 순간을 흥분의 도가니로 몰고 갈 주인공이 필요했기 때문에 영화 주인공처럼 마지막을 승리로 이끄는 선수에게 집중했다. 이 과정에서 미디어는 과정을 무시한 채 결과를 낸 소수 선수에게 집중하면서 특정 선수를 우상화한다는 비판을 받았다. 오늘날 미디어는 승자뿐만 아니라 패자, 조력자, 유망주 선수를 함께 조명함으로써 소수의 성공이 정당화되는 왜곡된 현실을 벗어나야 하는 시대적 과제를 안고 있다.

넷째, 미디어는 최첨단 기술을 스포츠 현장에 도입했다. 육상 단거리 선수로 88올림픽 100미터 경기에서 우승한 칼 루이스Carl Lewis가 100미터를 43걸음에 달렸다는 사실은 최첨단 기술을 통해서만 분석할 수 있다. 다이빙, 체조, 피겨스케이팅과 같이 세밀하고 정확한 동작을 요하는 경기 종목일수록 최첨단 미디어 장비의 도움이 필요하다. 2018년 러시아 월드컵부터 공식적으로 시행한 비디오 판독 시스템VAR, Video Assistant Referee은 오심과 편파 판정 시비를 줄였다는 점에서 합격점을 받았다. 국제축구연맹의 잔니 인판티노Gianni Infantino 회장은 2018년 7월 14일 기자회견장에서 "이젠 비디오 판독 시스템 없는 축구를 상상하기 힘들다."라며 "이번 월드컵은 역대 최고의 대회다."라고 말했다. 2018년 러시아 월드컵에서는 비디오 판독 시스템뿐만 아니라 최첨단 기술을 사용한 상대 팀 분석을 허용했다. 관중석에서 경기를 보는 코치진 중 한 명이 헤드셋을 통해 경기를 분석한 내용을 벤치에 전달할 수 있도록 했다.

최근 넷플릭스가 영화와 드라마 제작에서 더 나아가 스포츠 다큐멘터리 영역까지 새롭게 개척하고 있다. 리그, 선수, 대회, 팀 등 스포츠를 전방위적이고 입체적으로 다루며 영화보다 더 영화 같은 이야기로 스포츠팬뿐만 아니라 드라마틱한 이야기를 좋아하는 일반인들의 관심을 끌고 있다. 자신의 입지와 영향력을 키워야 하는 스포츠 단체 역시 이러한 시도를 마다할 이유가 딱히 없어 보인다. 넷플릭스가 시도 중이거나 인기를 끈 스포츠 다큐멘터리 3편을 소

PGA투어 로고(좌), 넷플릭스 로고(우)

개한다.

2022년 1월 12일 미국프로골프투어는 넷플릭스와 골프 다큐멘터리 제작에 합의했다. 첫 촬영 무대는 1월 26일부터 열리는 미국프로골프투어투어 파머스 인슈어런스 오픈이 됐다. 넷플릭스 다큐멘터리 제작팀은 이 대회부터 촬영에 돌입했다. 대회 기간 제작팀은 대회장 로프 내부로 들어와 선수들을 따라다녔다. 더스틴 존슨Dustin Johnson과 브라이슨 디샘보Bryson DeChambeau는 이번 다큐멘터리 제작을 긍정적으로 말했다. 그러나 일부 선수들은 촬영이 경기력에 지장이 갈 수도 있다는 우려를 표했다. 저스틴 토머스Justin Thomas는 "이번 다큐멘터리는 대회뿐만 아니라 일상생활도 촬영한다. 몇몇 선수들은 재미를 위해 평소와 다르게 행동할 것"이라며 "만약 다큐멘터리 촬영이 대회를 준비하는 데 부담이 되거나 방해된다면 나는 출연을 그만두겠습니다."라고 말했다. 이번 넷플릭스 골프 다큐멘터리에는 세계 최정상급 선수 22명이 출연한다. 미국프로골프투어투어를 중심으로 선수들을 둘러싼 다양한 이야기를 사실적으로 그려낼 것으로 알려졌다. PGA투어는 넷플릭스와 협업하면서 자신의 투어를 전 세계 골프 팬들에게 폭넓게 어필할 기회를

넷플릭스가 제작한 「네이마르: 퍼펙트 카오스」. 브라질 출신 축구 스타 네이마르 삶을 다룬 스포츠 다큐멘터리다.

맞았다.

넷플릭스는 2022년 1월 25일 브라질 출신 스타플레이어 네이마르 삶을 다룬 3편의 다큐멘터리 미니시리즈 「네이마르: 퍼펙트 카오스」를 공개했다. 축구 스타 네이마르가 FC바르셀로나에서 영광의 시기를 누린 뒤 브라질 국가대표팀과 파리 생제르맹에서 파란만장한 나날을 보내기까지 과정을 담았다. 이 다큐멘터리는 축구 선수 네이마르의 삶뿐만 아니라 아버지와의 관계를 조명하는 등 사생활도 고스란히 담고 있다. 축구 선수 네이마르와 인간 네이마르를 동시에 다루고 있어 축구 팬뿐만 아니라 리얼리티 드라마를 좋아하는 일반인까지 공략하고 나섰다.

넷플릭스는 2019년, 2020년, 2021년 F1과 협력해 포뮬러 원 세계 챔피언십에서 선수와 각 컨스트럭터constructor 간 비하인드 장면

넷플릭스는 세계 최고 자동차 경주 대회인 F1을 소재로 한 스포츠 다큐멘터리를 지속적으로 제작하고 있다.

을 담아낸 「F1: 본능의 질주」를 개봉한 바 있다. 2022년 4번째 시즌 개봉을 앞두고 있다. F1은 국내에서는 스포츠 마니아의 전유물로 인식되지만 전 세계적으로 엄청난 팬덤을 형성하고 있다. 이 다큐멘터리는 회를 거듭할수록 자동차, 우승 등 경쟁에 초점을 맞추지 않고 F1 속에 녹아들어 있는 인간미에 초점을 맞췄다. 영화보다 더 영화 같은 스토리를 발굴했다는 평이다.

넷플릭스가 스포츠 다큐멘터리 제작에 본격적으로 나선 가운데 지난 2021년 3월 국내 OTT서비스인 왓챠는 한화이글스와 함께 스포츠 다큐멘터리 제작을 발표했다. 만년 하위 팀 한화이글스 입장에서는 지난 몇 년간 약팀 이미지를 극복하는 과정을 야구팬들에게 고스란히 보여줌으로써 팬과 소통할 수 있고 왓챠 입장에서는 오리지널 콘텐츠를 확보한다는 측면에서 이해관계가 맞아떨어졌다.

스포츠 다큐멘터리는 영화나 드라마와 달리 저비용 고효율을 낼 수 있는 콘텐츠다. 최근 영화와 드라마 제작사 몸값이 올라가고 있는 현실을 고려했을 때 두툼한 팬층을 확보한 스포츠는 매력적인 장르가 아닐 수 없다.

스포츠는 원 소스 멀티 유즈 콘텐츠이다

스포츠는 원 소스 멀티 유즈 콘텐츠다. 원재료인 닭을 튀김, 볶음, 강정, 샐러드, 꼬치 등 다양한 요리를 만드는 데 사용하는 것처럼 스포츠도 산업 전반에 걸쳐 두루 활용된다. 스포츠가 중계 프로그램 외에 다양한 방법으로 활용되는 5가지 사례를 간략히 살펴보자.

① 예능프로그램

먼저 방송사는 스포츠와 관련된 예능프로그램을 연일 쏟아내고 있다. 스포츠 예능프로그램의 원조 격인 「출발 드림 팀」(KBS)을 시작으로 「무한도전」(MBC), 「아이돌 스타 육상 선수권 대회」(MBC), 「마이 리틀 텔레비전」(MBC), 「우리동네 예체능」(KBS) 등 방송사마다 다양한 예능프로그램에서 스포츠를 적극적으로 활용하고 있다. 특히 「무한도전」은 미셸 위(골프), 표도르 예멜리야넨코(격투기), 티에리 앙리(축구), 마리아 샤라포바(테니스), 스테픈 커리(농구), 매니 파키아오(권투) 등 세계적인 스포츠 스타를 섭외하면서 큰 호응을 얻었다. 그 가운데 「무한도전」의 '스테픈 커리 특집' 영상은 국내외에서 큰 반향을 일으켰는데 CNN이 해당 방송의 일부분을 편집해 직접 소개할 정도로 인기를 끌었다.

② 영화 산업

실화를 바탕으로 한 감동적인 휴먼 스토리는 영화 제작에 좋은 소재다. 실화를 바탕으로 한 영화로는 1988년 캘거리 동계올림픽에 참가한 자메이카 봅슬레이 대표팀의 이야기 「쿨 러닝」을 시작으로 만년 꼴찌 팀이 특정 스타가 아니라 통계와 데이터로 새롭게 태어나는 이야기 「머니볼」, 2004년 아테네 올림픽에 참가했던 여자 핸드볼 선수단 이야기 「우리 생애 최고의 순간」, 1996년 동계올림픽 유치를 위해 급조한 스키점프 국가대표팀 이야기 「국가대표」 등이 있다.

최근에는 2015-2016 시즌 EPL 우승팀 레스터 시티를 다룬 영화가 제작 중이다. 영국 일간지 「미러」는 2021년 5월 25일 레스터 시티의 영화화 작업에 할리우드 정상급 스태프와 배우들이 참여할 예정이라고 단독 보도했다. 레스터 시티는 빅 클럽도 아니고 1, 2부를 오갔던 팀이었는데 2015-2016 시즌 EPL에서 드라마 같은 우승을 차지했다. 특히 공격수 제이미 바디Jamie Vardy는 8부 리그 팀에서 선수 생활을 시작해 공장 노동자로 일하면서 EPL 우승과 득점왕까지 차지한 주인공이다.

지금 이 순간에도 스포츠를 소재로 한 많은 영화와 드라마가 제작되고 있다. 꼭 실화가 아니더라도 스포츠 현장을 다룬 이야기는 스포츠팬뿐만 아니라 일반 관객에게 깊은 감동을 준다.

③ 게임 산업

대표적으로 스포츠 게임 전문 제작사 일렉트로닉 아츠EA의 'EA 스포츠'가 있다. EA 스포츠는 국제축구연맹(축구), 미국프로미식축

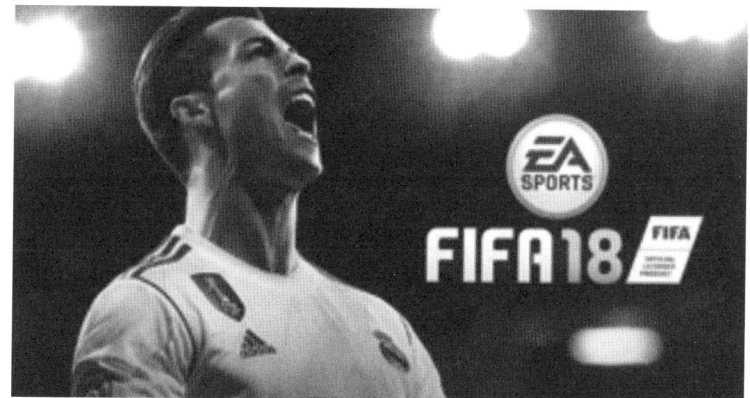

EA 스포츠는 축구 비디오 게임 FIFA 시리즈를 매해 발매한다. 1993년 첫 발매 이래로 세계 여러 리그와 클럽 그리고 선수 초상권 등의 라이선스를 독점 취득해 사용한다.

구NFL, 미국프로농구NBA, 미국프로아이스하키NHL, 격투기UFC 등을 소재로 다양한 게임을 선보이고 있다. 축구처럼 인기 있는 종목은 국제축구연맹뿐만 아니라 월드컵, UEFA, STREET 등으로 세분화하여 제작한다. 2018년 평창 동계올림픽에서는 가상현실과 증강현실을 활용한 체험형 스포츠 콘텐츠를 다수 볼 수 있었다. 최근에는 코로나19로 인해 집에서 운동을 즐길 수 있는 홈트레이닝 게임(피트니스 게임)에 대한 관심이 높아지고 있다. 특히 2019년 닌텐도가 발매한 동작 인식 운동 게임 '링 피트 어드벤처Ring Fit Adventure'는 코로나19 사태를 거치면서 중고 가격이 원래 정가의 2배인 15만 원까지 치솟을 정도로 인기가 높아졌다.

④ 테마파크

국내에서는 대표적으로 하남과 고양에 있는 스포츠 몬스터Sports Monster를 들 수 있다. 실내에서 30가지에 달하는 다양한 종목을 즐길 수 있도록 구성돼 있다. 농구, 축구(풋살), 야구(타격 연습) 등은

스포츠 몬스터

오프라인으로 즐길 수 있고 디지털 존에서는 야구(투수), 축구(키커), 핸드볼(골키퍼) 등을 체험할 수 있다.

⑤ 스포츠펍

국내와 달리 해외에서는 인기가 높다. 스포츠펍에서는 대형 모니터나 좌석에 딸린 개인용 모니터를 통해 스포츠를 관람하면서 맥주를 마실 수 있다. 해외에서는 주요 스포츠 경기가 있는 날 스포츠펍에 모여 맥주를 마시며 경기를 관람하는 모습을 쉽게 볼 수 있다. 많은 사람이 한꺼번에 모여 자리를 찾기가 힘들 정도다. 대다수 스포츠펍은 '우리 가게는 스포츠 생중계를 한다'라는 현수막을 걸어두며 스포츠팬을 유혹한다.

우리나라에서 스포츠펍이 성행하지 않는 이유로 중계권을 들 수 있다. 케이블TV나 IPTV에 가입하면 KBS, MBC, SBS 지상파 스포츠 채널을 비롯해 JTBC, SPOTV 등을 통해 집에서도 무료로 스포츠 경기를 시청할 수 있다. 양대 포털사이트 네이버와 다음에서도 별도 중계권 계약을 하므로 주요 경기가 온라인으로 실시간 중계된다. 국내 스포츠팬은 TV, 컴퓨터, 스마트폰을 이용해 언제 어디서든 중계를 볼 수 있다. 반면 미국, 유럽 등 해외 많은 국가는 축구, 야구, 농구 등 주요 스포츠 중계를 보기 위해서 별도 돈을 지불하고 유료 채널에 가입해야 한다. 이러한 이유로 해외에서는 중계권을 별도로 구매한 스포츠펍에서 스포츠를 관람하는 것이 자연스러운 문화가 됐다.

'냉부해'는 스포츠 프로그램 포맷이다

최근 스포츠 특성을 차용한 예능프로그램이 인기를 끌고 있다. 「냉장고를 부탁해」는 '우리나라 최고 셰프들이 냉장고 식재료를 사용해 최고의 요리를 만든다'는 콘셉트의 예능프로그램이다. 스포츠 특징인 경쟁, 승부, 규칙, 결과의 불확실성 등을 고스란히 담고 있다. 여기에 스포츠 전문 캐스터 김성주 아나운서와 전 축구 국가대표 선수 안정환이 사회를 보며 요리를 만드는 과정을 설명하는데 마치 스포츠 중계를 연상케 한다.

「냉장고를 부탁해」는 다음과 같은 방식으로 진행된다. 먼저 MC 김성주 아나운서가 요리를 만들 셰프를 차례로 소개한다. 셰프별 상대 전적과 승률을 소개하며 시드를 배정한다. 셰프 간 대결 구도가 완성되면 본격적으로 요리 대결이 펼쳐진다. 셰프들에게는 15분이라는 시간이 주어진다. 요리 중간에 김성주 아나운서가 현장 중계를 나간다. 각 셰프가 요리를 만들고 있는 동안 짧은 인터뷰를 시도하며 중간 맛 평가를 한다. 일단은 OO셰프가 유리할 것 같다고 이야기한다. 드디어 요리가 완성되고 승자와 패자가 결정된다. 승자에게 스포트라이트가 떨어지고 승리에 대한 징표로 별 배지를 받는다.

상대 전적과 승률, 15분간 대결, 현장 중계, 승자와 패자, 별 배지, 승자 인터뷰는 스포츠 현장에서 흔히 볼 수 있는 장면이다. 이 프로그램을 보고 있자면 스포츠 경기를 보고 있는지 요리 프로그램을 보고 있는지 헷갈릴 정도다. 이 프로그램에서 추려낼 수 있는 스포츠의 특징은 세 가지이다.

첫째, 경쟁이다. 사실 이를 스포츠 고유의 특징이라고 분류하기는 어렵다. 경쟁은 인류가 출현하면서 살아남기 위한 과정이 축적된 결과물이기 때문이다. 하지만 스포츠는 개인이나 집단 간 기량을 겨루는 경쟁적 활동을 바탕으로 하므로 스포츠가 지닌 가장 큰 특징이라 할 수 있다.

둘째, 규칙이다. 스포츠에서 규칙은 특히나 중요하다. 규칙이란 공정한 경쟁을 할 수 있도록 사전에 협의한 경기 방식이다. 축구에서 손 사용 금지, 육상에서 휘슬이 울리기 전 출발 금지 등의 규칙이 시합마다 달라진다면 시합이 성립할 수 없기 때문에 규칙은 중요하다.

셋째, 결과의 불확실성이다. 우리는 한일전과 같은 빅 이벤트를 앞두고 나름대로 승부를 예측해본다. 이번에는 불리하다, 유리하다, 박빙이다 등 나름 승부를 예측하며 재미를 느낀다. 하지만 예측은 예측일 뿐 불확실하다. 결과를 예측할 수 없다는 것 역시 스포츠의 대표적인 특징이라 할 수 있다.

이처럼 「냉장고를 부탁해」는 스포츠의 특징을 고스란히 담고 있다. 2017년 12월에는 영국의 세계적인 스타 셰프 고든 램지Gordon Ramsay가 출연했다. 경기 전 인터뷰에서 각오를 묻는 MC 질문에 고든 램지는 "15분 제한 시간에 5분이면 충분하다."라는 말로 상대방을 도발했다. 축구로 치면 A매치가 성사된 셈이다. 고든 램지 출연은 많은 사람들의 관심을 끌었고 시청률 6.4%로 당해 최고 시청률을 기록했다.

「냉장고를 부탁해」 외에도 「슈퍼스타K」 「K팝스타」 「복면가왕」과 같은 프로그램도 스포츠의 특징을 해당 프로그램에 잘 녹여내고 있다. 이들 프로그램은 대개 토너먼트 방식으로 최종 우승자를 선정한다. 오늘날 스포츠의 다양한 속성을 활용한 TV 프로그램이 쏟아지고 있다. 어쩌면 우리는 예능프로그램이라는 탈을 쓴 스포츠 프로그램과 마주하는 것인지도 모른다. 만약 당신이 예능프로그램 기획자라면 스포츠를 주목하라. 새로운 영감을 얻을 수 있을 것이다.

영화의 서스펜스 기법이 스포츠에도 통한다

사람들은 스포츠를 보면서 왜 즐거워할까? 우리가 스포츠를 보면서 느끼는 즐거운 감정의 본질을 영화나 드라마를 보면서 느끼는 즐거운 감정에서 찾을 수 있지 않을까? 즐거움enjoyment에 대한 본질을 스포츠보다 오래되고 보편화된 장르인 영화와 드라마에서 찾아보자. 스포츠도 일종의 드라마다. 따라서 드라마가 구성되는 원리를 살펴보면 스포츠를 보면서 느끼는 즐거움의 근원을 이해할 수 있을 것이다.

영화와 드라마에는 서스펜스suspense 기법이 있다. 서스펜스란 무엇일까? 연극이나 영화에서 관객의 불안과 긴장을 유발해 몰입도를 최대한 끌어올리는 기법을 말한다. 영화 이론가이자 철학자인 노엘 캐롤Noel Carroll은 서스펜스에 대해 다음과 같이 정의했다. "두 개의 상반된 결과 사이에 어떤 것이 결과가 될지 모르는 불안감과 두려움을 불러일으키는 경험이다."

영화나 드라마에서는 대개 착한 주인공이 있고 못된 악당이 있다. 악당은 언제나 기세등등하고 주인공을 위기로 몰아넣는다. 이때 '착한 주인공이 혹시 당하지 않을까?'라는 생각에 드는 감정이 바로 서스펜스다. 미래에 대한 불확실성이 커질수록 관객은 몰입한다. 서스펜스를 불러일으키기 위해서는 감정이입이 중요하다. 드라마 제작자는 주인공에게 몰입할 수 있도록 충분한 시간을 들여야 한다. 악당 역시 마찬가지다. 악당을 미워하는 마음이 들 수 있도록 충분한 시간을 들여야 한다. 관심이 없으면 긴장감도 없다. 따라서 우선 관객의 관심을 붙잡을 수 있도록 캐릭터마다 감정이입에 충분한 시간을 들여야 한다.

영화가 시작됐는데 배우들이 다 신인이어서 잘 모르겠다. 이럴 때 감정이입이 발생할 수 있을까? 극 중에서 짧은 시간 안에 관객이 주인공을 응원하게끔 만들어야 하는데 도덕적으로 명백하게 선과 악을 세팅하면 감정이입이 잘 된다. 이래도 되고 저래도 되면 감정이입하기가 어렵다. 선한 주인공과 나쁜 악당은 필수적이다. 처음에 전혀 모르는 사람이 나와도 주인공과 악당이 구분되고 주인공을 응원하는 감정과 악당을 미워하는 감정을 많이 유발하고 지속할수록 재미있어진다. 그렇다면 최고의 서스펜스는 언제 생길까? 내가 진짜 좋아하는 주인공이 내가 진짜 싫어하는 악당에게 당할 때다. 우리는 나쁜 일이 생길 것 같은 가능성이 클수록 가슴이 터질 것 같은 느낌을 받는다. 우리 선수들이 결승전에서 미국을 이기는 것보다 준결승에서 일본을 이기는 것이 더 짜릿한 이유다. 우리는 일본에 지는 게 제일 싫으니까 경기가 엎치락뒤치락하며 질 가능성이 커질수록 가슴이 터질 것만 같다. 이러한 이유로 한일전은 종목과 상관없이 언제나 최고의 흥행 카드가 된다. 일본에 지다가 역전하는 순간 서스펜스는 최고조에 이른다.

우리가 방송으로 접하는 스포츠는 실제 경기랑 같을 수도 있고 다를 수도 있다. 어느 정도 각색 과정을 거치기 때문이다. 아나운서와 해설자가 어떻게 중계를 시작하는지 살펴보자. 우선 감정이입을 할 수 있는 단서를 하나씩 제공한다. 두 팀 간 상대 전적이라든가 대결 구도, 순위 싸움, 해외파 선수를 조명한다. 그다음은 경기는 모르는 것이라며 9회말 2아웃까지 가봐야 안다며 미래에 대한 불확실성을 끝까지 유지하려고 노력한다. 만약 게임이 시소게임으로 이어진다면 불안감과 두려움이 극대화되면서 우리는 최고의 서스펜스를 맛보게 된다. 2:0보다는 2:1이 재미있는 법이다. 그런데 스포츠는 내가 원치 않는 결과가 나올 수 있다. 영화로 치면 착한 주인공이 죽으면서 끝나는 상황이다. 그러면 우리는 영화를 다 보고도 뒷맛이 개운치 않다. 후속편을 기약하게 된다. 스포츠도 마찬가지다. 이번에는 져서 분하지만 다음에는 꼭 이겨야겠다고 느낀다.

영화나 드라마의 관점에서 살펴보았다 스포츠가 주는 즐거움의 본질을 감정이입과 미래에 대한 불확실성 유발로 온전히 설명할 수는 없다. 하지만 이 두 축은 시청자가 스포츠를 보면서 느끼는 즐거움에 대한 본질을 이해하는 데 도움이 될 것이다.

짧고 재미있는 틱톡형 콘텐츠를 부각한다

바쁜 현대인이 자투리 시간을 활용해 과자를 먹듯 짧은 시간에 문화 콘텐츠를 소비하는 현상을 스낵 컬처라고 말한다. 즐길 거리가 넘쳐나는 상황에서 현대인이 콘텐츠를 소비할 때 처음부터 끝까지 인내심을 갖고 보는 경우는 거의 없다. 현대인은 자신에게 필요한 것만 찾아보고 짧게 편집된 핵심적인 장면만 골라 본다. 이러한 경향은 오늘날 전 세계적으로 인기를 끌고 있는 인스타그램의 릴스Reels, 유튜브의 쇼츠Shorts, 틱톡TikTok 등 다양한 소셜네트워킹 서비스를 통해 급속히 확산되고 있다.

스낵 컬처는 간결하고 이해하기 쉬우며 짧은 시간에 다양한 콘텐츠를 소비할 수 있다는 점에서 바쁜 현대인에게 매력적으로 다가온다. 하지만 사물이나 현상에 대한 관찰력과 사고력을 떨어뜨리고 자극적인 콘텐츠 소비를 조장한다는 점에서 부정적인 면도 갖고 있다. 스포츠 단체는 스낵 컬처의 장단점을 이해하고 이를 잘 활용할 필요가 있다.

오늘날 스포츠팬은 전체 스포츠 경기를 보지 못하더라도 하이라이트 영상은 챙겨본다. 스낵 컬처 시대를 맞아 스포츠 콘텐츠를 제대로 활용하려면 다음 두 가지 방향에 집중해야 한다.

① 스포츠에 대한 예능적 요소의 부각

인기 영화 「타짜」「추격자」「신세계」「범죄도시」 등에 「무한도전」의 자막을 삽입한 패러디 영상이 화제다. 원작에서는 심각한 장면임에도 불구하고 「무한도전」의 자막을 삽입함으로써 원작과는 또 다른 재미를 주고 있다. 패러디 영상을 먼저 보고 관심이 생겨 원작을 찾아보는 경우도 태반이다.

또 다른 사례로 유튜브에 김동성을 검색하면 '경악을 금치 못했던 김동성의 이유 있는 분노의 질주'라는 영상을 볼 수 있다. '김동성의 분노의 질주'는 2002년 몬트리올 세계 쇼트트랙 선수권 대회에서 나왔다. 당시 김동성은 초반부터 치고 나가 다른 선수들과 1바퀴 반 이상 차이를 만들었다. 뒤처진 선수들은 이내 김동성 선수를 따라잡는 걸 포기했다. 처음 보는 전략에 카메라 감독은 누구를 잡아야 할지 몰라 갈팡질팡했다. 김동성은 여유롭게 1위를 차지했다. '김동성의 분노의 질주' 배경에는 2002년 솔트레이크시티 동계올림픽에서 오노의 할리우드 액션으로 실격처리 당한 것에 대한 분풀이가 자리 잡고 있다. 네티즌은 이를 두고 '분노의 질주'라는 타이틀을 붙였다. 해당 영상에는 네티즌 반응을 자막으로 처리했다. 이 영상은 엄청난 화제를 낳으며 금메달이 주는 감동을 예능으로 승화했다. 그 후 다양하게 패러디되면서 쇼트트랙 종목에 대한 관심을 불러일으킨다. 2022년 베이징 동계올림픽 쇼트트랙 남자 1,000미터 준결승과 결승전에서 중국 선수 편파 판정 논란이 일었다. 김동성의 분노의 질주 영상은 다시 한번 화제의 중심으로 떠오른다.

2018년 평창 동계올림픽에서는 컬링 종목이 인기를 끌었다. 은 메달 신화를 쓴 일명 '팀 킴'은 경기 결과 못지않게 주장 김은정이 경기마다 애타게 외치는 '영미'가 화제였다. 이를 패러디한 다양한 영상물이 유튜브에서 큰 인기를 끌었다. 특히 영미송은 영미 EDM, 영미 헤비메탈 버전으로 다양하게 만들어지며 큰 사랑을 받았다. 2021년 12월 기준 '영미 메탈' 버전은 33만 회 조회 수를 기록했다. 20018 평창 동계올림픽 당시 영미 열풍을 일으켰던 팀 킴이 2022년 베이징 올림픽에 다시 한번 출전했다. 이번에는 김영미 선수 대신 김초희 선수가 그 자리를 대신했다. 영미 대신 초희를 외치는 팀 킴 주장 김은정 선수의 우렁찬 외침은 다시 한번 패러디 될까? 최근 들어 스브스뉴스, 비디오머그, 숏터뷰와 같은 새로운 매체들이 스포츠 콘텐츠에 예능적 요소를 결합한 다양한 영상물을 올리며 큰 호응을 얻고 있다.

② 경기장 안팎의 다양한 스토리 개발

앞서 말했듯이 스낵 콘텐츠는 짧고 간결하다는 특징 때문에 콘텐츠에 대한 깊이는 얕은 대신 폭넓게 다룰 수 있다는 장점이 있다. 2018 평창 동계올림픽에서는 유튜브 채널 '영국남자'가 화제를 낳았다. 유튜버 조쉬는 경기장 밖의 다양한 모습을 보여줬다. 예를 들면 평창에 온 외국 선수들이 '한국 라면과 소주'를 먹고 보인 반응을 소개하는 식이다. 그에게는 떡볶이, 삼겹살, 치킨, 닭강정, 붕어빵, 번데기가 평창 동계올림픽을 대변하는 메인 소재였다. '한국 컵라면+소주를 처음 먹어본 동계올림픽 전설들의 반응!'이라는 콘텐츠는 2021년 12월 기준 199만 조회 수를 기록하며 큰 인기를 끌었다.

2021년 12월 기준 449만 명 구독자를 보유한 조쉬와 올리는 대한민국과 영국 문화를 다루는 유튜버다. 2018 평창 올림픽 기간 올림픽 참가 선수와 함께 생방송을 포함한 다양한 영상 콘텐츠를 만들어 큰 화제를 낳았다.

2015년 12월 한국콘텐츠진흥원에서 발간한 「방송영상 웹콘텐츠 현황 및 활성화 방안 보고서」에 따르면 웹 콘텐츠 장르 중에는 개그·코믹(40%)이 가장 많이 선호하는 장르로 나타났으며 일상물(19.8%), 로맨스·감성(16.8%)이 그 뒤를 이었다. 현대인은 스마트폰으로 짧은 시간에 가볍게 볼 수 있는 다양한 콘텐츠를 원한다.

우리는 좋든 싫든 스낵 컬처 시대를 살고 있다. 우리가 스포츠를 보는 이유는 위대한 영웅과 감동의 순간을 경험하기 위한 것뿐 아니라 그냥 재미로 보는 것도 있다. 머리 아픈 일상생활에서 잠시 벗어나 머리를 식히는 데 짧고 재미있는 콘텐츠만큼 좋은 것도 없다.

미국 여론조사기관 모닝컨설트는 2020년 8월 짧은 콘텐츠에 열광적인 반응을 보이는 Z세대(13~23세)가 미국 프로 스포츠 중 NBA(프로농구)에 가장 큰 관심을 보인다고 밝혔다. 경기장 안팎의 다양한 이야기를 중심으로 예능 요소를 가미한 NBA 쇼트폼 영상 short-form video이 Z세대 눈길을 사로잡은 것이다. NBA는 SNS에 익

2장_스포츠 산업   125

숙한 Z세대를 공략하기 위해 음악 스트리밍 서비스업체, 비디오 게임 제작사, 청소년들이 선호하는 브랜드 기업에서 근무했던 이들을 섭외해 쇼트폼 영상 제작에 공을 들이고 있다.

쇼트폼 영상이란 짧고 간결한 영상 콘텐츠를 의미한다. 시간이 정확하게 정해진 건 아니지만 보통 10분 내외의 짧은 영상을 쇼트폼이라 부르는데, 15초도 채 되지 않는 극초 단위 콘텐츠도 늘어나는 추세다.[19] NBA는 쇼트폼 영상을 앞세워 SNS 플랫폼을 타고 '쿨하고 멋진 경기'로 자리 잡았다.

왜 IT 기업이 스포츠 중계에 눈독을 들이는가

쿠팡이 2020년 도쿄 올림픽 온라인 독점 중계 협상에 나서 화제였다. 쿠팡은 지상파 3사로부터 온라인 중계권을 구입해서 자사 OTT 서비스인 '쿠팡플레이'에서 독점 중계하는 방안을 추진했다. 월 2,900원을 내는 로켓와우 회원에게 무료 제공하는 쿠팡플레이를 통해서만 온라인 올림픽 중계를 할 예정이었다. 비록 쿠팡이 협상 최종 단계에서 철회 의사를 밝히며 무산됐지만 스포츠 콘텐츠를 통해 고객을 유치하려는 전략은 앞으로도 계속 시도될 전망이다.

2020년 12월 쿠팡은 무료 배송 혜택을 제공하는 로켓와우 가입자에게 쿠팡플레이를 무료로 제공하면서 OTT 시장에 진출했다. OTT 시장 초기에는 영화, 드라마 콘텐츠를 제공하다 지난 2021년 3월 토트넘 홋스퍼 소속 손흥민의 잉글랜드프리미어리그 경기를 중계한 덕분에 가입자가 크게 늘었다. 6월에는 '남미의 월드컵'

트위치는 비디오 게임 전용 개인 인터넷 방송 서비스다. 미국 샌프란시스코를 본사로 두고 있으며 2011년 6월 6일부터 서비스를 시작했다. 아마존은 트위치 성장 가능성에 1조원을 투자했다.

으로 불리는 2021 코파아메리카를 중계했다. 코파아메리카는 브라질, 아르헨티나 등 남미 10개국이 참여하는 축구 국가대항전으로 리오넬 메시Lionel Messi, 네이마르 주니오르Neymar Júnior, 알리송 베케르Alisson Becker, 루이스 수아레스Luis Suárez 등 스타급 선수들이 총출동해서 화제를 낳았다. 지금까지 쿠팡플레이와 같은 OTT 서비스의 주 대상은 2030 여성이었는데 OTT에 관심이 없는 2030 남성을 끌어들이려는 전략이다.

쿠팡처럼 쇼핑을 기반으로 스포츠 콘텐츠를 함께 제공하는 방식은 2005년 시작한 '아마존 프라임' 서비스가 시초다. 아마존 프라임 서비스 회원은 월 회비 12.99달러(약 1만 4,671원)를 내면 이틀 내 무료 배송, 홀마켓 식료품 구매 시 5% 적립, 전자책·음악·게임 이용 혜택과 OTT 서비스인 '아마존 프라임 비디오'를 무료로 이용할 수 있다. 아마존은 아마존 프라임 비디오를 앞세워 2017년부터 공격적으로 스포츠 콘텐츠 확보에 앞장섰다. 2017년 미국프로

트위터의 스포츠 중계는 2016년부터 본격화됐다.

미식축구로부터 2017 시즌 10경기 중계권을 5,000만 달러에 구매했다. 2016년 트위터가 미국프로미식축구와 1,000만 달러 중계권을 계약한 것의 무려 5배에 해당하는 수치다. 아마존은 개인 인터넷 방송 중계 서비스인 트위치twitch를 통해 미국프로미식축구를 중계했다. 참고로 아마존은 2014년 8월 트위치를 1조 원에 인수하며 e스포츠 시장을 공략하고 나섰다.

현재 아마존은 미국프로미식축구 외 잉글랜드프리미어리그 일부 경기 중계권, 유럽축구연맹UEFA 챔피언스리그의 이탈리아 중계권, 메이저 테니스 경기 중계권 등을 보유하고 있다. 2021년 6월 아마존은 2024년까지 3년간 프랑스프로축구Ligue1 중계권을 확보했다고 밝혔다. 연간 2억 7,500만 유로(약 3,700억 원) 규모다.

최근 아마존과 쿠팡이 스포츠 콘텐츠 확보에 열을 올리고 있는 가운데 트위터나 페이스북과 같은 소셜네트워크 서비스 회사 역시 스포츠 콘텐츠를 통해 자사 고객을 묶어두려는 전략을 펼치고 있다. 트위터는 2016년부터 본격적으로 스포츠 중계를 시작했다. 2016년 1,000만 달러에 미국프로미식축구 측으로부터 2016 시즌

페이스북은 2018년 3월 MLB 25경기를 자사 플랫폼인 페이스북 와치를 통해 독점 중계하기로 발표했다.

10경기 중계권을 구매했다. 2016년 트위터를 통해 미국프로미식축구 중계를 본 팬 수는 300만 명을 넘었다. 이는 TV 시청자 수의 30% 해당하는 수준이다. 트위터는 미국프로아이스하키, 미국프로골프, 미국여자프로농구와도 손잡았다.

페이스북은 2018년 3월 미국프로야구 25경기를 자사 플랫폼인 '페이스북 와치'를 통해 독점 중계하기로 발표했다. 페이스북은 2017년 5월 미국프로야구 사무국과 연간 20경기의 중계 계약을, 2017년 3월 미국 미국프로축구 측과 정규 시즌 경기, 하이라이트 프로그램 중계 계약을 체결한 바 있다. 또 글로벌 e스포츠 대회 주최사인 ESL과도 계약을 맺고 사격 게임인 '카운터스트라이크' 등 e스포츠 경기를 실시간 스트리밍 서비스를 하고 있다. 2017년 페이스북 월간 활성 이용자 18억 6,000만 명 가운데 약 35%가 스포츠 페이지를 이용한 것으로 집계됐다.

현재 미국 주요 스포츠 경기는 ESPN, CBS, 폭스 등 대형 방송사와 10년 이상 장기 계약이 돼 있다. 후발주자인 아마존, 페이스북,

트위터 등이 당장 끼어들기 어려운 상황이다. 하지만 자금력이 충분한 거대 기업들이 마케팅 수단으로 스포츠 중계권을 확보하는 것은 시간문제다.

2

스폰서십

1852년 처음 시작된 하버드대 대 예일대의 조정 경기는 미국에서 가장 오래된 대학 대항전이다. 당시 뉴잉글랜드 철도회사가 두 대학교 선수들에게 무료로 교통편을 제공하면서 스포츠 역사상 최초로 스폰서십 개념이 등장한다.

오늘날 스포츠 스폰서십 개념은 스포츠 단체가 선수, 팀, 장치물 등과 같이 보유한 자산을 기업에 마케팅 커뮤니케이션 수단으로 활용할 수 있는 권리를 부여하고 이에 상응하는 현금, 현물, 서비스 등을 받는 행위를 말한다.

스포츠 스폰서십은 일반 광고보다 광고 기피 현상을 차단할 수 있다는 장점이 있어서 과거부터 많은 기업들이 스포츠 스폰서십 활동에 큰 관심을 보이고 있다. 2021년 10월 발표한 글로벌 시장 조사기관 스태티스타Statista에 따르면 2020년 글로벌 스포츠 스폰서십 시장 가치를 570억 달러로 추정하고 2027년까지 약 900억 달러로 성장할 것으로 예상했다. 이 중 북미 스폰서십 매출이 3분의 1 이상을 차지할 정도로 비중이 높았다. 북미 스폰서십 매출이 높은 이유로 NBA, NFL과 같은 빅 리그가 존재하고 있기 때문이라고 분석했다.

이 밖에 코카콜라, 펩시, 아디다스 등과 같은 글로벌 회사 역시 연간 1억 달러 이상을 스폰서십에 투자하는데 그중에서도 스포츠 스폰서십에 투자하는 비중이 70%로 가장 큰 비중을 차지한다.

스폰서십 판매 과정은 과일 판매와 같다

스폰서십 판매 과정을 과일 판매에 빗대 설명해보겠다. 농장 주인(스포츠 단체)은 과일(종목)을 재배해서 생계를 유지한다. 그는 과일을 시장에 직접 내다 팔기도 하지만 도매상(대행사)에게 과일을 판매하기도 한다. 도매상(대행사)은 다양한 과일(종목)을 취급한다. 계절에 따라 인기 있는 과일(종목)이 있다. 수박(수영)과 참외(서핑)는 여름에 인기가 있고 사과(야구)와 배(골프)는 가을에 인기가 있다. 겨울에는 귤(농구)과 딸기(배구)가 잘 나간다. 그런데 두리안(럭비), 파파야(테니스)와 같은 열대과일은 호불호가 갈린다. 특유의 냄새 때문에 마니아층만 찾는다. 호불호가 갈리는 과일(비인기 종목)을 키우는 농장 주인(스포츠 단체)은 과일이 무르익기도 전에 자신의 과일을 팔 수 있는 권리를 통째로 도매상(대행사)에게 넘기기도 한다. 마니아층이 확실한 과일(비인기 종목)을 키우는 농장 주인이 자신의 과일을 판매할 수 있는 권리를 도매상(대행사)에게 통째로 넘기는 이유는 수익을 창출할 만큼 시장이 무르익기 전까지 안정적인 수익을 창출하기 위해서다. 아주 가끔 마니아층이 좋아하는 과일(피겨, 씨름, 당구)이 인기몰이를 하면 다음 해 과일 농장 주인(비인기 종목)과 도매상(대행사)은 해당 과일을 얼마에 판매할지 재협상한다.

실제 국내에서 아직 비인기 종목인 피겨, 쇼트트랙, 체조, 컬링, 테니스 등은 스포츠 마케팅 대행사에게 스폰서십 판매 권리를 통째로 넘겨주고 스포츠 마케팅 대행사는 스폰서십 판매 활동을 적극적으로 하고 있다. 국내에서 가장 인기 있는 스포츠인 한국프로야구KBO는 마케팅 자회사 KBOP를 통해 스폰서십 활동을 직접 하고 있다.

스포츠 스폰서십은 종목과 기업이 맞아야 한다

스포츠는 종목별로 다양한 이미지와 성격을 갖고 있다. 기업 역시 마찬가지다. 어떤 산업에 속하는지 어떤 경영 철학을 가지고 있는지에 따라 해당 기업 이미지와 성격이 결정된다. 스포츠 스폰서십은 스포츠 종목의 속성과 기업의 속성이 잘 매칭될수록 효과가 높다.

2018년 겨울 한반도를 뜨겁게 달구었던 평창 동계올림픽이 막

을 내린 후 약 한 달 뒤 SK텔레콤이 신규 광고 캠페인을 공개했다. 광고모델은 김연아(피겨)와 윤성빈(스켈레톤) 선수였다.

윤성빈: 누나, 제가 왜 SKT 5G 모델이 되었을까요?
김연아: 내가 봤을 땐 네가 딱인 것 같은데?
윤성빈: 제가요?
김연아: 5G를 스켈레톤이라고 생각해봐. 그럼 뭐가 중요해?
윤성빈: 속도
김연아: 그렇지, 속도가 중요하지. 근데 빠르기만 하면 돼?
윤성빈: 누나, 다들 속도가 중요한 줄 아는데 안정적으로 타는 게 진짜 실력이에요.
김연아: 또?
윤성빈: 부상 안 당하는 거?
김연아: 그렇지, 안전이 제일이지. 그게 5G야. 잘 아네!

SK텔레콤 신규 광고 캠페인은 5G 특징으로 속도와 안정성을 내세웠는데 스켈레톤에 있어서도 속도와 안정성이 중요하기 때문에 이를 매칭한 것이다. SK텔레콤은 2014년부터 스피드스케이팅 종목을 후원하고 있다. 스피드가 생명인 통신사의 이미지와 성격은 스피드스케이팅과 잘 매칭된다. 기업이 특정 스포츠 종목을 후원하고 나설 때 대개 이런 점을 고려해 스폰서십 활동여부를 결정한다.

스포츠 종목의 속성과 기업의 속성을 잘 매칭한 사례를 추가로 들어보겠다. 현대자동차는 2014년부터 봅슬레이 대표팀을 지원하고 있다. 특히 봅슬레이 팀이 타는 썰매에 대한 지원이 눈에 띈다. 현대자동차는 자동차 제작에 사용되는 최첨단 기술을 봅슬레이 썰매에 적용함으로써 자사의 기술력을 간접적으로 뽐내고 있다. BMW, 페라리 등 굴지의 자동차 회사들 역시 같은 방식으로 봅슬레이와 같은 슬라이딩 종목을 지원하고 있다. 많은 학자들은 스포츠 스폰서십 관련 선행연구에서 '이미지 전이 이론image transfer theory'을 통해 스포츠 종목 이미지와 기업 이미지가 서로에게 전이된다고 설명한다. 스포츠 종목과 기업 이미지가 유사할 때 이미지 전이는 더욱 효과적인 것으로 나타났다.

스포츠 스폰서십을 실행하고자 하는 기업은 더 철저한 검증 과정을 거쳐 자사의 스폰서십 목표와 브랜드 이미지에 들어맞는 속성을 가진 스포츠 종목을 전략적으로 선택해야 할 것이다.

스포츠 마케팅에서 세일즈가 가장 중요하다

한 남자가 고급 스포츠카에서 내리는 젊은 남자를 본다. 부러운 마음에 그에게 다가가서 어떻게 하면 성공할 수 있느냐고 물어봤더니 그 젊은 남자는 증권회사에 다닌다고 대답한다. 증권맨이 되기로 다짐한 남자는 투자회사의 인턴십에 지원해 60대 1을 뚫고 합격한다. 하지만 6개월 무급직이다. 집세를 낼 형편이 안 돼 어린 아들과 함께 노숙자 시설과 지하철 화장실을 전전한다. 그는 희망을 내려놓으면 모든 것이 끝난다는 것을 잘 알고 있기 때문에 투자 유치 실적에 열을 올린다. 투자 유치 실적이 가장 좋아야 정규직에

채용될 수 있기 때문이다. 그는 투자 대상 리스트에 오른 사람에게 밤낮 없이 전화를 돌린다. 회사에서 화장실 가는 시간이 아까워 물도 마시지 않고 실적을 올리기 위해 동분서주한다. 마침내 정규직 선발을 위한 최종 인터뷰 시간이 다가왔다. 임원진이 그와 악수를 하기 위해 손을 내민다. 합격이다. 그의 눈에서 뜨거운 눈물이 흘러내린다.

영화「행복을 찾아서」의 줄거리다. 이 영화는 미국의 주식중개인 크리스 가드너Chris Gardner가 쓴 동명의 자서전을 바탕으로 제작됐다. 사람마다 감동 포인트가 다르겠지만 필자는 주인공이 계약을 성사시키기 위해 동분서주하고 거절당하는 장면이 특히 인상적이었다. 스포츠 마케터도 항상 무언가를 제안하고 실패하기를 반복하기 때문이다. 스포츠 마케팅에서 가장 중요한 분야를 꼽자면 세일즈가 1순위다. 세일즈가 없다면 아무리 잘 기획한 스포츠 이벤트라 할지라도 세상에 빛을 보기 힘들다. 스포츠 마케터라면 반드시 세일즈 능력을 갖춰야 한다. 세일즈와 관련해 참고할 만한 두 가지 사례가 있어 소개한다.

① 조지 파파스의 스포츠 세일즈 8단계

2016년 넥스트 스포츠 어젠다The Next Sport Agenda 콘퍼런스에서 나온 이야기다. 당시 AEG 월드와이드 조지 파파스George Pappas 부사장이 세일즈의 중요성에 관해 이야기했다. AEG 월드와이드는 스포츠 이벤트, 미디어, 스포츠 시설을 운영하는 회사로 전 세계 약 120여 개국에서 활동 중이다. AEG 월드와이드가 운영하는 대표적인 스포츠 시설로 미국프로농구협회NBA의 LA레이커스의 홈

발표하고 있는 AEG 월드와이드의 조지 파파스 부사장

구장인 스테이플스 센터Staples Center, 2012년 런던 올림픽 경기장인 아레나, 미국프로축구구단MLS의 LA갤럭시의 홈구장인 스텁허브 센터StubHub Center를 들 수 있다. 미국뿐만 아니라 전 세계 주요 클럽과 스포츠 이벤트 행사를 진행하고 있으며 음악 관련 사업도 전개하고 있다. 현재 약 40여 개 뮤직 페스티벌 투어 권리를 소유하고 있다.

조지 파파스가 속한 글로벌 파트너십 부서는 AEG 월드와이드가 보유하고 있는 프라퍼티Property[20]를 함께 할 파트너 회사를 찾는 것이 주요 업무다. 그는 이 과정에서 세일즈의 중요성을 설명하며 자신의 세일즈 노하우를 공개했다. 그는 세일즈를 할 때 다음과 같이 8단계를 거친다고 했다.

- 1단계 전망: AEG 월드와이드가 현재 보유한 프라퍼티가 어떤 기업에 어울릴지 생각하는 단계다. 이 단계에서는 제안하려는 기업에 대한 상세한 정보를 확보하는 것이 필수다. 해당 기업

이 어떤 상황에 놓여 있는지 시장 내 점유율은 어떤지를 확인한다.

- 2단계 연락: 처음에는 가볍게 전화로 연락을 시도하며 거절당하더라도 새로운 경로를 통해 해당 기업 담당자와 접점을 만들어간다.
- 3단계 1차 미팅: 전화로만 하는 건 한계가 있다. 일단 대면해 만나는 것이 중요하다. 고객의 목표를 더 잘 파악할 수 있기 때문이다. 미팅 시 되도록 많은 질문을 통해 고객이 필요한 것이 무엇인지 정확히 파악할 수 있도록 노력한다.
- 4단계 2차 미팅: 첫 번째 미팅 결과를 반영해 좀 더 다듬어 고객 맞춤형 제안을 한다. 이 단계는 반복될 수 있다.
- 5단계 협상: 계약 관련 주요 내용을 협상한다. 이 과정에서 가장 중요한 스폰서십 금액이 결정될 것이다. 윈윈할 수 있는 조건을 계약에 넣는다.
- 6단계 계약: 대외적으로 스폰서십 활동을 밝히는 자리이기 때문에 공식 기자간담회 등이 여기서 일어난다. 부연 설명하자면 공식 기자간담회는 좀 특별하게 하길 바란다. 계약을 체결하는 장소만 바뀌어도 신선하게 느껴질 것이다. 대중에게 알리는 첫 번째 메시지인 만큼 신중히 처리해야 한다.
- 7단계 성과 발표: 고객에게 마케팅 성과를 수치로 보여준다. 중요한 성과일수록 다각도로 재조명하는 것이 필요하다.
- 8단계 계약 갱신: 고객과의 관계를 중요하게 생각하며 계약을 갱신하여 관계를 유지한다. 조지 파파스는 "한 번 계약하고 영원히 갱신한다Sell once, renew forever."라고 표현했다. 한 번 계약

을 체결한 고객과 좋은 관계를 유지해 다음 계약을 다시 체결하는 것이 중요하다.

조지 파파스는 이렇게 8단계에 맞춰 실제 세일즈에 성공한 사례를 하나 소개했다. AEG 월드와이드 행사 중에 '나이키 농구 3대 3 토너먼트'가 있다. 대회 참가자와 농구 팬이 LA 도심에 모여 농구 대회와 함께 신나는 음악과 다양한 퍼포먼스를 즐기는 행사다. 먼저 AEG 월드와이드는 이 행사에 12~35세 남자가 가장 관심을 보인다고 분석했다. 이 분석을 토대로 함께 할 마케팅 파트너를 물색했고 이 행사와 적합한 기업으로 패스트푸드 회사인 칙필레Chick-fil-A를 찾았다. 스포츠 이벤트와 기업 매칭에 다양한 접점 포인트가 있겠지만 확실히 12~35세 남성은 패스트푸드를 즐겨 먹는다. 패스트푸드가 몸에 좋지 않다는 인식을 농구 후원을 통해 개선할 수 있다고 생각했다.

칙펠레 측과 첫 만남에서는 관계 강화에 집중했다. AEG 월드와이드가 개최하는 스포츠 경기에 칙펠레 직원을 초청해 자사와 파트너십을 맺고 스포츠 이벤트에 후원하는 것에 대해 긍정적인 생각을 하게 하고자 노력했다. 그 후 칙펠레 측에 '나이키 농구 3대 3 토너먼트'에 후원사로 참여했을 때 얻게 되는 효과에 관해 설명했다. 칙펠레는 이 제안에 관심을 보였고 마침내 함께 하기로 결정했다. 조지 파파스는 "팔지 못할 것은 없다. 나는 매일 팔 수 있는 것들의 목록을 작성하고 이것을 살 회사를 찾는다."라고 말했다.

스폰서 유치를 위해 고객을 행사장으로 초대하고 행사를 통해 얻을 수 있는 혜택을 설명하며 공들이는 과정은 단기간에 이루어지지 않는다. 통상적으로 우리나라에서는 스폰서십을 제안할 때 제안서를 전달하고 한 번 미팅을 해서 별 반응이 없으면 쉽게 포기하는데 이것과 대비된다. 스폰서십은 무엇보다 장기적으로 긴 호흡으로 바라보는 것이 필요하다.

② 조태룡의 스포츠 5퍼센트의 법칙

조태룡 단장은 국내 스포츠 세일즈에 새 지평을 연 인물로 평가받는다. 조태룡 단장은 현재 각종 논란에 휩싸여 많은 의혹을 받고 있지만, 국내 최초 자립형 구단으로 평가받는 넥센 히어로즈(프로야구)의 성공을 이끈 인물로서 여기서는 그의 세일즈 노하우에 집중하고자 한다. 2018년에 출간된『5퍼센트의 법칙』내용을 간추려 소개하겠다. 조태룡 단장은 처음에 보험 분야에서 일을 시작하며 두각을 나타낸 인물이다. 그는 세일즈를 영업 기밀이라 부를 만큼 최우선 순위로 생각했다. "100억 원짜리 스폰서 하나보다 1억 원짜리 100개가 더 소중하다."라고 말했다.

대부분의 스포츠 단체는 처음부터 스폰서십 목표를 크게 세운다. 이름만 대면 알 만한 대기업 리스트를 작성하고 전화를 돌린다. 상황이 이러다 보니 스폰서십 유치에 있어 지역 경제를 담당하는 중소기업은 후순위로 밀린다. 중소기업을 대상으로 스폰서 유치를 해봤자 큰돈이 안 되고 노력도 많이 들어간다. 작은 스폰서를 유치하기 위해 들어가는 시간과 비용이 큰 스폰서를 유치하기 위해 들어가는 시간과 비용보다 절대 적지 않은 것은 사실이다. 이런 이유로 대부분의 스폰서십 관련 부서는 대기업 리스트에 목을 맨다.

열심히 노력해서 100억 원짜리 대형 스폰서 하나를 영입했다고 치자. 당장은 좋겠지만 4~5년이 지난 뒤 100억 원을 후원하는 스폰서가 빠져나간다면 빈자리를 메우기가 쉽지 않다. 반면 1억짜리 스폰서가 100개 모였다고 생각해보자. 20% 정도가 빠져나가도 80개 기업은 여전히 후원하고 있기 때문에 20억만 메우면 된다. 당연히 재정이 더 단단하고 안정적일 수밖에 없다. 실제 그는 세일즈 파트 직원을 다른 구단에 비해 3~4배 정도 강화했다. '양질 전환의 법칙', 즉 양적인 팽창이 질적 도약을 이끈다는 발상이 세일즈에서도 유효하다는 것이 그의 설명이다.

조태룡 단장은 "계속 늘릴 거예요. 지표상으로 보면, 하루에 100여 군데 회사와 업체를 들러서 스폰서 영입을 하고 있습니다. 하루에 메시지를 1,000건 정도 받는데 그중 절반이 바로 마케팅팀 직원들이 보내오는 영업 보고서입니다. 상담 일지와 결과, 후원 금액, 현물 후원액, 누적 실적 등을 매일 보고받습니다. 한 달간 하루에 100군데씩 다녔어요. 2016년에 후원한 곳은 스물 몇 개뿐이었어요. 2017년에는 한 달을 진행했는데 한 직원의 실적만 봐도 일 평균 1.5건을 성사시키고 있고 현금으로만 1,500만 원 이상, 현물로 6,000만 원 이상의 후원을 유치했습니다. 지금 같은 속도라면 1년이 되면 한 직원이 500건을 할 수 있고 100만 원씩만 후원한다고 해도 5억 원입니다. 그런데 지난 한 달 기록으로 추산하면 10억 원 가까이 되겠죠."

스타디움을 홈으로 하는 프로구단 같은 경우는 지역 연고를 기반으로 하고 있다. 여기서 지역 연고라는 말은 경기가 열리는 날에 지역주민이 경기장을 찾는다는 뜻이다. 지역 중소기업과 원윈하는 건 지역사회 발전을 비롯해 여러모로 긍정적인 효과를 가져올 수 있다.

앞서 언급했듯이 스포츠 마케팅에서 실질적으로 재원을 확보할 수 있는 세일즈 활동은 무척 중요하다. 스폰서십 세일즈 감각을 키운다면 당신이 밤새도록 고민하며 기획한 스포츠 이벤트가 더 빛을 발할 것이다.

선수 매니지먼트

2017년 12월 실시한 KBO 에이전트[21] 시험을 필두로 국내 스포츠 에이전시[22] 시장에 관심이 커지고 있다. 현재 국내 에이전시 시장이 가장 활성화된 종목은 골프다. 골프 같은 개인종목은 후원하기도 편하고 시즌도 다른 종목에 비해 긴 편이어서 가장 먼저 상업화에 눈뜬 분야다.

오늘날 전 세계에서 가장 큰 스포츠 에이전시로 성장한 IMG 역시 골프 에이전트로 출발했다. IMG 창업주인 마크 맥코맥은 1960년 당대 최고 골프 스타이자 친구인 아널드 파머와 계약하면서 사업을 시작했다. 마크 맥코맥과 함께 스포츠 에이전트의 양대 산맥으로 일컬어지는 도널드 델Donald Dell도 테니스 전설 아서 애시Arthur Ashe, 지미 코너스Jimmy Connors와 같은 개인종목 선수를 후원하며 프로서브ProServ를 창립했다.

국내에도 스포츠 스타 영입을 시작으로 스포츠 에이전시 사업을 본격적으로 시작한 회사가 많다. 대표적으로 IB스포츠(김연아), 브리온컴퍼니(이상화), 스포츠인텔리전스(오승환), 세마(박세리), 리코스포츠에이전시(김현수, 박병호) 등을 들 수 있다.

오늘날 국내에서 가장 잘나가는 프로야구와 여자 프로골프 시장을 통해 스포츠 에이전시 시장의 현실을 좀 더 자세히 들여다보자.

2017년 기준으로 KBO가 발표한 10개 구단 선수들의 연봉 총액은 735억 원(신인과 외국인 선수 제외)이다. 에이전트 수수료를 평균 5%로 봤을 때 에이전트들에게 돌아갈 금액은 36억 원 남짓이다. 에이전시 10개 사가 나눠 가지면 평균 3.6억 원이다. 2017년 9월 에이전트 1명(법인 포함)이 보유할 수 있는 선수는 총 15명(구단당 3명) 이내로 제한됐다. 2017년 KBO 선수 평균 연봉은 1억 3,800만 원 정도다. 1억 3,800만 원 몸값의 선수를 15명 보유한다고 가정했을 때 총액은 20억 남짓이다. 그중 5%를 수수료로 받는다면 약 1억 원 정도가 수익으로 잡힌다. KBO 평균 연봉을 받는 선수 15명을 관리한다고 했을 때 약 1억 원의 수익이 생긴다는 이야기다.

사정이 이러하다 보니 회사가 제대로 돌아갈 리가 없다. 기본 유지비도 나오기 힘들다. KBO는 미국프로야구 방식을 따라 연봉계약과 자유계약FA, free agent 등 총액의 최대 5%까지를 에이전트 수수료로 책정하는 방식을 선택했는데 이는 국내 실정과 전혀 맞지 않는다. 수수료 총액이 적다 보니 해외처럼 변호사 등 전문직 출신이 에이전트 시장에 진입하기도 망설여진다. 결국 소수 엘리트 선수 위주로 경쟁이 치열해지면서 나머지 선수는 소외될 수밖에 없는 구조다.

골프는 야구 시장과 달리 시장이 존재한다. 시장이 존재한다는 의미는 해당 종목 용품, 의류, 신발 등 시장이 활성화돼 선수가 연봉 외 부가적으로 돈을 벌 기회가 많다는 의미다. 골프는 선수가 대회에 출전해 획득한 상금이나 연봉 외 다양한 활동을 통해 인센티브를 받을 수 있는 환경이 조성돼 있다. 골프 에이전트는 선수가 대회를 통해 벌어들인 상금 대부분을 온전히 선수의 몫으로 놔둔다. 대신 골프 선수 이미지와 어울리는 기업, 의류, 용품 등 스폰서를 매칭하면서 수수료를 받는다.

여자 프로골프 선수 기준으로 루키는 스폰서로부터 평균 5,000만 원 내외를 받는다. 국가대표나 상비군 출신일 경우 1억 원, 30위권 내 선수는 1~2억 원을 받는다. 10위 권 내 선수는 스타플레이어로 3~5억 원 정도로 금액이 형성돼 있다. 에이전트는 통상적으로 20% 내외의 수수료를 가져간다. 5억 원의 스폰서를 받는 선수가 있다면 에이전트 수수료는 1억 원인 셈이다. 그리고 부가적으로 인센티브라는 것이 존재한다. 대개 획득한 상금을 기준으로 인센티브를 받는다. 1위 50%, 2~5위 30%, 6~10위가 20% 수준이다. 예를 들면 선수가 우승 상금으로 1억을 받게 되면 50%인 5,000만 원이 인센티브다. 골프 에이전트는 인센티브 5,000만 원에서 25% 수수료를 추가로 챙길 수 있다.

30위 권 내 선수 1명을 에이전트 하면 1년에 대략 5,000만 원 정도 수익이 발생한다. 골프는 에이전트 1명이 관리할 수 있는 선수 인원수에 제한이 없다. 한 회사가 30위 내 선수 10명을 관리한다고 하면 5억 원 정도 수익이 발생한다. 그나마 야구보다는 사정이 조금 나아 보인다. 하지만 골프는 대도시에서 열리지 않기 때문에 이동과 숙박비가 상대적으로 많이 든다. 그나마 다행인 건 앞서 말했듯이 산업이 뒷받침하고 있어서 선수를 활용한 광고와 프로모션 등 부가가치 수익이 추가로 발생한다는 점이다.

잘나가는 두 종목만 봐도 사정이 이렇다. 2016년 문체부의 국내 에이전트 현황 진단에 따르면 축구는 등록 중개인 59명에 중계 계약 총 131건, 중계 수수료 9억 4,477만 2,500원 수준이다. 10억이 채 안 되는 돈이다. 10개 회사가 존재한다고 봤을 때 회사당 1억 원의 수익을 벌어들인 셈이다. 메이저 종목이 이 정도다. 비인기 종목 선수들은 사정이 더 열악하다. 국가대표라고 하더라도 메달이 있어야 에이전시의 관심을 끌 수 있다.

한국형 제리 맥과이어 탄생이 멀지 않았다고? 에이전트 제도가 미래 스포츠 먹거리라고? 한국에서 제리 맥과이어와 머니볼은 아직 꿈같은 이야기다. 현실을 냉철하게 바라보자. 꿈에서 깨어나야 한다. 냉정하게 바라봤을 때 국내 스포츠 에이전시 시장은 블루오션이라는 탈을 쓴 비산업화 분야일 뿐이다.

스포츠 에이전트는 협상의 달인이다

1960년대 할리우드 영화제작자인 윌리엄 헤이즈William Heys가 LA다저스의 거물급 투수 샌디 쿠팩스Sandy Koufax와 돈 드라이스데일Don Drysdale의 역대급 계약을 성사시켜 언론의 큰 주목을 받았다. 두 선수는 당대 최고 연봉을 받던 윌리 메이스(12만 5,000달러)보다 더 많은 금액을 받을 수 없다면 계약을 할 수 없다고 공표했다.

윌리엄 헤이즈는 구단과 계약이 성사되지 않을 경우를 대비해서 두 선수를 파라마운트 회사가 제작하는 영화에 출연시킨다는 사전 계획도 세워두었다. 결국 두 선수는 윌리 메이스보다 4만 2,000달러 많은 16만 7,000달러에 계약을 맺는다. 윌리엄 헤이즈의 도박은 멋지게 성공했다. 하지만 도박이 성공했기에 망정이지 만약 계약이 잘못돼 두 선수가 영화계로 진출해야 했다면 현재 어떤 평가

스콧 보라스

를 받고 있을까?

 윌리엄 헤이즈 도박이 성공한 지 60여 년이 지난 오늘날 협상의 달인으로 알려진 에이전트가 있다. 악마의 에이전트라 불리는 스콧 보라스Scott Boras다. 과거 박찬호, 추신수, 류현진이 메이저리그에 진출할 때 자주 언급된 인물이다. 수많은 선수가 그와 계약하며 대박을 터트렸다. 이러한 이유로 선수 입장에서는 그가 천사 같겠지만 구단 입장에서는 악마 같은 존재로 부각된다.

 2000년 역사상 최고 유격수라 불리는 알렉스 로드리게스Alex Rodriguez가 역대급 대박을 터뜨렸다. 로드리게스는 시애틀에서 텍사스로 이적하며 10년간 무려 2억 5,000만 달러 계약을 맺었다. 국내뿐만 아니라 메이저리그를 통틀어 역대급 대박을 터뜨린 코리안 특급 박찬호 선수가 LA에서 텍사스로 이적하며 5년간 6,500만 달러 계약을 한 것과 비교해도 얼마나 큰 대형 계약인지 짐작할 수 있다. 모두 스콧 보라스 작품이다. 잠시 그의 협상 노하우를 살펴보자.

 보라스가 연봉협상 장에 나타나 프레젠테이션을 시작한다. 먼저

2장_스포츠 산업 **147**

그는 알렉스 로드리게스가 메이저리그 역사를 통틀어 3년 연속 40홈런, 100타점, 100득점을 올린 유일한 유격수라는 점을 강조한다. 당시 24세였던 로드리게스가 지금까지 쌓아온 기록을 단순명료하게 '한 문장'으로 표현하며 기선을 제압한다.

그런 다음 보라스는 로드리게스가 세운 기록을 다각도로 부각한다. 먼저 로드리게스의 가치를 명예의 전당에 오른 다른 유격수들과 비교한다. 로드리게스가 24세까지 거둔 엄청난 성과를 부각하기 위해 명예의 전당에 오른 유격수 나이를 24세까지 끌어내린다. 공격 6부문인 홈런, 타점, 장타율, 최다 안타, 득점, 도구 수치를 차례로 보여준다. 24세 중에서 로드리게스가 독보적으로 최상위권에 위치에 있음을 수치로 확인하게 한다. 통산 기록으로 비교해도 톱클래스지만 24세까지 기록만 놓고 보더라도 공격 전 부문에서 다른 경쟁자들과 압도적인 차이를 보여준다고 설명한다.

이어서 현재 리그에서 최고 연봉을 받는 데릭 지터Derek Jeter와 노마 가르시아파라Nomar Garciaparra와 비교한다. 이 선수들이 24세였을 때 공격 6부문에 대한 데이터를 보여준다. 수치상 로드리게스의 절반 수준인 3분의 1에 불과하다. 나아가 로드리게스는 현재 상승세를 타고 있고 지터와 가르시아파라는 내림세를 타고 있다는 사실도 슬쩍 언급한다.

그는 한 단계 더 나가 데이터를 증폭해 현재 추세를 기준으로 미래 가치를 추산한다. 로드리게스가 30세가 됐을 때, 35세가 됐을 때, 40세가 됐을 때 예상 기록이 차례로 제시된다. 24세인 그가 10년 뒤에는 어떤 선수로 클지 상상력을 자극한다. 이제 마지막 장표다. "당신은 알렉스 로드리게스에게 얼마를 지불할 용의가 있습니

박찬호는 2001년 LA에서 텍사스로 5년간 6,500만 달러 계약을 맺으며 이적했다.

까?"

구단주는 보라스가 제시한 숫자와 데이터가 생소했을 것이다. 당연히 처음 보는 데이터이기 때문에 프레젠테이션 장에서 제시한 데이터를 반박하기 어려웠을 것이다. 게다가 보라스는 자신의 논리가 객관적임을 보여주려고 이해관계가 전혀 없는 제3자의 평가를 구석구석에 적절히 삽입했다. 아마 그는 협상력을 극대화하기 위해 로드리게스와 계약할 수 있는 시기도 짧게 잡았을 것이다. 보라스는 자신의 고객인 선수를 포장하는 데 엄청난 공을 들였다. 각종 통계 자료를 선수에게 최대한 유리한 쪽으로 뽑아냈다. 만약 이 과정에서 로드리게스에게 불리한 자료가 있다면 수치를 교묘하게 숨겼을 것이다.

코리안 특급 박찬호 역시 스콧 보라스의 고객이었다. 박찬호는 2001년 LA에서 텍사스로 이적할 때 5년간 6,500만 달러라는 초대형 계약을 했다. 당시 미국프로야구 투수를 통틀어 5위에 해당하는 금액으로 텍사스주 소득세가 0%라는 점을 고려하면 사실상 박찬호는 최고 연봉으로 계약한 셈이다. 당시 보라스는 A급 박찬호 선수를 S급으로 포장하기 위해 2001년 12월 4일 로스앤젤레스 남부 어바인에 있는 사무실에서 기자회견을 하고 박찬호 상품성을 최대한 부각하며 냉랭한 미국 현지 언론에 반박 자료를 배포했다.

보라스는 이날 배포한 '성적 분석집'을 통해 "박찬호는 지난 2년 동안의 선발 등판 경기수와 투구 이닝, 방어율, 승수 등을 고려할 때 메이저리그 최정상급 선발투수"라고 주장했다. 특히 박찬호가 지난 6년 동안 단 한 번도 부상자 명단에 오르지 않은 점을 강조했다. 보라스는 "케빈 브라운Kevin Brown(다저스)과 그렉 매덕스Greg Maddux(애틀랜타), 마이크 햄튼Mike Hampton(콜로라도), 마이크 무시나Mike Mussina(뉴욕 양키스), 로저 클레멘스Roger Clemens(뉴욕 양키스) 등 최고 연봉 투수들과 비교해도 성적이 전혀 뒤지지 않는다"라고 설명했다.

지난주 메이저리그 30개 구단에 '성적 분석집'을 전달했던 보라스가 이날 매스컴을 상대로 박찬호의 장점을 부각한 것은 동양인에 대해 인색한 눈길을 보내고 있던 미국 언론과 메이저리그 구단의 편협한 시각을 불식하려는 방편이었다.

당시 박찬호는 겨울 자유계약 시장에 나선 투수 중 최대어임이 틀림없었다. 하지만 일부 언론에서 박찬호의 상품성에 흠집을 내며 지나치게 많은 몸값을 투자할 이유가 없다고 비판적인 보도를 일삼았다. 현지 여론이 좋지 않게 돌아가자 메이저리그 각 구단들은 투수난에 허덕이면서도 적극적인 영입 의사를 밝히지 않아 박찬호의 자유계약 협상은 지지부진했다. 보라스가 객관적인 자료를 통해 박찬호의 장점을 부각하고 박찬호가 좋은 선수임을 널리 알

류현진은 스콧 보라스와 손잡고 2013년부터 LA다저스에서 뛰게 됐다.

리기 위해 얼마나 많은 데이터를 사용했는지 짐작할 수 있는 대목이다.

   스콧 보라스는 2013년 류현진이 메이저리그에 진출하는 데 도움을 주기도 했다. 보라스는 2012년부터 공공연하게 류현진을 메이저리그 통산 186승을 한 마크 벌리Mark Buehrle급 선수라고 홍보하고 다녔다. 류현진의 입단 과정에서 네드 콜레티Ned Colletti 다저스 단장이 "류현진과 계약하지 않을 수도 있다."라고 말하자 "류현진이 내년에 일본에서 뛸 수도 있다."라고 맞받아친 것도 대표적 사례다. 류현진 계약의 백미는 마이너리그 옵션 삭제다. 성적이 부진해도 류현진과 합의 없이 마이너리그로 강등하지 않는다는 조항을 넣은 것이다. 덕분에 류현진은 부상자 명단에 오르는 경우를 제외하면 언제나 마운드에 설 기회를 얻게 됐다. 이 모든 것이 배짱이 두둑한 보라스였기에 가능한 일이었다.

   2013년 12월 스콧 보라스는 또 다른 코리안 특급 추신수 선수의 에이전트를 맡으면서 7년 1억 3,000만 달러의 초대박 계약을 성사시킨다. 그는 보통 자신의 고객(선수)에게 연봉의 5%를 받는 것으로 알려졌다. 현재 보라스 코퍼레이션에는 70~80명의 직원이 근무한다. MLB 선수 출신을 스카우트하는 것은 물론 하버드, 스탠퍼드 등 명문 대학 출신 수학자와 통계학자, MIT 출신 경제학자, 심지어 미 항공우주국NASA 출신 공학자도 있다. 그들은 선수의 경기를 매일 확인하고 관련 데이터를 모으고 분석한다. 보라스는 이러한 인력풀을 활용해 고객에게 유리한 데이터를 뽑아낸다. 이렇게 방대한 자료를 꼼꼼하고 과학적으로 분석하다 보니 구단이 보라스를 악마로 보는 것은 당연한 일이다.

최근 보라스는 코로나19 사태로 구단들의 손해가 막심하다는 주장이 다 거짓말이라고 비판했다. 보라스에 따르면 메이저리그 구단들은 '손해'를 본 게 아니라 '이익'을 얻지 못한 것일 뿐이라고 했다. 미국프로야구는 코로나19 사태를 계기로 2021 시즌 축소를 고려하고 있는 데 따라 선수 연봉도 삭감할 예정이었다.

보라스는 "구단들은 야구 경기를 치렀고 이를 통해 돈을 벌어들인다. 무관중으로 치렀지만 우리는 경기를 하기만 하면 구단들이 돈을 벌 수 있다는 걸 다 알고 있다."라고 말했다. 보라스의 비판에 야구계 안팎으로 비난이 쏟아지고 있다. 하지만 오늘날 그가 최고가 된 이유에는 상황을 냉정하게 파악하려는 집요함이 자리잡고 있다. 그러다 보니 스콧 보라스는 구단에게는 악마이고 선수에게는 천사로 불린다.

스콧 보라스가 활동을 시작한 1980년대 초반까지만 해도 메이저리그 역시 지금과 천지 차이였다. 선수가 변호사나 에이전트를 대동하는 것을 적대시하는 분위기였다. 보라스가 활동을 시작한 시기에 메이저리그에서는 주먹구구식 연봉협상이 벌어지기 일쑤였다. 그는 이런 혼란 속에서 에이전트의 필요성을 느끼고 기회를 잡았다.

　최근 국내 프로야구 선수를 중심으로 에이전트에 대한 논의가 활발하게 시작되고 있다. 아직 국내에서 에이전트가 이런 방식으로 연봉을 제안하는 경우는 드물다. 에이전트 입장에서 선수를 다각도로 분석해 각종 수치와 데이터를 일목요연하게 정리해 협상하는 모습이나 배짱을 튕기는 모습은 아직 먼 나라 이야기다. 하지만 2017년 문화체육관광부는 스포츠 에이전시 시장을 신성장사업 동력으로 발표하며 향후 이 분야의 성장 가능성을 높게 점쳤다. 국내 스포츠 에이전시 시장은 이제 시작이다. 국내 에이전트 시장이 과거 스콧 보라스가 그랬던 것처럼 어려움 속에서 새로운 기회를 발견했으면 한다.

스포츠 에이전트에게는 5가지 자질이 필요하다

스포츠 에이전트로서 필요한 자질은 크게 5가지 정도가 거론된다.

- 자질1 전문 지식: 전문 지식은 에이전트가 해당 종목에 대해 얼마나 깊이 이해하고 있는가 여부다. 이 항목에서는 선수 경력이 있는 자가 유리하다. 선수가 가진 고충을 가장 잘 이해할 수 있기 때문이다. 선수 경력이 있는 에이전트는 선수와 쉽게 유대감을 형성할 수 있다. 해당 종목에 대한 전문 지식은 선수

가 에이전트를 조력자로서 신뢰하는 데 커다란 영향을 미친다.
- **자질2 외국어 능력**: 외국어 능력은 자신이 관리하는 선수가 해외로 진출할 타이밍에 필요한 자질이다. 국내의 경우 한국여자프로골프KLPGA 선수들이 미국여자프로골프LPGA 같은 해외 무대로 진출하는 경우가 많다. 선수가 해외로 진출할 때 여러 가지 현지 사정을 잘 파악해야 하는데 언어 장벽을 극복하지 못하면 많은 어려움을 겪게 된다. 일례로 1999년 미국푸로골프 무대로 진출한 최경주 프로의 에이전트 경우 티타임을 이해하지 못해서 곤욕을 치르기도 했다. 골프에서 출발 시각을 뜻하는 tee time(티타임)을 차를 마시는 tea time(티타임)으로 착각했다고 한다.
- **자질3 법률 지식**: 에이전트에게 법률 지식이 필요한 이유는 선수나 스폰서가 후원 계약을 맺을 때 분쟁의 씨앗이 될 수 있는 조항을 면밀히 따져보고 이를 방지할 수 있는 조항을 계약서에 넣어야 하기 때문이다. 스포츠 에이전시의 두 거목인 마크 맥코맥과 스콧 보라스 역시 법학을 전공했다. 법률 지식이 에이전트 업무에 얼마나 중요한 항목인지 알 수 있는 대목이다. 참고로 2018년 국내에서 처음으로 치러진 프로야구 에이전트 시험 합격자의 45%가 변호사였다.
- **자질4 언론 관리**: 언론 관리는 미디어업계 종사자나 PR 혹은 홍보업계 종사자들에게 유리하다. 유명인을 포함해 일반인에 대한 사생활까지도 적나라하게 노출되는 현대 사회에서 선수 이미지 관리는 매우 중요하다. 선수 평판이 곧 돈이 되는 세상이다. 언론사 관리가 특히나 중요한 시점은 해당 선수가 각종

스캔들(약물 복용, 성추문, 폭행, 음주 운전 등)에 연루됐을 때다. 위기상황에서 언론에 어떻게 대처하느냐에 따라 선수 이미지와 평판이 결정되기 때문에 언론 관리 능력 역시 스포츠 에이전트에게 필요한 자질이다.

- 자질5 영업 능력: 영업은 스폰서 기업에게 선수를 활용할 수 있는 다양한 권리를 판매하는 행위로 에이전트 세계에서 가장 중요한 능력 1순위로 꼽을 수 있다. 많은 선수들은 자신을 부자로 만들어줄 에이전트를 선호한다. 에이전트가 스폰서 기업과 좋은 관계를 유지할수록 좋은 조건으로 계약을 성사할 가능성이 높아진다. 스폰서 기업과 좋은 관계를 유지하는 것은 단기간에 형성되기 어렵기 때문에 해당 기업에 대한 지속적인 관심과 관리가 필요하다. 원만한 대인관계 역시 에이전트 핵심 자질이다.

일각에서는 마크 맥코맥과 스콧 보라스와 같은 슈퍼 에이전트가 법학을 전공했다는 이유를 근거로 법률 지식을 에이전트의 전문성 1순위로 꼽는다. 실제로 법에 대한 지식과 이해 능력은 매우 중요하다. 하지만 분업화된 현대 사회에서 법률 지식을 갖추지 못했다는 것이 에이전트 자질에 치명적인 결함이 되지 않는다. 선수는 법과 같은 전문적인 조언뿐만 아니라 심리 치료, 물리 치료, 운동 능력 향상, 자산 관리 등 여러 분야에 도움이 필요하기 때문이다. 국내 스포츠 에이전시는 부족한 전문성을 아웃소싱을 통해 해결하고 있다. 반면 거대 글로벌 시장을 상대로 하는 IMG와 같은 글로벌 기업은 선수에게 여러 가지 전문적인 서비스를 인소싱한다.

종합관리팀									
정보 팀	법률 팀	미디어 팀	재정 팀	회계 팀	운동 관리팀	상담 팀	메디컬 팀	해외 팀	기술 분석팀

IMG의 조직 구성도 (출처: 한필수 (2005). 미국의 스포츠 에이전트의 산업 현황. 코칭능력개발지, 7(1), 133-14)

 국내 스포츠 마케팅 대행사 스포티즌은 2016년 근신경 자극을 통한 운동 능력 향상을 골자로 하는 스포츠 퍼포먼스 트레이닝 센터 엑시온XION을 런칭해 운영 중이다. 주로 프로 스포츠 선수의 운동 능력 향상과 재활에 초점을 맞추고 있다. 스포츠 마케팅 대행사 영역을 선수 세일즈에서 스포츠 퍼포먼스를 개선할 수 있는 쪽으로 확장한 것이다. 스포티즌은 운동 능력 향상과 재활 업무를 인소싱하면서 전문성을 키웠다. 아직 스포츠 산업 구조가 취약한 국내 실정을 고려했을 때 자신이 할 수 있는 것과 할 수 없는 것을 판단해 아웃소싱과 인소싱 사이에 균형감을 잡으려는 노력이 필요하다.

엔터테인먼트와 스포츠가 협업하고 있다

 WME-IMG, CAA스포츠, 라가르데르Lagardère그룹(WSG), 인프런트Infront, 갤럭시아SM, YG스포츠까지 국내외를 대표하는 스포츠 마케팅 기업이 최근 급격한 변화를 겪고 있다. 우리에게 정현 소속사로 익숙한 IMG는 2013년 WME에 매각됐다. IMG를 인수한 WME는 미국 연예인 에이전시를 이끄는 회사로 수많은 A급 배우와 뮤지션 300여 명을 보유하고 있으며 3억 달러가량의 수입을 올리고 있다. 박찬욱, 김윤진, 비, 다니엘 헤니, 이병헌 등 우리나라 연예인도 다수 소속돼 있다.

WME와 양대 산맥을 이루고 있는 CAA는 WME와 사업구조가 비슷하다. 현재 CAA는 영화, TV, 음악, 연극, 디지털 콘텐츠 분야에서 수많은 아티스트를 보유하고 있으며 자회사인 CAA 스포츠는 세계 최고의 운동선수, 코치, 스포츠 인사 1,000여 명을 대리하고 있다. 2021년 11월에는 넷플릭스「오징어 게임」의 배우 정호연이 CAA와 계약해 화제를 낳았다. CAA는 2016년 국제 스포츠 컨설팅 자문사 브랜드라포트Brandrapport 인수를 시작으로 미국과 유럽 각지에서 주요 스타디움과 아레나 경기장을 설계하고 관리하는 아이콘베뉴그룹ICON Venue Group을 인수하며 몸집을 키워가고 있다.

국내에서는 YG엔터테인먼트와 SM엔터테인먼트가 스포츠 시장에 뛰어들었다. YG엔터테인먼트의 자회사 YG플러스는 2015년 3월 골프 매니지먼트사 지애드(현 YG스포츠)를 인수했다. 5개월 후인 2015년 8월 SM엔터테인먼트도 IB월드와이드(현 갤럭시아SM)와 전략적 제휴를 발표했다. 영화 투자배급사 NEW도 브라보앤뉴라는 스포츠 마케팅 자회사를 만들며 스포츠 마케팅 시장에 발을 들여놓았다.

글로벌 회계 및 컨설팅업체 PwC가 2019년 6월 발간한「엔터테인먼트·미디어 산업 전망 2018-2023」보고서를 보면 세계 엔터테인먼트·미디어 산업 규모는 2018년 기준 2조 1,000억 달러(약 2,390조)였고, 2023년까지 2조 6,000억 달러(약 3,105조)로 성장하리라 전망했다. PwC는 향후 5년간 세계 엔터테인먼트·미디어 산업이 연평균 4.3%씩 성장할 것으로 예측했다. 글로벌 시장조

사업체 더 비즈니스 리서치가 2021년 5월 발표한 자료를 보면, 세계 스포츠 산업 규모는 2019년 4,588억 달러(약 540조 원) 수준이다. 이는 PwC가 발표한 2018 세계 엔터테인먼트 산업 규모 2조 1,000억 달러(약 2,390조)와 비교했을 때 22.9% 수준이다. 두 조사 모두 어느 산업군까지 통계에 포함했는지 상세하게 자료를 들여다봐야겠지만 대체로 엔터테인먼트 산업이 스포츠 산업보다 규모가 큰 편이다.

국내 주요 엔터테인먼트 기업과 스포츠 마케팅 기업 매출액을 살펴봐도 큰 차이가 난다. 국내 주요 엔터테인먼트 기업 매출액은 2020년 기준 다음과 같다. SM엔터테인먼트 5,799억 원, 하이브(빅히트) 7,963억 원, JYP 1,444억 원 순이다. 국내 주요 스포츠 마케팅 기업 매출액은 2020년 기준 갤럭시아SM 195억 원, YG스포츠 119억 원, 브라보앤뉴 95억 원, 크라우닝 53억 원 수준이다. 2020년 한해 코로나19로 인해 스포츠가 큰 타격을 받았다는 점을 고려한다 해도 스포츠 마케팅 산업은 엔터테인먼트 산업에 한참 미치지 못한다.

현재 국내외 흐름은 막강한 자본을 바탕으로 한 거대 엔터테인먼트 회사가 잇따라 스포츠 마케팅 시장에 뛰어들면서 새로운 기회를 모색하고 있는 분위기다. 한류를 이끄는 세계적인 산업으로 성장한 국내 엔터테인먼트 산업은 차기 성장 동력으로 스포츠를 지목했다. 그런데 왜 하필이면 스포츠 산업일까? 얼핏 생각해 봐도 엔터테인먼트 산업과 스포츠 산업은 공통점이 많아 보인다. 우선 두 산업 모두 '스타'가 존재한다. 가수는 콘서트장, 선수는 운동장에서 활동하며 팬들과 함께 팬덤을 공유한다. 여기에 미디어가 함께하며 더욱 큰 부가가치를 만들어낸다.

현재 대부분의 엔터테인먼트 회사는 아이돌 그룹으로 소위 대박이 났다. 아이돌 산업 성장이 오늘날 대형 엔터테인먼트 회사를 있게 했다 해도 과언이 아니다. 그런데 문제는 엔터테인먼트 산업이 성장하면서 경쟁 또한 치열해졌다는 것이다. 한 해에만 신인 아이돌 그룹이 수십 팀씩 쏟아진다. 치열한 경쟁 속에 아이돌 그룹이 성공하기란 점점 더 어려운 환경이 됐다. 한 아이돌 그룹을 키우려면 15억~20억 원 내외의 엄청난 비용이 들어간다. 보컬, 댄스, 연기, 외국어 등 트레이닝 비용과 숙소와 식사 비용이 발생한다. 데뷔를 목전에 두면 단기간에 대규모 지출이 발생하는데 음반 제작비와 뮤직비디오 제작비 등이 투입된다. 성공한 그룹은 1년에 70억~80억 정도의 매출이 발생한다. 하지만 실패하면 쪽박이다. 엔터테인먼트 사업은 전형적인 고위험 고수익 사업이다.

게다가 한번 성공했다 하더라도 다음 앨범이 잘되리라는 보장도 없다. 이러한 이유로 엔터테인먼트 회사는 안정적인 사업 유지를 위해 다방면으로 사업을 확장하고 있다. 세계적인 대형 엔터테인먼트 회사를 보면 가수뿐만 아니라 배우, 모델, 코미디언을 비롯하여 드라마, 영화, 뮤지컬 제작 등 여러 가지 사업을 동시에 진행한다. 여기에 연예인이나 가수를 활용한 자체 브랜드celebrity shop를 출시하기도 하며 레스토랑, 매거진, 화장품, 여행, SNS 사업 등 다양한 분야로 사업을 확장하고 있다.

엔터테인먼트 회사가 살아남기 위해 사업 다각화하는 과정에서 스포츠 스타는 매력적이다. 엔터테인먼트 산업이 아이돌을 중심으로 성장했기 때문에 열광적인 팬덤이 존재하는 김연아, 류현진, 손연재 등 스포츠 스타들은 엔터테인먼트 회사 입장에서 더욱 매력적으로 비춰졌다. 그런데 조금만 생각해보면 스포츠 매니지먼트 사업 역시 고위험 고수익 사업이다. 선수가 대회에 출전해 꾸준히 성적을 올리게 되면 이를 바탕으로 많은 부가 수익을 노릴 수 있지만 부상 혹은 슬럼프 위험이 항상 있어서 불안정하다. 여기에 예측 불가능하게 터지는 승부 조작, 음주운전, 약물 복용, 도박 등 각종 스캔들은 정직과 신뢰가 생명인 스포츠 스타에게 더욱 치명적으로 작용한다. 아이돌 역시 마찬가지 상황이다. 엔터테인먼트 산업은 이와 같은 리스크를 상쇄하고자 수익이 큰 건 아니지만, 고정수입이 가능한 스타 아나운서를 영입했다. 스타 아나운서 영입은 아이돌만큼 대박을 기대하기 힘들어도 고정 프로그램을 통해 안정적인 수익구조를 만드는 역할을 했다.

  스포츠 시장에서 고정적으로 안정적인 수익을 내기란 쉽지 않다. 개인종목에다 시즌이 긴 골프는 그나마 사정이 좀 나은 편이다. 스포츠는 종목마다 시즌이 있다. 시즌에 따라 스포츠 스타의 노출빈도가 결정된다. 제 아무리 국가대표라 해도 비인기 종목이라면 올림픽과 같은 큰 무대가 아닌 한 주목받기 어렵다. 설사 올림픽에서 큰 성과를 이루어냈다 하더라도 몇 개월이 지나면 해당 스포츠 스타를 향한 관심은 곧 식어버리기 일쑤다. 엔터테인먼트 회사 입장에서 스포츠 산업에 대한 투자가 망설여지는 대목이다.

  그렇다면 엔터테인먼트 산업과 스포츠 산업은 어떤 식으로 협력해야 할까? 엔터테인먼트 회사와 스포츠 마케팅 회사가 상호 협력을 모색하는 초기 단계를 경험한 스포츠 산업 종사자로서 다음과 같이 4가지 방향을 조심스럽게 제시해본다.

① 엔터테이너 자질을 키우자

 이제 선수라면 성적은 기본이고 엔터테이너entertainer 자질까지 필요한 시대다. 올림픽과 같은 큰 무대에서 메달을 획득한다고 TV 광고나 방송 활동이 어느 날 갑자기 쏟아지리라 생각한다면 큰 오산이다. 기회가 왔을 때 대중 앞에서 더 편하게 소통하기 위해서 엔터테인먼트 산업이 큰 도움이 될 것이다. 엔터테인먼트 산업은 팬들과 소통하는 방식에 강점을 가지고 있기 때문이다. 스포츠 마케팅 회사는 성적을 키우고 엔터테인먼트 회사는 춤, 노래, 연기와 같은 엔터테이너 자질을 키우는 데 집중한다면 스포츠팬뿐만 아니라 일반 팬의 팬심을 잡는 데 도움이 될 것이다. 양 산업이 함께 모여 스포츠 스타가 운동 외에 어떤 분야에 재능이 있는지 고민하고 키우려는 노력이 필요하다. 이제는 과거와 달리 준비된 선수만이 스타덤에 재빠르게 올라탈 수 있다.

② 스포츠 레전드에 주목하자

 제2의 강호동과 서장훈을 기대할 수 있다. 유망주를 키워 대박을 기대하는 것보다 리스크도 적다. 조금만 둘러보면 선수 생활 은퇴 후 각종 예능이나 지도자나 강연자로서 소질이 있는 재목을 쉽게 발견할 수 있다. 우리나라는 세계에서 5번째로 4대 스포츠 대회를 모두 개최한 스포츠 강국이다. 스타성 있는 레전드 스타가 넘쳐난다. 그동안 이들을 발굴하고 제대로 활용하지 못했을 뿐이다. 2018년 3월에 전 NBA 선수인 코비 브라이언트Kobe Bean Bryant가 오스카 단편 애니메이션 작품상을 수상했다. 작품명은 「디어 바스켓볼Dear Basketball」이다. 2015년 플레이어스트리뷴에 공개한 브라이언

'블랙 맘마Black Mamba'라는 별명을 가진 코비 브라이언트. NBA 역사상 최고의 슈팅가드로 손꼽힌다.

트의 은퇴 선언문인 디어 바스켓볼을 토대로 한 작품이다. 참고로, 플레이어스트리뷴은 MLB의 레전드 데릭 지터가 창간한 사이트로 스포츠 스타가 자신의 근황을 스스로 작성해서 팬들에게 알리는 역할을 하고 있다. 코비 브라이언트는 수상 소감으로 다음과 같이 말했다.

"농구 선수라 드리블만 할 줄 알았는데 이렇게 큰 영광을 주셔서 감사합니다."

2013년에는 시카고불스의 영원한 악동 데니스 로드먼Dennis Rodman이 동화작가로 데뷔하기도 했다. 로드먼은 책에 대해 "아이들이 이 책을 읽고 '다르다는 것'에 대해 이해하고 다른 것을 다름 그 자체로 이해해줬으면 좋겠다"라고 출판 소감을 밝혔다. 2013년에는 NBA의 또 다른 악동인 메타 샌디포드 아테스트Metta Sandiford-Artest(본명 론 아테스트Ron Artest)가 『메타의 베드타임 스토리Metta's Bedtime Stories』라는 동화책을 낸 바 있다. 이처럼 선수

데니스 로드먼은 NBA 역사상 최고의 리바운더로 손꼽힌다. 자신이 쓴 동화책 『야생 황소 The Wild Bull』를 홍보하고 있다.

들은 예상치 못한 다양한 분야에서 두각을 나타낼 수 있다. 우리나라도 스포츠 스타의 성공 방정식이 꼭 강호동이나 서장훈의 모습일 필요는 없다.

③ 시스템을 구축하자

국내에서 가장 큰 스포츠 마케팅 회사도 직원 한 명이 다섯 명 이상의 스포츠 스타를 관리할 정도로 사정이 열악하다. 아직 체계적인 시스템이 정착되지 못했다. 반면 국내 엔터테인먼트 회사는 이미 세계적으로 큰 성공을 이루어냈다. 그 이면에는 세계가 부러워할 정도로 탄탄하고 잘 조직된 시스템이 존재한다. 국내 엔터테인먼트 회사 전략이 미국 대학에 소개될 정도다. 스포츠 산업은 보컬, 댄스, 악기 연주, 외국어 교육 등 철저한 관리하에 스타를 양성해나가는 과정을 벤치마킹해야 한다. 또는 역할을 분담하는 것도 좋은 방법이다. 선수로 활동하는 기간에는 스포츠 마케팅 회사가 관리하고 그 이후 연예 활동은 엔터테인먼트 회사가 관리하는 방식이다.

④ 새로운 놀이터를 만들자

스포츠 스타가 활동할 수 있는 무대를 넓혀주는 일 역시 중요하다. SM엔터테인먼트에서 SM아티스트들을 모아 전 세계를 무대로 순회 공연하는 SM타운 라이브 월드 투어를 떠올리면 된다.

스포츠 산업에서는 대표적으로 AT&T 페블 비치 내셔널 프로암AT&T Pebble Beach National Pro-Am이 있다. AT&T 페블 비치는 프로 선수와 아마추어가 함께 조를 이뤄 골프 경기를 펼친다. 이 이벤트에는 최정상급 골프 선수는 물론 A급 가수와 유명 영화배우가 총출동한다. 유명 인사로는 팝스타 저스틴 팀버레이크Justin Timberlake, 아이스하키 선수 웨인 그레츠키Wayne Gretzky, 컨트리 가수 토비 키스Toby Keith, 영화감독 빌 머레이Bill Murray, 영화배우 캐서린 제타 존스Catherine Zeta-Jones, 농구 선수 마이클 조던, 스테픈 커리 등이 참가했다. 스포츠 스타는 물론 다양한 분야의 연예인도 함께 참가할 수 있는 콘셉트의 이벤트다. 이런 종류의 스포츠 이벤트는 스포츠 스타는 물론 다양한 분야 스타들이 함께 어울릴 수 있는 장playground을 마련함으로써 양 산업 모두가 윈윈할 수 있는 기회를 제공할 것이다.

전 세계적으로 양 산업은 이미 한배를 타고 가는 공동 운명체가 됐다. 치열한 비즈니스 세계에서 양 산업이 어떻게 시너지 효과를 내며 함께 발전할 수 있을지 지켜보자. 엔터테인먼트 산업과 스포츠 산업이 융합하는 과정은 이종 산업 간 융합을 시도하려는 다양한 기업들에게 새로운 영감을 제공할 것이다.

레전드 스타 비즈니스 모델을 만들자

2014년 2월 김연아 은퇴(선수생활 18년)
2014년 4월 박찬호 은퇴(선수생활 17년)
2014년 5월 박지성 은퇴(선수생활 15년)
2016년 10월 박세리 은퇴(선수생활 27년)
2017년 10월 이승엽 은퇴(선수생활 23년)
2020년 10월 이동국 은퇴(선수생활 23년)

　머지않아 박태환(수영), 최경주(골프), 박인비(골프), 손흥민(축구) 등 다양한 종목의 스포츠 스타가 차례대로 은퇴를 선언할 것이다.
　우리나라는 적어도 외형적으로 명실상부한 스포츠 강국이다. 1988년 서울 올림픽을 시작으로 2002년 한일 월드컵, 2011년 대구 세계육상선수권에 이어 2018년 평창 동계올림픽까지 세계에서 5번째로 4대 메가 스포츠 이벤트를 모두 개최한 국가다. 여기에 아시안게임, F1, UFC 등 대형 스포츠 이벤트도 꾸준히 개최하고 있다. 야구, 농구, 축구, 배구, 골프 등 다양한 종목도 프로화됐다. 2019년에는 대한민국 역사상 여섯 번째로 당구가 프로 출범을 선언했다.
　이러한 환경 속에서 우리나라는 정말 많은 스포츠 스타를 배출했다. 2012년 7월 광고대행사 이노션이 발표한 역대 올림픽 스타

모델을 분석한 보고서를 보면 TV 광고 1호는 탁구 선수 현정화다. 1992년 바르셀로나 올림픽을 통해 스타로 발돋움한 후 1993년 한국화장품 광고모델로 활동했다. 우리나라가 1992년부터 2010년까지 배출한 국가대표 선수는 총 1,548명이며 그중 메달리스트는 180명이고 TV 광고모델로 발탁된 선수는 28명으로 집계됐다.

레전드 마케팅은 은퇴한 스타 선수를 활용한 마케팅이다. 레전드 스타는 국내외 스포츠 무대에서 종횡무진 활약하며 좋은 활약을 펼쳤기 때문에 높은 인지도와 호감도를 가졌다. 은퇴한 스포츠 스타는 스케줄 관리도 쉽기 때문에 레전드 스타를 잘만 활용한다면 새로운 스포츠 비즈니스 모델을 만들어낼 수 있다.

현재 방송이나 예능 활동으로 꾸준히 활약하는 레전드 스타는 강호동(씨름), 서장훈(농구), 안정환(축구), 허재(농구), 김동현(격투기) 등이 있다. 차범근(축구), 차두리(축구), 이영표(축구)는 월드컵이나 주요 A매치에서 해설자로 활동하고 있다. 김연아(피겨), 손연재(체조), 박지성(축구), 박찬호(야구) 등은 광고업계에서 꾸준히 러브콜을 받고 있다. 김병지(축구), 홍명보(축구), 이승엽(야구) 등은 자신의 이름을 내건 아카데미를 운영하고 후배 양성에 주력하고 있다. 김세진(배구), 신진식(배구), 문경은(농구), 이상민(농구), 현주엽(농구) 등은 선수 생활을 마치고 감독이나 코치로서 지도자 생활을 이어가고 있다.

이 밖에 많은 레전드 스타들이 다양한 분야에서 활약하고 있다. 하지만 위에서 언급한 이들 외 대다수는 은퇴 이후 대중의 관심에서 멀어지며 힘든 시간을 보내고 있다. 레전드 마케팅 분야가 활성화되기 위해서는 현역 시절부터 체계적인 관리와 육성이 필요하

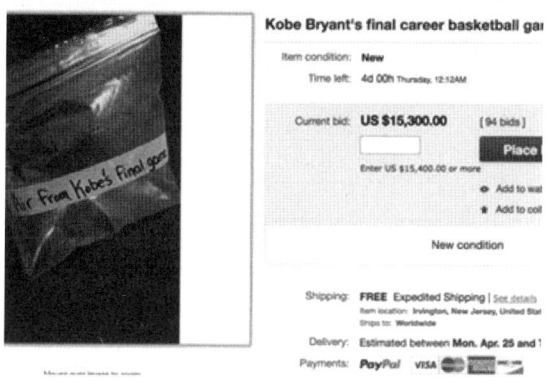

이베이에서 판매된 코비 브라이언트의 마지막 경기에서 채집된 공기

다. 레전드 스타가 활동할 무대는 현역 스포츠 스타가 활동할 무대와 다르기 때문이다.

우선 선수가 어떤 성향인지 파악하는 것이 중요하다. 그다음 선수가 잘할 수 있는 분야에서 활동할 수 있도록 꾸준히 지원해야 한다. 이 과정에서 해당 선수를 어떻게 브랜딩branding 하느냐 혹은 재포지셔닝repositioning 하느냐가 관건이다.

레전드 스타가 방송이나 예능에 소질이 있다면 엔터테인먼트 회사가 도움을 줄 것이다. 레전드 스타가 강연에 재능이 있다면 강연 전문 기업이 도움을 줄 수 있다. 선수가 가진 스토리가 특별하고 감동적이라면 책을 써서 새롭게 조명받을 수 있다. 만약 레전드 스타가 유승민 국제올림픽위원회 위원처럼 체육 행정가의 길을 가려고 한다면 협회나 연맹 차원의 도움이 필요하다. 레전드 스타가 자신의 이름을 내걸고 카페나 식당을 차리고 싶다면 프랜차이즈 회사가 도움을 줄 수 있다.

현역 활동 기간에는 스포츠 마케팅 회사가 관리하고 은퇴 후에는 엔터테인먼트 회사가 관리하는 시스템도 생각해볼 수 있다. 실제 이승엽 선수는 은퇴 후 가수 비가 대표로 있는 레인컴퍼니와 에이전트 계약을 맺었다.

이베이의 한 이용자는 브라이언트의 은퇴 경기에서 채집한 공기를 지퍼백에 담아 경매에 부쳤는데 1달러로 시작한 이 경매는 순식간에 1만 5,300달러 이상으로 가격이 치솟았다. 이베이는 이 경매를 차단했지만, 이 외에도 수십 명의 다른 이베이 유저들이 코비의 마지막 경기에서 채집된 공기와 땀 등을 판매했다. 경기 중 채집한 공기를 통해서도 은퇴한 코비를 기억하겠다는 팬들이 많았다는 사실이 놀라울 따름이다. 전 세계적으로 레전드 스타는 정정당당한 룰과 경쟁으로 자신의 분야에서 성과를 이뤄낸 바 많은 이들의 사랑과 존경을 한 몸에 받고 있다. 머지않아 레전드 마케팅은 스포츠 마케팅의 또 다른 블루오션 시장으로 떠오를 것이다.

① 마리아 샤라포바 이야기

2020년 2월 26일 마리아 샤라포바Maria Sharapova가 "테니스에게 작별을 고하며Tennis, I'm saying goodbye"라고 하면서 갑작스럽게 은퇴를 발표했다. 샤라포바의 은퇴 소식에 후원사 나이키는 헌정 영상으로 화답했다. 샤라포바는 여자 테니스 역사의 한 페이지를 장식한 특별한 선수다. 경기장 안팎에서 그녀가 걸어온 길은 많은 선수들에게 커다란 영감을 주었다. 그녀의 삶을 재조명하면서 제2의 인생에 도전장을 낸 샤라포바에게 응원과 격려의 박수를 보낸다.

샤라포바는 스포츠 역사상 가장 많은 수입을 올린 여성 스포츠 스타로 2015년까지 11년 연속 1위 자리를 지켰다. 그런데 2016년에는 세리나 윌리엄스Serena Williams가 2,890만 달러로 1위를 차지했고 샤라포바는 2,190만 달러로 뒤로 밀려났다. 잘나가던 샤라포바에게 도대체 무슨 일이 일어난 걸까?

마리아 샤라포바는 1987년에 러시아에서 태어났다. 그녀의 부모는 1986년 체르노빌 원전 사고가 일어나자 태아에게 미칠 영향을 우려해 벨라루스로 이주한다. 그녀의 가족은 그녀가 2세 때 소치로 이주했다. 그곳에서 그녀의 아버지는 친구 아들인 예브게니 카펠니코프Yevgeny Kafelnikov가 그랜드슬램에서 우승하는 데 도움을 준다. 샤라포바는 4세 때 처음으로 카펠니코프에게 테니스 라켓을 선물 받은 것을 계기로 테니스에 입문하게 된다. 이후 역대 최고의 여자 테니스 선수로 손꼽히는 마르티나 나브라틸로바Martina Navratilova가 샤라포바의 재능을 높게 평가하고 현재 플로리다에 있는 IMG 아카데미에서 훈련할 것을 권유한다. IMG 아카데미는 안드레 애거시나 모니카 셀레스, 안나 쿠르니코바 등 걸출한 스타 선수들을 많이 배출한 세계적인 아카데미다. 당시 그녀의 아버지는 아카데미 레슨비를 벌기 위해 접시 닦기, 청소 등을 하며 어렵게 돈을 벌었다.

1995년 8세가 된 샤라포바는 현재 에이전시인 IMG와 계약을 맺는다. 이후 주니어 무대를 거쳐 2001년 프로에 데뷔하며 빠르게 성장한다. 샤라포바는 2004년 당시 17세의 나이로 윔블던에서 첫 그랜드슬램 타이틀을 따내면서 신데렐라로 급부상한다. 당대 최고 스타인 세리나 윌리엄스를 꺾고 우승한 터라 그녀의 우승은 더욱 더 많은 사람들의 관심을 받았다. 그리고 2012년 메이저 대회 최소 참여 횟수로 커리어 그랜드슬램을 달성했는데 이는 역대 여자 테니스 선수 중 10번째에 해당하는 대기록이다. 재미있는 건 4대 메이저 대회별로 딱 한 번씩 우승을 차지했다는 사실이다. 샤라포바는 외모가 출중하여 실력보다 외적인 면이 부각됐다는 평이 있다. 그녀가 하지만 통산 전적과 상금은 세계 최정상급 플레이어라는 점을 보여주기에 충분하다. 샤라포바는 2014년 소치 동계올림픽 홍보대사이자 개막식 첫 성화 주자로 나섰다. 그녀가 단지 상품성 있는 선수가 아니라 전 세계 스포츠계에 위대한 업적을 남긴 레전드 반열에 올랐음을 단적으로 보여준다.

샤라포바는 188센티미터의 큰 키에서 나오는 170킬로미터의 강력한 서브와 경기 분위기를 주도하는 '괴성'이 장점(?)이다. 실제 국제테니스연맹ITF은 너무 심한 소음을 금지하는 방안을 검토하기도 했다. 사자의 포효가 110데시벨이라면 마리아 샤라포바의 괴성이 101데시벨을 기록한 것이다. 괴성은 샤라포바의 트레이드마크가 됐고 휴대폰 벨소리로 만들어지기도 했다.

큰 키와 늘씬한 몸매 덕분에 모델로도 활동했다. 코트 위에서 보여주는 남다른 패션 감각 역시 그녀의 상품성을 더했다. 우아하고 고급스러운 스포츠인 테니스와 샤라포바의 이미지는 여러모로 잘 매칭된다. 이에 많은 기업들은 샤라포바의 상품성을 높이 평가하며 그녀를 후원하기에 이른다. 대표적인 후원기업으로 나이키, 태그호이어, 에이본, 에비앙, 캐논, 모토로라 등이 있다. 나이키와는 2010년에 로열티와 보너스를 포함해 8년간 총 7,000만 달러(약 851억 원)를 받는 계약을 체결한 바 있다.

2012년 샤라포바는 '슈가포바Sugarpova'라는 사탕 브랜드를 런칭했다. 한 봉지에 6~7달러로 일반 사탕보다 5~6배 정도 비싸지

2012년 런칭된 사탕 브랜드 슈가포바의 광고 이미지

2016년 3월 샤라포바가 기자회견을 열고 올해 1월 새롭게 금지 약물로 등록된 멜도니움을 지난 2006년부터 복용했다고 고백했다.

만 명품 사탕으로 포지셔닝하고 있다. 현재 미국, 영국, 호주, 캐나다, 러시아, 인도, 중국 등 약 30여 국가에 지점이 있다. 샤라포바는 사탕 한 봉지당 1.10달러를 수입으로 가져간다. 2013년 기준으로 130만 봉지가 판매됐으니 145만 달러(약 17억 5,000만원)를 벌어들였다. 2013년 8월경에 샤라포바가 자신의 이름을 슈가포바로 개명한다고 해서 화제를 낳았는데 실제 바꾸지는 않았다. 전 세계 이목이 쏠리는 US오픈 주간에 화제성을 노린 것으로 추측된다.

실제 4대 메이저 대회 기간 대회장 인근에 팝업스토어를 열었다. 입술 모양의 로고와 테니스 모양의 사탕은 샤라포바가 연상된다. 마이클 조던이 에어 조던Air Jordan 시리즈를 히트시킨 것과 같이 샤라포바 역시 자신의 브랜딩을 성공적으로 런칭한 것으로 평가된다. 인도에는 샤라포바의 이름을 딴 고급 주거 빌딩인 마리아 샤라포바 타워가 있다. 자신의 이름을 사용할 권리에 대한 대가로 수백만 달러를 받은 것으로 알려졌다.

2016년 3월 마리아 샤라포바는 기자회견을 자처하고 나섰는데 2016년 1월 호주오픈 때 도핑 양성 반응을 보인 것에 대한 해명이었다. 당시 문제가 된 약물은 멜도니움이라는 물질이었다. 2016년 1월 1일부터 도핑 금지 목록에 포함된 멜도니움은 밀드로넷이라고도 부른다. 멜도니움은 주로 심장 관련 치료 목적으로 쓰이는데 신진대사 촉진 기능도 있어 피로 회복과 스트레스를 줄이는 데 효능이 있다고 전해진다. 샤라포바는 유전으로 심장 질환, 당뇨 등을 앓고 있었고 치료 목적으로 멜도니움을 복용했다고 한다. 당시 그녀는 밀드로넷이라는 이름으로만 알았지 멜도니움이라는 이름을 몰라 새롭게 추가된 도핑 금지 약물에 관해 인지하지 못했다고 말했다.

2016년 6월 국제테니스연맹은 샤라포바에게 자격 정지 2년의 중징계를 내렸다. 샤라포바는 스포츠중재재판소CAS에 제소했고 같은 해 징계는 15개월로 경감된다. 도핑 규정을 어긴 건 사실이지만 샤라포바의 해명이 어느 정도 받아들여진 것이다. 약물 복용은 스포츠 선수에게 큰 타격이다. 하지만 신속히 기자회견을 자처해서 해명했다는 점이 타이거 우즈와 대비된다. 2009년 타이거 우즈는 섹스 스캔들에 휘말렸을 때 무려 72일 동안 무대응 전략으로 일관해 사태가 악화됐다. 이러한 위기에도 불구하고 2016년 수입 랭킹 2위를 차지한 것을 보면 그녀가 잘 대처한 것으로 보인다.

도핑 양성 반응에도 불구하고 수입 랭킹 2위를 차지한 샤라포바 수입 구조를 살펴보자. 2016년 샤라포바가 벌어들인 총수입 2,190만 달러 중 상금이 차지하는 비중은 고작 190만 달러에 불과했다. 총수입 대비 상금이 차지하는 비중이 10%도 채 되지 않았다. 대부분의 수입은 스폰서로부터 나왔다.

2020년 지구상에서 가장 많은 수입을 올린 남자 스포츠 스타로 '테니스 황제' 로저 페더러(1억 630만 달러)가 선정됐다. 페더러의 수입 구조 역시 샤라포바와 비슷하다. 페더러가 경기를 통해 벌어들인 상금은 630만 달러로 전체 수입의 10%도 채 되지 않는다. 페더러의 주 수입은 후원 계약으로 300만 달러 이상의 대형 후원 계약만 13개다. 유니클로, 크레디트스위스, 메르세데스-벤츠, 롤렉스, 윌슨 등이 페더러의 대표적인 스폰서다.

샤라포바와 페더러를 후원하고 나선 기업은 의미 전이 효과를 노렸다. 매크랙켄McCracken이 제시한 의미 전이 모델meaning transfer model은 촉진 수단으로 유명인이 등장하면 고객은 호감을 느끼게 되고 브랜드에도 호감을 느끼게 될 가능성이 커진다는 이론이다. 의미 전이 효과는 사람만을 대상으로 하지 않는다. 이벤트 스폰서십에도 확대 적용할 수 있다.

2016년 7월 샤라포바는 하버드 비즈니스 스쿨에 입학한다. 외신들은 리우 올림픽 출전이 좌절된 샤라포바가 그 기간 명문 대학

원에서 수업을 듣는 것으로 전화위복에 나섰다고 전했다. 2017년 4월 15개월의 중징계에서 벗어난 샤라포바는 독일에서 열린 포르쉐 그랑프리 대회로 복귀했다. 그런데 샤라포바의 출전을 앞두고 많은 논란이 일었다. 샤라포바가 1년 넘게 투어 활동을 하지 않았음에도 불구하고 주최 측에서 본선 와일드카드를 내준 것이다. 샤라포바의 후원사이기도 한 포르쉐가 내린 결정이었다. 와일드카드란 주최 측 고유의 권한이라 문제될 것이 없어 보였다.

하지만 대회 일정을 조정한 것이 문제였다. 보통 1회전 경기가 월요일, 화요일 이틀간 열리는데 샤라포바의 징계 종료일인 26일에 맞춰 수요일로 대회 일정을 조정한 것이다. 샤라포바의 출전이 곧 중계권, 스폰서십, 입장권 등 수입과 연계돼 있기 때문에 주최 측 입장에서는 대회 흥행을 위한 어쩔 수 없는 선택이었을 것이다. 이후 샤라포바는 많은 대회에 와일드카드 형태로 초청되어 본선에 나가게 된다.

2018년 3월에는 나이키와 샤라포바의 컬래버레이션 제품 코르테즈 파스텔 핑크가 출시된다. 이는 도핑에도 불구하고 나이키가 샤라포바를 계속 후원한다는 의미이기도 했다.

2020년 2월 26일 샤라포바는 『보그Vogue』, 『베니티페어Vanity Fair』에 낸 기고문을 통해 32세 나이로 은퇴를 선언한다. 보통은 선수가 은퇴 경기를 치르고 기자회견을 하는 데 반해 갑작스러운 은퇴 선언이었다. 『뉴욕타임스』 인터넷판은 샤라포바의 은퇴 소식을 다루면서 그녀가 10년 동안 어깨 부상으로 고생했다면서 2020년 1월 호주오픈 1회전 패배 후 로스앤젤레스로 돌아오는 비행기 안에서 은퇴를 결심하게 됐다고 보도했다. 은퇴를 결심하게 된 계기

나이키×마리아 샤라포바의 코르테즈 파스텔 핑크 운동화. 제품 박스에 나이키 신발과 슈가포바가 들어 있다.

는 농구 스타이자 멘토였던 코비 브라이언트의 갑작스러운 죽음으로 알려졌다. 샤라포바는 사고일로부터 사흘 뒤에 코비를 만나기로 약속이 돼 있었다. 당시『뉴욕타임스』에 '인생에서 무엇이 소중한지를 깨닫게 해주었다.'라고 게재했다.

은퇴 시기를 기점으로 샤라포바는 28년 동안, 5번의 그랜드슬램 타이틀을 획득했다. 통산 누적 상금은 3,877만 7,962달러로 초청료, 후원 계약 등을 포함하면 수입은 크게 늘어난다. 2020년『포브스』는 샤라포바의 수입이 3억 2,500만 달러(약 3,950억 원)에 이른다고 전했다. 이는 세리나 윌리엄스의 3억 5,000만 달러에 이어 여자 선수로는 전 종목 통틀어 2위에 해당한다. 샤라포바가 스타성을 기반으로 마케팅에 특화된 선수라는 점은 상금을 뺀 수입을 살펴보면 명확하게 나타난다. 세리나 윌리엄스의 누적 상금은 9,271만 5,122달러다. 상금을 뺀 수입은 샤라포바가 더 많다. 상금을 제외한 수입은 샤라포바가 약 2억 8,600만 달러, 윌리엄스가 2억 5,700만 달러로 추정된다.

샤라포바의 은퇴 소식에 테니스계는 일제히 아쉬움과 응원의 메시지를 보냈다. 샤라포바는 은퇴를 맞이해 새로운 각오를 다음과 같이 밝혔다. "그동안 테니스는 내게 하나의 커다란 산이었다"라며 "내가 은퇴 후 무엇을 하든, 나의 다음 산이 어디가 되든 여전히 도전하고 그 산을 오르고 성장할 것"이라고 다짐했다.

샤라포바의 활동은 스포츠 종사자 외에도 많은 이들에게 시사하는 바가 크다. 특히 패션, 사업, 마케팅, 위기관리 능력까지 두루 참고할 만하다. 시대를 대표하는 스타와 함께할 수 있다는 건 여러모로 즐거운 일이다. 샤라포바의 향후 활동을 주목해보자. 또 다른 기회가 보일 것이다.

② 김연아 이야기

우리나라 피겨의 역사를 김연아 이전과 이후로 나눌 수 있듯이 우리나라 스포츠 마케팅의 역사 역시 김연아 이전과 이후로 나눌 수 있다. 김연아는 우리 피겨의 역사에 혜성같이 등장해 세계 피겨 무대를 석권했다. 그녀의 등장 이후 수많은 피겨 유망주가 생겨났다. 유영, 임은주, 박소연, 김해진 등 이른바 연아 키즈가 등장했다. 김연아의 등장으로 우리 피겨계는 향후 10년 이상 새로운 미래를 그릴 수 있게 됐다.

우리나라는 전통적으로 쇼트트랙과 스피드스케이팅에서 강세를 보였다. 김연아의 등장 이전까지만 해도 대중이 동계스포츠에 대해 갖고 있는 이미지는 레이스race였다. 그런데 김연아가 등장한 이후 동계스포츠에 대한 이미지가 바뀌었다. 많은 사람이 피겨 종목을 보며 쇼트트랙과 스피드스케이팅에서 느끼지 못한 우아한 동작에 매료됐다. '스포츠가 이렇게 아름다울 수 있구나!'

피겨는 역사적으로 귀족 스포츠다. 과거 보수적인 이미지가 강해 백인 우월주의와 더불어 인종차별이 심했다. 흑인 선수 데비 토머스Debi Thomas와 수리아 보날리Surya Bonaly는 인종차별 희생자로 자주 언급된다. 특히 수리아 보날리는 인종차별에 대한 항의로 1998년 나가노 올림픽 본선 무대에서 백플립back flip이라는 금지된 기술을 보란 듯이 구사하기도 했다.

김연아 선수는 피겨계에 만연한 보수적인 분위기 속에서 실력으로 편견을 극복했다. 피겨 종목에 대한 국가 지원이나 대중의 관심이 부족한 상황에서 나온 결과라 더욱더 값진 성과가 아닐 수 없다. 어릴 때부터 엘리트 코스를 밟으며 성장한 일본의 아사다 마오와 대비되면서 더욱 극적인 효과를 낳았다.

대한민국이 배출한 세계적인 피겨 스케이터 김연아

김연아 선수가 국제 무대에서 좋은 성적을 거두자 후원 계약과 광고 계약이 쏟아졌다. 김연아 선수는 자동차, 에어컨, 핸드폰, 화장품, 주얼리, 금융 광고, 음료 등 수많은 광고를 찍었다. 2020년 12월 한국방송광고진흥공사 KOBACO가 발표한 「소비자행태조사」 결과, 2020년 가장 인기 있는 광고모델로 아이유가 선정됐다. 이어 10년 넘게 광고모델로 꾸준히 사랑받고 있는 피겨여왕 김연아가 7.4%로 2위를 차지했다. 김연아 선수는 피겨선수로 한창 활약하던 지난 2009년, 2010년, 2013년에 1위로 선정됐다.

　　김연아 선수가 은퇴 후에도 광고계의 꾸준한 러브콜을 받는 이유로 큰 키, 비율 좋은 체형, 개성 있는 외모, 풍부한 연기력 등을 꼽을 수 있다. 피겨는 예술점수가 있다. 음악과 안무의 전체적인 조화, 독창성, 다양성 등이 평가 대상이다. 김연아 선수는 본격적으로 기량을 펼치기 시작한 2009년 이후 출전하는 대회마다 예술점수 1위를 기록했다. 2010년 밴쿠버 올림픽이 끝난 이후 참가한 세계선수권에서 점프에서 다소 실수가 있어서 기술점수는 2위였지만 예술점수는 1위를 기록했다. 피겨 종목에서 다져진 눈빛, 손짓, 표정, 곡 해석 능력은 광고모델로서 김연아를 독보적인 위치로 끌어올렸다.

　　김연아 선수는 2008-2009 시즌을 기점으로 피겨요정에서 피겨여왕으로 등극했는데 각종 신기록을 경신하며 2010년 벤쿠버 동계올림픽에서 마침내 여자 싱글 부분 챔피언에 오르게 된다. 선수로서 선보인 최고의 기량은 최고의 수입으로 이어졌다. 2012년 광고대행사 이노션이 분석한 보고서를 보면, 역대 올림픽 스타 광고 출연 횟수는 김연아(136편), 박태환(43편), 장미란(8편), 이봉주(7

편), 이용대(3편)로 나타났다. 상기 보고서의 조사 기간은 1992년 바르셀로나 올림픽부터 2010년 벤쿠버 동계올림픽까지 총 5개의 하계올림픽과 4개의 동계올림픽을 대상으로 한 것이다. 2018년 평창 동계올림픽을 포함한다면 이 차이는 더욱 크게 벌어질 것이다.

김연아는 피겨선수로서 우리나라 피겨계에 커다란 영향을 미친 것 이상으로 스포츠 마케팅 역사에도 커다란 이정표를 남겼다. 그 영향은 다음과 같이 크게 4가지로 나눌 수 있다.

첫째, 다양한 수입 모델의 창출. 김연아 선수의 수입은 광고모델 활동에만 국한되지 않는다. 다른 선수에게 찾아볼 수 없는 독특한 수익이 하나 더 있는데 바로 네이밍 라이선싱naming licensing 수익이다. 네이밍 라이선싱은 제품에 이름을 빌려주는 조건으로 판매 수익을 공유하는 개념이다. 통상적으로 10% 내외의 수익을 선수가 가져간다.

2008년 10월 뚜레쥬르에서 연아 빵이 출시됐다. 우리밀 고구마 크림빵을 시작으로 카야번, 블루베리 크림치즈 등 총 3종의 김연아 빵이 출시됐다. 이후 피겨나 올림픽을 소재로 한 케이크와 빵이 차례로 출시됐다. 2008년 3월 모 인터뷰에서 빵을 좋아한다고 밝힌 것이 계기가 됐다. 당시 김연아 선수는 빵이 하나 판매될 때마다 50원, 케이크는 500원의 수익을 낸 바 있다. 주얼리(제이에스티나), 음료(스무디킹), 테디베어(디앤샵) 등도 비슷한 조건으로 라이선스 계약을 체결했다. 이러한 수익 구조는 현재까지 국내 어떤 스포츠 스타에게도 찾아볼 수 없는 독특한 형태를 띠고 있다.

둘째, 대형 스포츠 이벤트의 출현. 피겨 종목은 기술뿐만 아니라 예술성이 부각되는 종목이다. 대중은 김연아 선수의 경기를 보면

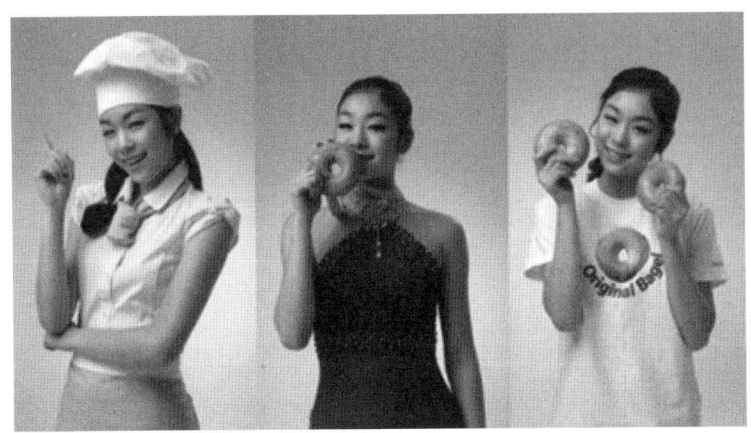
김연아 빵 CF

서 마치 한 편의 공연을 감상하는 듯한 느낌을 받는다. 동계올림픽 맨 마지막 날에는 피겨 갈라쇼가 열리는데 동계 종목을 통틀어 가장 인기 있다. 피겨 종목의 특별함이 이 갈라쇼에서 나온다고 해도 과언이 아니다. 갈라쇼 형태로 펼쳐지는 김연아 아이스 쇼는 2006년 '슈퍼스타 온 아이스Superstars on Ice'라는 이름으로 국내에 처음으로 선보였다. 지금까지 총 19회가 개최됐으며 2019년 6월에도 김연아 아이스 쇼가 개최됐다. 이 쇼가 특별히 의미 있는 이유는 단순히 스포츠 스타 한 명을 내세운 이벤트라는 점 외에 김연아 소속사인 스포츠 마케팅 대행사가 마침내 자사의 프라퍼티를 확보하는 데 관심을 둔 첫 사례이기 때문이다.

기존 스포츠 이벤트는 스포츠 단체가 주도했다. 그런데 김연아 아이스 쇼는 스포츠협회나 연맹이 아니라 스포츠 마케팅 대행사에서 주최했다. 프라퍼티는 곧 다양한 수익구조를 낳았다. 방송 중계권(지상파, 인터넷), 스폰서(메인, 서브), 입장권, 기념품 수익 등이다. 2014년 은퇴 기념으로 열린 김연아 아이스 쇼는 예매 시작 30분

만에 매진을 기록했다. 3일간 열린 행사에 우리나라에서 가장 큰 올림픽 체조경기장이 순식간에 매진됐다. 가장 비싼 키스앤크라이 석이 33만 원에 판매됐고 가장 싼 S석도 12만 원에 판매되었다. 팬 입장에서 티켓 가격은 문제가 아니었다. 그해 김연아 아이스 쇼는 티켓 수익만 무려 15억 원을 기록하며 국내 스포츠 이벤트계에 한 획을 그었다.

셋째, 비인기 종목의 스폰서십 기준 정립. 초기 김연아 선수를 개별적으로 후원하다 큰 재미를 본 기업들이 대한빙상경기연맹으로 마케팅 영역을 확장하고 나섰다. 그동안 비인기 종목으로 분류됐던 대한빙상경기연맹 마케팅 계약이 활기를 띠면서 테니스, 배드민턴, 수영, 핸드볼, 체조, 컬링, 카누 등 다른 비인기 종목 마케팅 계약이 덩달아 활성화되는 효과를 낳았다.

김연아 선수의 후원으로 시작된 대한빙상경기연맹 후원 활동은 현재 국내 모든 스포츠 단체의 프로토타입prototype이 됐다. 이 과정에서 국내 스포츠 마케팅 대행사는 여러 스포츠 단체와 관계를 맺으면서 기업과 해당 종목을 이어주는 가교 역할을 했다. 현재 피겨와 수영은 올댓스포츠, 스피드스케이팅과 쇼트트랙은 갤럭시아SM, 테니스는 스포티즌이 마케팅 대행 계약을 맺고 있다. 협회 또는 연맹 마케팅 대행이란 협회 또는 연맹으로부터 해당 종목의 프로퍼티에 대한 독점 대행 권리를 획득하는 것을 의미한다. 독점 대행 권리에는 협회 또는 연맹 관련 공식 후원사 스폰서십 판매, 국내외 주관 대회 운영 및 광고 보드 판매, 국가대표팀 경기복 및 장비 관련 스폰서십 판매, 국가대표팀 집합적 초상권, 머천다이징 사업권 등이 포함된다. 협회 또는 연맹은 스포츠 마케팅 대행사에 독점 대행 권리를 인정함으로써 안정적인 수익을 보장받을 수 있다. 마케팅 대행사는 협회 또는 연맹으로부터 확보한 권리를 바탕으로 여러 기업에 세일즈 활동을 적극적으로 하며 수익을 창출한다.

넷째, 스포츠 스타를 활용한 방송 프로그램 활성화. 2011년에는 SBS에서 「김연아의 키스앤크라이」 프로그램을 제작했다. 2011년 5월에 시작해서 8월에 끝난 3개월짜리 예능이었다. 김연아가 진행하고 심사하는 피겨스케이팅 프로그램으로 박준금(배우), 김병만(개그맨), 손담비(가수), 서지석(배우), 유노윤호(가수), 아이유(가수), 이아현(배우), 이규혁(스피드스케이팅 선수), 크리스탈(가수), 진지희(배우), 차준환(피겨스케이팅 선수)이 출연했다. 서바이벌 형식으로 크리스탈과 김병만이 우승을 차지했다. 크리스탈과 김병만은 2011년 8월 김연아의 아이스 쇼에 초대되어 세계적인 선수들과 함께 실제 공연을 펼치기도 했다.

「김연아의 키스앤크라이」가 대중의 관심을 끄는 이유는 스케일 때문이다. 회당 제작비가 1억 원에 달하는 초대형 예능 프로젝트다. SBS는 이 프로그램을 위해 일산제작센터의 스튜디오 하나를 완전히 뜯어내고 22×15미터 크기의 아이스링크를 만들었다. 냉매제와 가스 배관 등을 설치하고 조명과 간이 시설을 갖추는 데만 8억 원 정도 들어간 대형 프로젝트였다.

지금까지 김연아 선수가 스포츠 마케팅 산업에 미친 영향을 살펴보았다. 국내 스포츠 마케팅 역사는 김연아 이전과 이후로 나눌 수 있을 정도다. 더욱더 놀라운 건 그 역사가 아직 진행형이라는 사실이다. 2018년 2월 9일 평창올림픽스타디움의 밤과 개막식 하이라이트를 장식할 성화 점화의 현장에 김연아 선수가 등장했다.

2018년 2월 9일 평창올림픽스타디움의 밤과 개막식 하이라이트를 장식할 성화 점화의 현장에 김연아 선수가 등장했다.

김연아 선수의 이름을 부르는 바로 그 순간 아나운서의 입을 통해 예정에 없었던 멘트가 나왔다.

"여왕이 돌아왔습니다."

당시 개막식을 중계한 배기완 아나운서는 국제올림픽위원회에 확인한 대본 외 다른 말을 하는 것은 금지돼 있었으므로 잘릴 각오를 하고 김연아 선수를 소개했다고 전했다. 아나운서의 멋진 소개와 함께 등장한 김연아 선수는 자칫 밋밋할 수 있었던 성화 점화의 순간을 특별하게 만들었다. 대한민국은 김연아로 웃고 울었다. 대한민국을 대표하는 시대의 아이콘 김연아 선수의 다음 행보가 기대될 수밖에 없다.

4

스포츠 이벤트

스포츠 이벤트는 스포츠 비즈니스 사업의 근간이다. 앞서 다룬 스포츠 미디어, 스폰서십, 선수 매니지먼트, 그리고 뒤에 다룰 머천다이징까지 모두 스포츠 이벤트를 중심으로 움직인다.

잠시 스포츠 이벤트가 탄생한 과정을 살펴보자. 동네에서 아이들이 삼삼오오 모여 공을 차기 시작한다. 경기 규칙이나 일정이 불규칙적이어서 나름 규칙도 정하고 경기 일정도 확정한다. 언제 경기가 열린다는 것을 알게 된 동네 주민들은 자기 식구나 친구가 뛰는 경기를 응원하기 위해 경기장을 찾는다. 이웃 동네 팀과 경기가 열리는 날에는 더 많은 사람이 우리 동네 팀을 응원하기 위해 경기장을 찾는다. 그런데 경기 규칙이 서로 달라 시합 중 다툼이 잦다. 그래서 한날한시에 모여 경기 규칙을 협의하기에 이른다. 판정 시비가 줄어들자 경기가 더 빠르게 진행되고 재미있어진다. 재미있는 경기가 열리자 사람들이 모이기 시작한다. 관람객을 대상으로 장사하는 사람들도 생겨난다. 경기장 주변에 레플리카replica, 응원 도구, 먹거리, 지역 특산품을 파는 상점이 하나둘씩 늘어간다. 이동 수단이 발달함에 따라 이제 스포츠팬들은 팀을 응원하러 더 먼 지역까지 이동한다.

경기장에 사람들이 많이 모이니 지역 신문에서 관심을 갖기 시작한다. 스포츠 콘텐츠가 인기를 끌자 점차 스포츠 지면을 늘린다. 미디어 역시 많은 사람들이 좋아하는 스포츠 콘텐츠로 방송 시간을 채운다. 이제 더 많은 사람이 스포츠 경기를 경기장 안팎에서 시청하게 됐다. 그런데 스포츠 경기를 주최하는 협회는 고민이 생겼다. 사람들이 경기장이 아니라 안방에서 경기를 보게 되면 경기장을 찾는 관중 수가 줄어들 것이고 이는 곧 입장권 수익과 유니폼 판매 감소 등으로 이어질 것이기 때문이다. 협회는 사람들이 TV로 경기를 보고 현장을 찾지 않을 것을 우려해 입장권 판매 수입 중 일부를 방송사가 보존하라고 요구한다. 중계권 개념은 이렇게 탄생한다.

하지만 이는 곧 기우에 지나지 않았다는 사실이 밝혀진다. TV를 통해서 스포츠 경기를 시청하게 된 사람들이 스포츠 경기에 더 관심을 갖고 현장을 찾게 된 것이다. 더욱 많은 사람들이 동시에 관람할 수 있도록 경기장은 더욱 커지고 편의시설도 확충된다. 방송사는 나름대로 어떻게 하면 사람들이 안방에서 더 재미있게 경기를 볼 수 있을지 고민한다. 그 과정에서 협회에 경기 규칙과 복장 규정에 관해 이런저런 제안을 한다. 협회도 경기에 지장이 없는 선에서 방송사의 요구 사항을 수용한다. 협회와 방송사 간 상생이 시작된 것이다.

자사 제품을 팔기 위해 혈안인 기업들은 많은 사람들이 스포츠에 관심이 있다는 사실을 깨닫고 스포츠팬을 대상으로 자사 제품을 광고하기에 이른다. 기업들은 경기 중 눈에 잘 띄는 선수 유니폼이나 광고보드에 자사 브랜드를 노출하고 어떻게 하면 더 잘 보이게 할지 고민한다. 오늘날 스포츠 이벤트를 구성하고 있는 방송,

국제올림픽위원회 제9대 위원장 토마스 바흐

협회, 팬, 스폰서 간 관계는 이렇게 탄생한다.

그런데 매번 같은 팀끼리 경기하는 게 식상해진다. 이웃나라도 마찬가지다. 무언가 더 재미있는 이벤트는 없을까 하고 고민하던 차에 각국 스포츠협회가 한자리에 모여 정기적으로 경기를 갖기로 합의한다. 이렇게 탄생한 것이 월드컵, 챔피언스리그, 유로파리그와 같은 국가대항전이다. 현존하는 스포츠 이벤트는 대개 이런 형태를 거쳐 발전해왔다.

세상에서 가장 큰 스포츠 이벤트 '올림픽'[23] 스포츠 종목이 적어도 4년마다 한 번은 제대로 빛날 수 있는 환경을 만들었다. 올림픽은 전 세계 개별 종목을 한꺼번에 담을 수 있는 훌륭한 스포츠 플랫폼이다. 올림픽과 같이 오랜 역사와 전통을 가진 메가 스포츠 시스템 구조를 이해한다면 오늘날 전 세계 주요 스포츠 이벤트가 어떻게 기획되고 운영되는지 알 수 있다.

스포츠 세계에서 가장 작으면서도 의미 있고 지속해서 가치를 창출하는 조직 단위는 '클럽'이다. 클럽들이 모여서 지역 단위 연합체를 이룬다. 지역 단위 연합체들이 모여 전국 연합체를 이루면 협

글로벌 스포츠 시스템

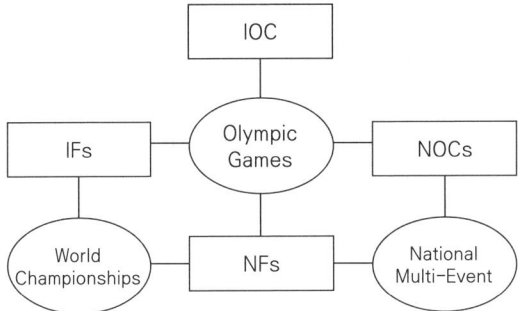

출처: 이원재 외 (2017), 글로벌 스포츠 시스템, 북마크, p.55.

회NF, National Federation가 된다. 대한축구협회, 대한농구협회, 대한야구협회 등 사단법인 등이 있다. 대한체육회는 각 종목을 대표하는 협회 모임이며 이를 국가올림픽위원회NOC, National Olympic Committee라고 부른다. 단일 종목 협회들이 전 세계적으로 모이면 국제연맹IF, International Federation이 된다. 국제축구연맹, 국제빙상경기연맹ISU를 들 수 있다. 종목별 국제기구인 것이다. 결국 협회는 전 세계 스포츠 이벤트를 이끌어가는 핵심 단체다.

협회가 보유한 스포츠 이벤트를 살펴보자. 단일 종목으로 글로벌 이벤트화에 성공한 대표적인 리그로 영국 프리미어리그, 이탈리아 세리에A, 스페인 프리메라리가, 독일 분데스리가 등이 있다. 이들은 자국뿐만 아니라 전 세계적인 축구 팬을 확보하고 있다. 미국의 대표적인 협회로는 미국프로야구, 미국프로골프, 미국프로농구, 미국프로미식축구 등이 있다.

다음으로 국제연맹이 보유한 스포츠 이벤트를 살펴보자. 우리에게 친숙한 국제연맹은 국제축구연맹이 있다. 국제축구연맹이 소유한 대표적인 스포츠 이벤트는 월드컵이다. 각 나라 축구협회, 즉

협회들은 FIFA월드컵에 참가한다. 국제육상경기연맹IAAF 역시 대표적인 국제연맹으로 세계육상선수권대회를 개최한다. 참고로, 국제육상경기연맹은 세계육상선수권대회를 2011년 대구에서 개최한 바 있다. 국제자동차연맹FIA 역시 대표적인 국제연맹으로 포뮬러원F1을 2010년 전남 영암에서 개최한 바 있다.

사실 전 세계 4대 혹은 5대 스포츠 이벤트를 이야기할 때 세계육상선수권대회나 포뮬러원이 끼기는 하지만 FIFA월드컵이나 올림픽에 비할 바가 아니다. 좀 더 현실적으로 이야기하면 대부분의 종목별 세계선수권대회나 월드컵은 비인기 종목이다. 이런 측면에서 올림픽을 구성하고 있는 개별 종목은 개별로 따지면 그다지 매력적인 상품이 아닐 수 있다.

국제축구연맹은 올림픽 축구에 나이를 23세 이하로 제한해 축구의 상품 가치를 일정 수준 이하로 제한한다. 축구 종목에 있어 올림픽보다 FIFA월드컵을 더 돋보이게 하기 위해서다. 올림픽은 이런 측면에서 국제연맹과 협력과 경쟁을 반복한다.

다음으로 국제올림픽위원회가 보유한 스포츠 이벤트를 살펴보자. 대한체육회는 한국 국제올림픽위원회로서 전국체육대회라는 스포츠 플랫폼을 보유하고 있다. 전국체육대회는 국내에서 매년 개최되는 종합 스포츠 경기로 보통 전국체전이라고 불린다. 매년 10월에 시작해 1주일 동안 열린다. 하지만 전 세계 모든 국제올림픽위원회가 이런 스포츠 플랫폼을 보유하고 있지는 않다.

마지막으로 국제올림픽위원회가 보유한 스포츠 이벤트를 살펴보자. 국제올림픽위원회가 보유한 대표적인 스포츠 이벤트는 올림픽이다. 올림픽이라는 플랫폼을 잘 이끌고 나가기 위해서 국제올림픽위원회는 국제연맹, 국제올림픽위원회과 좋은 협력 관계를 유지해야 한다. 국제연맹과 국제올림픽위원회은 국제올림픽위원회의 핵심 구성원이다. 올림픽이라는 플랫폼은 '롱테일 법칙'이 적용된다. 이 법칙은 그 유명한 파레토 법칙과 반대되는 성격으로 '역 파레토 법칙'이라고도 한다. 파레토 법칙은 상위 20%가 총 실적의 80%를 차지한다는 것이고 롱테일 법칙은 하위 80%가 상위 20%의 실적을 뛰어넘을 수 있다는 것이다. 즉 평소에는 비인기로 분류되는 국제연맹이 보유한 스포츠 이벤트가 올림픽이라는 플랫폼을 만나 체계적으로 결합하면서 롱테일 효과가 일어나는 것이다.

올림픽은 전 세계 200여 개국이 참가한다. 국가별 니즈는 다양하다. 국제올림픽위원회는 산하 방송 부서인 OBS를 통해 각국 방송사에 큐레이션 서비스를 하게 된다. 자국 선수들의 경기를 집중하여 편성할 수 있도록 하는 것이다. 올림픽은 큐레이션 서비스를 통해 국가별 애국심을 고취하며 엄청난 상품성을 갖게 된다.

스포츠 마케팅 조사Sports Marketing Survey의 자료를 보면 올림픽 하면 연상되는 이미지는 '모든 스포츠 종목(64.9%)'이라는 응답이 가장 많았다. 뒤이어 메달·경쟁 16.7%, 올림픽기·마크 11%, 성화 8.1%, 축제 6.8% 순이었다. 국제올림픽위원회는 대중에게 '올림픽' 하면 '모든 스포츠 종목'을 연상케 하는 데 성공했다. 비인기 종목들을 적어도 4년마다 양지로 끌어내 주목받게 한 올림픽은 정말 멋진 플랫폼이 아닐 수 없다.

스포츠 이벤트의 3원칙이 있다

새로운 스포츠 이벤트를 기획할 때 '시장 설계market design' 연구를 참고하면 리스크를 줄일 수 있다. 경제학자 앨빈 로스Alvin Roth는 시장이 실패하지 않기 위해서는 다음 3가지를 만족해야 한다고 했다.

필자가 기획한 스포츠 이벤트인 '챔피언스 트로피Champions Trophy'를 예를 들어 설명하겠다. 챔피언스 트로피 콘셉트는 여자 프로골프 올스타전이다. 미국여자프로골프LPGA에 진출한 해외파 선수 13명 대 한국여자프로골프KLPGA 국내파 선수 13명 간 맞대결이다. 2015년에 시작해 2020년까지 6회 대회를 개최했다. 챔피언스 트로피가 성공적으로 자리잡을 수 있게 된 배경을 살펴보자.

① 시장이 커야 한다

골프와 다른 스포츠의 가장 큰 차이점은 산업이 존재한다는 점이다. 골프는 블루오션에서 레드오션으로 넘어간 종목으로 이미 많은 기업이 대회 개최, 선수 후원, 광고, 프로모션 등의 활동을 활발히 진행하는 분야다. 특히 최근에는 IT 공룡 네이버와 카카오가 본격적으로 골프 관련 서비스를 런칭하고 나서면서 제2의 성장기를 맞이할 채비를 마쳤다.

「한국 골프산업백서 2016」에 따르면, 국내 골프 시장 규모는 약 11조 4,500억 원이다. 관람 시장 6조 2,449억, 용품 시장 4조 3,013억, 시설운영 시장 6,439억, 관광 시장 5,025억, 시설개발 시장 4,350억 순으로 집계됐다. 참고로, 국내에서 가장 인기 있는 프로야구의 경우 2018년 기준 10개 구단의 총매출액은 5,207억 원이다. 국내 골프 시장은 다른 종목보다 규모가 크기 때문에 앨빈 로스가 말한 첫 번째 조건인 시장이 커야 한다는 것에 부합한다.

② 시장이 안전해야 한다

현재 국내 골프 대회는 한국여자프로골프KLPGA 중심으로 활성화되어 있다. 보통 프로 스포츠는 남자 대회가 훨씬 크기 마련인데 적어도 국내 골프 시장에 서는 여자 골프대회가 더 활성화되어 있다.

국내에는 실력과 외모를 겸비한 여자 프로선수들이 넘쳐나기 때문에 기획 단계부터 여자 골프대회가 최우선 순위였다. 하지만 총 상금 10억 원과 유명 선수를 초청하기 위한 부대비용인 항공, 숙박, 교통 비용은 당시 스폰서 유치 금액으로 감당하기 어려웠다. 공격적인 투자로 단기 수익성 개선은 포기하더라도 아직 시장에 없는 희소한 콘텐츠로 승부하겠다는 전략을 세웠다. 수익성 개선을 위해서 기존 골프 대회와 달리 스폰서 권리를 잘게 쪼개서 배분함으로써 빈틈을 최소화했다.

골프는 18개 홀에서 열리는데 홀당 독점 스폰서 권리를 보장하면서 적극적으로 스폰서를 유치했다. 코스에 따라 기업 브랜드 노출이 용이한 홀은 스폰서 금액을 높게 책정하고 갤러리 플라자[25]와 같이 고객과 대면 접촉이 용이한 곳은 대면 마케팅이 중요한 스폰서에 판매했다. 고객 시승 체험이 중요한 자동차 회사는 대면 마케팅에 더 관심을 보였다. 다행히 1회 대회를 지켜본 많은 골프 산업 관계자가 챔피언스 트로피를 눈여겨보기 시작했다. 초기 LPGA에 진출한 해외파 선수를 모으는 데 어려움이 있었지만 대회가 자리잡혀가면서 스타급 플레이어가 하나둘씩 참가하기에 이르렀다. 수준급 선수들이 참가하고 대회가 지속해서 열리면서 더 많은 기업들이 스폰서로 참여했다. 재정 상태는 점점 안정적으로 변했다. 만약 여자 프로골프대회 시장이 탄탄하지 않았더라면 이러한 시도는 무모했을 것이다.

③ 시장 참여자 간의 혼잡을 해결해야 한다

챔피언스 트로피는 일반적인 골프 포맷인 스트로크 방식stroke play에서 벗어나 포볼fourball, 포섬foursomes, 매치 플레이match play 경기 방식을 택했다. 국가대항전 골프 이벤트인 프레지던츠컵이나 라이더컵에서 볼 수 있었던 경기 방식을 챔피언스 트로피에 적용함에 따라 기존 스트로크 방식에 익숙한 골프 팬들은 골프의 색다른 재미를 느낄 수 있었다.

하지만 익숙지 않은 경기 방식으로 인해 선수와 아나운서가 경기 방식과 규칙에 대한 이해력이 떨어졌다. 이러한 문제는 한국여자프로골프KLPGA와 함께 풀어나갔다. 비록 공식 인증 대회가 아니라 이벤트성 대회이기는 하지만 협회 경기위원장과 경기위원의 도움을 받아 경기 중에 발생한 문제를 하나씩 해결해나갔다.

챔피언스 트로피는 국내외 최고의 골프 선수가 모인다는 콘셉트를 바탕으로 기획됐다. 해외 무대에서 활약하는 한국 여자 프로골프 선수들의 위상이 날로 커지는 요즘 챔피언스 트로피와 같은 새로운 스포츠 플랫폼이 훗날 프레지던츠컵급 위상에 버금가는 대회로 발전하길 바란다.

새로운 스포츠 이벤트를 기획하고 실현하는 일은 매우 힘들다.

새로운 것에 대한 두려움은 인간의 본능이기 때문에 때로는 주위의 비난을 감수해야 하며 미래를 내다보고 단기적인 손해를 감수할 수 있는 두둑한 배짱도 필요하다. 하지만 온갖 어려움에도 불구하고 한번 구축된 시스템은 오래간다. 힘들겠지만 도전할 가치는 충분하며 보상은 굉장할 것이다.

스포츠 이벤트를 기획할 때 앨빈 로스가 시장이 실패하지 않기 위해서 제시한 3가지 요건이 충족되는지 살펴보자. 시간이 흘러도 오래도록 사랑받는 멋진 스포츠 이벤트를 기획할 수 있을 것이다.

팬 경험을 극대화해야 한다

스포츠 천국 미국에서 스포츠 이벤트가 열리는 날이면 인근 지역은 온통 축제 분위기다. 평소 같았으면 차가 다녔을 도로를 막고 행진밴드나 뮤지션이 공연을 펼치며 경기 전 분위기를 띄운다. 경기 시간에 임박해 도착한 스포츠팬들이 허겁지겁 경기장으로 들어가는 우리의 모습과 대조적이다. 경기장은 크게 3가지 공간으로 구분된다. 경기장 외부(복도), 경기장 내부(복도), 경기장 내부(경기장이 보이는 장소)다. 이 3가지 공간을 기준으로 경기장을 찾는 팬들에게 얼마나 다양한 경험을 제공할 수 있는지가 관건이다. 국내와 해외 스포츠 이벤트의 가장 큰 차이는 여기서 판가름 난다. 경기를 관람하기로 결정한 순간부터 스포츠팬들은 특별한 경험을 기대한다. 특별한 팬 경험Fan experience은 만족도로 이어지며 충성도 높은 팬이 되는 데 큰 역할을 할 것이다. 지금부터 스포츠팬이 경기를

메이웨더 맥그리거 월드투어

관람하면서 경험하게 되는 6가지 경험을 알아보자.

① 준비 경험

스포츠팬이 경기를 관람하기로 마음먹는 순간부터 느끼는 경험을 뜻한다. 해당 경기 관련 최신 뉴스, 홍보, 프로모션 활동은 이런 측면에서 중요하다. 2017년 8월 27일에 메이웨더와 맥그리거의 복싱 경기가 열렸다. 복싱계의 살아 있는 전설과 세계적인 종합격투기MMA 스타 간 맞대결로 화제를 모았다. 경기 전 열린 사전 프로모션 투어가 특히 화제였다. 이름하여 '메이웨더 맥그리거 월드 투어Mayweather Mcgregor World Tour'다. 세기의 설전으로 기록된 이 월드 투어는 4일간 미국(LA), 캐나다(토론토), 미국(브루클린), 영국(웸블리)을 돌며 진행됐다. 월드 투어에서 양 선수는 각각 마이크를 잡고 10분 정도 상대방에 대해 이야기했는데 분위기를 돋우기 위한 비방이 주를 이루었다. 자극적인 말과 이에 열광하는 관중 덕분에 월드 투어는 곧 콘서트장으로 변했다. 전통적인 기자회견을 탈

피함으로써 싱겁게 끝났던 실제 경기 내용과 별개로 메이웨더, 맥그리거, 방송사, UFC 모두 시작 전부터 흥행을 예고하며 달콤한 열매를 챙겨갈 채비를 마쳤다.

메이웨더 맥그리거 월드 투어 모습. 맥그리거가 메이웨더 머리에 손을 올리며 긴박한 장면이 연출되기도 했으나 메이웨더는 웃음을 터트리며 넘어갔다. 메이웨더는 "경기 전까지 네 몸에 손을 대지 않겠다. 그날이 내가 너를 KO시키는 날이다."라고 대답했다.

이처럼 팬의 준비 경험을 위해서는 경기에 관한 정보를 사전에 제공해야 한다. 티켓 가격, 티켓 예약 방법, 좌석 정보, 제휴사 할인, 리워드, 주차장 위치 등의 정보는 기본이다.

② 도착 경험

경기장에 도착해서 경기장에 입장하기까지 경험을 말한다. 멋진 스포츠 이벤트는 경기장 외부에서부터 경기에 대한 기대감을 조성하는 여러 가지 장치를 마련한다. 행진밴드, 길거리 공연, 팬 사인회, 원포인트 클리닉 등 팬들이 쉽게 참여할 수 있는 소소한 이벤트를 경기장 주변에 배치한다. 대회장에서만 맛볼 수 있는 시그니처 음식이나 머천다이징 상품 역시 팬들이 경기장에 도착해서 느낄 수 있는 경험에 속한다. 장외 프로모션의 가장 큰 장점은 스타디움의 경계를 확장할 수 있다는 점이다.

장외 프로모션은 일반적으로 스타디움과 인접한 곳에서 열리지만 1시간 이상 소요되는 먼 거리에서 열리는 예도 있다. 스타디움과 멀리 떨어진 지역에서 열리는 경우는 주로 지역을 대표하는 공원이나 거리에서 개최된다. 해당 이벤트가 국가적 상징성을 띠고

2018년 평창 동계올림픽 라이브 사이트에서 관중에게 인사하는 선수들

있는 경우 더욱 활성화된다. 대표적인 장외 프로모션으로는 올림픽 라이브 사이트Live Site 사례를 들 수 있다. 라이브 사이트는 올림픽의 모든 순간을 직간접적으로 경험할 수 있도록 구성된다. 2018년 평창 동계올림픽 라이브 사이트는 평창과 강릉 두 곳에 설치되고 운영됐다. 라이브 사이트의 대형 무대에서는 전광판을 통해 경기 관련 소식이 실시간으로 전해지고 각종 문화행사 공연이 쉴 새 없이 열린다. 메달리스트들이 경기장을 떠나 라이브 사이트 무대 위에서 관중에게 인사하는 장면이 인상적이다.

그밖에도 장외 프로모션의 사례는 많다. 롤랑가로스는 '롤랑가로스 더 시티Roland-Garros in the City' 행사를 통해 개최지인 프랑스를 떠나 월드 투어를 하기도 한다. 슈퍼볼은 주요 도심지 2곳 이상에서 팬 파크fan park를 운영하며 경기장 바깥에서 프로모션 활동을 이어간다.

스포츠 콘텐츠에 대한 경험은 주관적이다. 나는 내가 응원하는 팀이 져서 불만이지만 아내와 아이는 경기 결과와 상관없이 그냥 신나게 놀면 그만이다. 이런 측면에서 다양한 장외 프로모션 활동은 경기 자체가 가진 콘텐츠의 불확실성(누구에겐 재미있고 누구에겐 재미없는)을 줄일 수 있는 좋은 수단이다. 특히 국내 스포츠 이벤트는 도착 경험이 가장 떨어지는데 팬들이 경기 시작 한두 시간 전부터 경기장 주변에 모여들어 놀 수 있는 환경을 만들 때 스포츠 이벤트가 한층 성장할 수 있을 것이다.

③ 동선 경험

복도를 포함한 경기장 내부 동선이다. 경기장을 방문하면 꼭 한번은 들르는 곳이 있다. 바로 매점과 화장실이다. 경기장을 찾는 팬들이 한번은 이용하는 시설인 만큼 이용하는 데 불편함이 없도록 매점과 화장실을 비롯한 편의 시설을 집중적으로 배치해야 한다. 청결은 기본이다. 해외 유명 스포츠 구단을 가보면 경기장 주요 동선에 구단 역사관과 마주하게 되는데 구단 이력을 한눈에 볼 수 있게 해두었다. 우승 트로피뿐만 아니라 구단의 레전드 스타들이 사용했던 장비, 유니폼, 어린 시절 사진 등으로 빼곡히 채워놓았다. FC바르셀로나 역사관에는 매년 150만 명이 방문하는데 연간 수입이 510억 원에 달할 정도로 인기가 높다. 동선 경험은 신제품을 선보이는 기업들에게 좋은 홍보 수단이 된다.

④ 관람 경험

관람석에서 경기를 보는 경험이다. 안방에서 스포츠 경기를 시청하는 것과 현장에서 스포츠 경기를 관람하는 것에 별다른 차이를 느끼지 못한다면 팬들이 굳이 시간과 비용을 들여 현장을 찾을 이유가 없다. 장내 아나운서, 치어리더, 마스코트와 함께 소리 높여 응원할 수 있는 분위기 역시 현장 관람의 매력이다. 현장 분위기가 전파를 타고 안방으로 배달되기 때문에 현장 관람 경험을 극대화하는 것은 기본이다. 이런 이유로 어떤 좌석이라도 경기를 보는 데 어려움이 없도록 배려해야 한다. 2016년 SK와이번스(현 SSG랜더스)는 구장에 세계 최대 크기의 전광판 '빅보드'를 공개했다. 빅보드는 가로 63.398미터, 세로 17.962미터, 총면적 1,138.75제곱미터로 농구 코트 세 개와 맞먹는 어마어마한 규모를 자랑하는데 기존 미국 시애틀 야구단이 보유했던 '세계 최대 크기 전광판'이라는 타이틀을 하루아침에 빼앗았다. 덕분에 외야석에 앉은 관중도 시야 제한 없이 전광판을 선명하게 볼 수 있게 됐다.

⑤ 프리미엄 경험

손흥민 선수가 뛰는 토트넘은 2016-2017 시즌을 끝으로 기존 홈 경기장을 철거하고 그 위치에 새로운 구장을 건설했다. 2019년 4월 개장한 토트넘 홈구장 홋스퍼 스타디움은 6만 2,000석 규모로 팬 친화적인 새 구장이다. 팬 앞 첫 열 좌석이 그라운드와 불과 8미터 거리에 있다. 영국 BBC는 "경기장에 소형 발효기를 설치해 직접 생맥주를 만들어 판다. 맥주 바나 음식점이 65군데나 있다"라고 밝혔는데 최상의 분위기를 연출하기 위해 음향시설도 설계 초기 단계부터 고려했다고 보도했다.

최상의 경험을 원하는 팬들을 위해 프리미엄 좌석이 8,000개 설치됐다. 특히 토트넘 VIP회원이 이용할 수 있는 '터널 클럽'은 선수들이 경기 전 터널에서 대기하고 입장하는 모습을 투명 유리로 된 벽을 통해 직접 볼 수 있도록 했다. 선수들과 아이 콘택트가 가능할 정도다. 구장 6층은 럭셔리 공간으로 경기 전 최정상급 셰프가 최고급 와인과 요리를 제공한다. 이 밖에 스위트룸이나 레스토랑의 몇몇 공간은 고객의 취향에 따라서 디자인과 패키지 업그레이드가 가능하도록 했다.

프리미어 경험은 상대적인 개념이다. 토트넘 구장을 방문한 팬 중에는 그라운드와 불과 8미터 거리에서 선수들이 뛰는 모습을 보는 것이 최상의 경험이라고 느끼는 사람이 있는가 하면, 맥주 바에 앉아 수제 생맥주를 마시면서 친구와 함께 경기에 대한 이야기를 나누는 것을 최고 경험이라고 느끼는 사람이 있다. VIP회원권을 구매할 만큼 재력이 있는 사람은 자신의 취향을 반영한 공간에서 세계 최고 셰프가 제공하는 최고급 와인과 스테이크를 즐기는 것에서 만족감을 느낄 수 있다. 가족이나 연인과 함께라면 그들만의 공간에서 편하게 관람할 수 있는 장소라면 족하다. 프리미어 경험은 일반 관람에서 느끼지 못하는 독특하고 다양한 가치를 제공함으로써 스포츠팬의 만족도를 높이는 방향으로 설계해야 한다. 특별한 날에 최상의 경험을 맛본 팬이라면 언젠가 다시 그 서비스를 찾기 마련이다. 경험 자체가 상품이기 때문에 우리는 팬들에게 무엇을 남길 것인지 끝없이 고민하지 않으면 안 된다.

⑥ 테크놀로지 경험

가상·증강현실, IT 등 최신 트렌드에 대한 경험이다. 최근 스포츠 경기장이 최첨단 IT 경연장으로 떠오르고 있다. 국민 인기 스포츠인 프로야구는 IT가 관람 문화를 바꾸고 있다는 평이다. 스마트폰을 활용해 야구장에 입장하고 앉은 자리에서 배달 음식을 주문하는 것은 일상이 됐다. 팬들은 전광판과 연동된 스마트폰 앱을 통해 메시지를 띄우거나 게임에 참여할 수 있다.

타임 슬라이스 기법을 사용해 선수들의 플레이를 정면, 측면, 후면 등 360도로 보여주는 영상 기술인 '4차원 리플레이' 기술도 야구장에 도입되면서 팬들의 눈이 더 즐겁게 됐다. DSLR 카메라 48대를 구장 곳곳에 설치해 경기 장면을 실시간으로 촬영하고, 중요 장면은 바로 편집해 초대형 전광판을 통해 관객에게 보여준다. 최근에는 코로나19로 경기장을 찾지 못하는 팬들을 위해 랜선 응원전이 활성화됐다. 2020년 US오픈에서는 시스코가 자체 개발한 프로그램을 활용해 랜선 응원을 한 바 있다. NBA에서는 응원 프로그램으로 마이크로소프트의 팀즈Teams를 사용했다.

스포츠 이벤트는 경기장을 찾은 스포츠팬들이 경기 외에 다양한 경험을 할 수 있도록 노력함으로써 경쟁력을 확보할 수 있다. 확보한 경쟁력은 곧 해당 스포츠의 지속가능성과 연결돼 있다. 코로나19로 경기장을 찾는 사람이 대폭 줄어든 현시점에서 스포츠 이벤트가 제공하는 다양한 팬 경험의 역할은 더욱 중요해졌다.

스포츠는 역시 직관이 최고다

우리가 보는 스포츠 중계 화면은 스포츠 중계 PD의 손가락 끝에 달려 있다. 여러 대 카메라가 현장을 찍고 있고 PD는 화면을 살

2017년 11월 16일 열린 미국프로미식축구 경기에 2대의 스카이캠이 사용됐다.

피면서 어떤 장면을 보여줄지 결정한다. 2002년 한일 월드컵에서는 경기당 평균 약 25대의 카메라가 사용됐다. 10년이 지난 유로 2012에서는 평균 약 33대 카메라가 사용됐다. 2018년 러시아 월드컵에 사용된 카메라 수는 약 40대다. 참고로 미국 최대 스포츠 이벤트인 슈퍼볼에서는 무려 100대 이상의 카메라가 동원된다. 카메라 성능이 발달되면서 스포츠 중계는 스카이캠Skycam, 드론 등 다양한 첨단 기술과 비디오 판독 시스템VAR을 스포츠 현장에 적용하고 있다. 여기에 컴퓨터그래픽CG, 자막기, 코다Coda 프로그램 등을 활용해 경기 관련 주요 내용을 입혀서 송출한다. 아나운서와 해설은 PD가 보여준 영상을 보면서 중계한다.

그런데 아무리 많은 카메라와 최신 장비를 동원한다 해도 현장에서 일어나는 모든 일을 TV 화면에 담을 수 없다. 열광하는 관중, 바빠지는 양쪽 코치진, 집중하는 심판, 땀에 흠뻑 젖은 선수 모습과 침묵, 야유, 박수, 함성으로 인한 진동, 관중의 파도타기 응원, 치어리더 응원 등 현장에서 일어나는 모든 장면을 담아내기에 TV 화면은 한정적일 수밖에 없다. 현장은 관중의 오감을 최대치로 자극한다. 관중이 경기를 관람하는 동안 경기장을 구성하고 있는 모든 것과 끊임없이 상호작용하기 때문이다. 관중은 오직 직관을 통해서만 심장이 뛰는 최대치를 느낄 수 있다.

현장에서 느끼는 다양한 경험은 스타디움에 한정되지 않는다. 예를 들어 가족이 함께 야구 관람을 한다고 생각해보자. 경기를 보기 위해 두산과 LG의 서울 라이벌전을 예매했다. 퇴근 시간이 다가온다. 빨리 일을 마치고 서둘러 잠실야구경기장으로 향한다. 저 멀리서 아내와 딸아이가 기다리고 있다. 미리 검색한 맛집을 찾아가 식사하고 경기 중에 먹을 간식거리를 산다. 스타 선수 이름이 새겨진 유니폼을 챙겨 입고 응원 도구도 챙긴다. 서울을 대표하는 라이벌전답게 경기 전부터 양 팀 응원가가 웅장하게 울려 퍼진다. 다음에는 가족과 함께 응원가를 더 확실하게 외워서 함께 응원해야겠다. 경기가 시작된다. 딸아이가 왜 선수들이 자꾸 왼쪽으로 뛰느냐고 물어본다. 야구에 대한 기본적인 규칙을 설명해준다. 경기가 박빙이다. 응원하는 팀이 아쉽게 지고 말았다. 가족들과 함께 왜 졌는지 이야기를 나눈다. 투수 교체 타이밍이 늦었다든지 수비가 약했다든지 여러 가지 패인을 분석해본다. 가족과 함께 집으로 향한다. 다음에 복수전 때 꼭 다시 다 함께 올 것을 다짐한다.

야구 평균 관람 시간은 3시간 내외이고 농구와 배구는 2시간 내외다. 직관하는 동안 스포츠가 주는 특별한 감정을 서로 공유할 수 있다. 이러한 특별한 감정이 공감을 낳고 팬십fanship을 만든다. 팬십은 리그의 지속가능성을 보장한다. 이런 이유로 스포츠 구단은 현장 관람 팬을 위해 공을 들여야 한다. TV 중계보다 직관이 더 재미있는 이유를 지속해서 계발하고 만들어내야 한다.

넷플릭스의 등장으로 어려움을 겪게 된 영화관이 디지털, 3D, 4D, 아이맥스, 돌비 애트모스처럼 혁신적인 기술을 영화관에 도입하거나 전문 셰프가 음식을 제공하는 서비스나 고급 리클라이너 소파나 침대에 누워 영화를 볼 수 있는 환경을 조성하며 관객 유치에 적극적으로 나서는 것처럼 스포츠 역시 끊임없는 자기 혁신을 통해 모든 것을 새롭게 봐야 한다.

고객에게 주는 감동이 꼭 최신 IT 기술일 필요는 없다. 미래학자 존 나이스비트John Naisbitt는 하이테크High Tech시대가 열리면 사람들은 그 반동으로 오히려 인간적인 따스함, 즉 하이 터치High Touch를 더 찾게 된다고 했다. 필자는 윔블던 센터 코트 화장실에서 들렸던 잔잔한 음악, 은은한 향기, 기분 좋은 온수, 자원봉사자의 미소에서 느껴지는 감동을 아직도 기억하고 있다.

스포테인먼트의 아버지 빌 비크는 파격적인 프로모션 활동으로 유명했지만, 파격적인 프로모션 이전에 청결함과 고객과의 의사소통 역시 중요시했다. 벗겨진 기둥을 하얀색 페인트로 칠했고 화장실을 재정비했다. 특히 여성 고객을 끌어들이기 위해 화장실에 거울을 설치하고 수건을 비치했다. 경기장 내 칠판과 분필을 설치해서 팬들의 불만 사항을 듣고 개선하려 노력했다. 그는 작은 배려 역시 파격적인 이벤트 못지않게 중요하다는 사실을 알고 있었다. 스타디움에는 사람들이 많이 모여야 한다. 사람들이 많이 모일수록 열기가 뜨거워진다. 이런 현장의 열기가 미디어를 타고 사람들

야구는 다른 스포츠에 비해 저렴한 비용으로 관람이 가능하다.

에게 전파되는 것이다. 그러면 사람들은 생각한다.

'TV 속 그곳을 이제 내가 가봐야 할 때구나.'

참고로 4인 가족이 평균 스포츠 경기 관람하려면 평균 얼마나 들까? 국내 스포츠 구단이 참고할 만한 통계 지수가 있어 소개한다. 미국의 팀 마케팅 리포트Team Marketing Report는 매년 팬 코스트 인덱스FCI를 발표하고 있다. 팬 코스트 인덱스란 일반석 티켓을 산 4인 가족이 경기장에 차를 주차하고 맥주 2병, 음료수 2잔, 핫도그 4개를 먹고, 프로그램북과 모자 2개를 사면 얼마가 드는지 따져본 금액이다. 1991년부터 2016년까지 합산 통계를 살펴보자면 미국프로미식축구(473.04달러), 미국프로아이스하키(357.89달러), 미국프로농구(328.62달러), 미국프로야구(212.00달러) 순으로 나타났다.[26] 미국프로야구가 나머지 3대 스포츠와 비교했을 때 비용적인 측면에서 가장 경제적이다. 팬 코스트 인덱스는 비즈니스 오브 스포츠The Business of Sports 사이트에서 매해 업데이트되는 리그별, 연도별, 팀별 상세 내용을 확인할 수 있다.

머천다이징

많은 학자가 라이선싱 기원을 중세 시대로 보고 있다. 당시 로마 가톨릭 교황은 돈을 받고 지역 세금 징수원에게 세금을 걷어도 좋다는 허가증을 내주었다. 세금을 걷어도 좋다는 특정 권리를 돈을 주고 사고팔았다는 점에서 설득력이 있다. 여기서 특정 권리가 로열티royalty에 해당한다.

머천다이징 역사는 1900년대에 형성됐다. 영화로도 개봉되어 우리에게 친숙한 귀여운 토끼 '피터 래빗Peter rabbit' 캐릭터가 기원이다. 피터 래빗은 베아트릭스 포터Beatrix Potter의 수많은 아동 문학 작품에 등장하는 토끼 캐릭터로 1902년에 처음 등장했다. 피터 래빗은 1903년 부드러운 장난감soft toy으로 특허를 받았고 역사상 가장 오래된 라이선스로 라이선싱 사업의 시초로 평가받는다.

오늘날 세계적으로 인기 있는 테디베어 캐릭터의 탄생 스토리다. 1902년 11월 16일 『워싱턴 포스트』에 유명한 정치 삽화 하나가 게재된다. 루스벨트Theodore Roosevelt 대통령의 곰 사냥과 관련된 일화다. 루스벨트는 사냥을 좋아해 미시시피 강가로 곰 사냥에 나섰는데 여러 번 실패하자 보좌관들이 새끼 곰을 산 채로 잡아다 주었다. 보좌관들은 새끼 곰을 사냥한 것처럼 총으로 쏘라고 했다. 하지만 루스벨트는 스포츠맨십에 어긋난다고 하며 이를 거절했다.

『피터 래빗』의 원 판본은 크기가 작다. 제작비를 줄여 책값을 낮춤으로써 가난한 집안의 아이들도 읽을 수 있게 한 작가의 배려였다.

사냥에 동행했던 신문기자 클리포드 베리먼Clifford Berryman이 이를 보고 정치 삽화에 게재했다. 이 에피소드는 곧바로 퍼져나갔다. 루스벨트의 애칭은 테디Teddy였는데 뉴욕 브루클린의 장난감 가게 주인 모리스 미첨Morris Michtom이 진열대에 전시한 곰 인형에 '테디의 곰Teddy's Bear'이라는 이름을 붙였다. 미첨은 곰을 만들기 전 루스벨트 대통령에게 편지를 써서 새끼 곰 인형을 만들고 테디베어라고 부를 수 있도록 청원했다. 루스벨트 대통령은 이에 동의했지만 테디베어 인형이 훗날 장난감 사업에 이렇게나 큰 영향을 미칠지 몰랐다. 시어도어 루스벨트 재단은 1920년 미국 의회를 통해 설립된 비영리재단으로 테디베어 그림과 루스벨트의 필체가 담긴 최초의 저작물을 관리하고 있다.

1926년 아동 작가 앨런 알렉산더 밀른Alan Alexander Milne에 의해 탄생한 '곰돌이 푸Winnie the Pooh'는 1931년 제작자 스티븐 슬레싱어Stephen Slesinger를 만나서 전 세계적으로 큰 성공을 거뒀다. 슬레

1902년 『워싱턴 포스트』에 실린 「테디베어」 일화와 월트디즈니의 캐릭터로 재탄생한 곰돌이 푸

싱어는 '라이선싱 업계의 아버지'라고 평가받는 인물이다. 그는 밀른으로부터 곰돌이 푸에 대한 미국과 캐나다 판권을 구매하게 된다. 곰돌이 푸에 대한 모든 권리를 획득한 이후 30년 동안 애니메이션, 보드게임, 퍼즐 등 다양한 종류의 상품을 내놓으며 상업화에 성공했다. 그가 죽은 후 가족들은 월트디즈니에 곰돌이 푸에 대한 권리를 넘겼는데 이후 곰돌이 푸는 디즈니의 대표적인 캐릭터로 자리잡는다. 오늘날 디즈니는 곰돌이 푸 캐릭터로 2017년 기준 약 60억 달러를 벌어들였다.

이후 월트디즈니는 전 세계적으로 인기를 끌고 있는 미키 마우스, 구피, 도널드 덕, 데이지 덕 등을 차례로 탄생시키며 캐릭터 사업에 꽃을 피운다.

현대 라이선싱은 월트디즈니가 일련의 재산권을 소매 제품 생산에 사용할 수 있는 권한을 양도했던 1930년대 엔터테인먼트 사업에서 그 유래를 찾을 수 있다. 월트디즈니는 미키 마우스와 도널드 덕 등을 제품으로 만들어 상품 판매에 성공하며 가능성을 확인했

월트디즈니의 대표적인 캐릭터

고 자사의 캐릭터 상품을 사용할 수 있는 권리를 세계 각국에 판매하기 시작한다. 1950년대 이후 TV의 출현은 라이선싱 계약을 가속화했다. 슈퍼맨, 배트맨, 하우디 두디 등과 같은 친숙한 캐릭터가 다양한 상품과 결합하여 엄청난 성공을 거두게 된다.

오늘날 명칭 사용권이나 캐릭터 등을 통한 라이선싱 사업은 급속하게 성장하는 추세다. 미국과 캐나다의 경우 라이선싱 상품 판매 규모가 1977년 40억 달러에 불과했다. 그러나 2015년 미국 라이선싱 시장 규모는 전년 대비 5.14% 증가한 963억 2,600만 달러를 기록했다. 2015년 캐나다 라이선싱 시장 규모는 전년 대비 4.4% 성장한 102억 9,100만 달러로 집계됐다. 2015년 라이선싱 상품 42개 캐릭터의 가치는 1억 달러에 이른 것으로 나타났으며 2014년 가장 인기가 높았던 「겨울왕국」의 시장가치는 6위를 기록했다.

슈퍼 히어로의 대명사 슈퍼맨과 배트맨

미국프로미식축구에서 스포츠 라이선싱이 시작됐다

스포츠 라이선싱의 역사는 미국프로미식축구가 시초다. 1963년 미국프로미식축구가 자회사인 미국프로미식축구프라퍼티를 전 세계 최초 설립하면서 라이선싱 역사가 시작됐다. 현재 미국프로미식축구프라퍼티는 미국프로미식축구의 모든 팀과 슈퍼볼 같은 대형 이벤트 라이선싱을 총괄한다. 슈퍼볼이 열리는 지역을 방문하면 우리나라 편의점만큼이나 많은 머천다이징 숍이 임시로 거리를 가득 메운다. 상품 종류와 규모에 이르기까지 그야말로 입이 딱 벌어질 정도다. 미국프로미식축구구단 로고도 고급스럽고 예뻐서 꼭 미국프로미식축구 팬이 아니더라도 하나쯤은 갖고 싶다는 생각이 절로 들게 한다.

미국프로미식축구가 미국프로미식축구프라퍼티로 라이선싱 사

미국프로미식축구 관련 상품은 종류를 헤아릴 수 없을 정도로 다양하다.

업을 총괄하고 나서자 미국 대다수 스포츠 리그가 미국프로미식축구의 뒤를 따랐다. 미국프로야구는 1966년 미국프로야구프라퍼티를 설립했고 마국프로농구는 1967년 마국프로농구프라퍼티를 설립했다.

물론 공식적인 라이선싱 체계가 확립되기 이전부터 스포츠 관련 상품은 존재했다. 미국프로야구는 1875년에 내셔널리그National League를 출범했는데 당시 야구 스타는 담배 카드 모델이 되곤 했다. 1875년부터 미국에 본사를 둔 알렌 앤드 긴터Allen & Ginter 담배 회사에서 여배우, 야구 선수, 권투 선수 등을 묘사한 카드를 발행했다. 주로 담배 구매 시 야구 카드를 끼워줬다. 이후 굿윈 앤드 컴퍼니Goodwin & Company와 같은 다른 담배 회사가 그 뒤를 따랐다. 이러한 경향은 미국과 영국을 거쳐 전 세계로 퍼져나갔다. 1900년대까지 약 300여 종에 이르는 스포츠 카드를 수십 개의 담배 회사에서 만들었다.

오늘날 과거 미국프로야구 스타 얼굴이 들어간 야구 카드는 고가에 판매된다. 미국프로야구 초창기 최고 유격수로 활약한 호너

T206 호너스 와그너 야구 카드

스 와그너Honus Wagner 야구 카드는 2014년 인터넷 경매를 통해 약 40만 3,000달러(약 4억 5,000만 원)에 팔렸다. 일명 'T206 호너스 와그너'라 불리는 야구 카드로 1909년에 제작됐다. 당시 혐연론자로 유명했던 와그너는 담배에 자기 얼굴이 사은품으로 나간다는 사실에 항의했고 딱 200장만 나오고 발매가 중단되면서 의도치 않게 리미티드 제품 반열에 오르게 됐다. 이 카드는 캐나다의 하키 황제 웨인 그레츠키Wayne Gretzky도 소유한 적이 있다고 알려졌다.

글로벌 리서치 기관 IMARC그룹에 따르면, 2020년 미국 스포츠 라이선싱 사업은 300억 달러 규모로 성장했다. IMARC그룹은 2021~2026년 동안 연평균 성장률이 약 5%를 달성할 것으로 예측했다.

머천다이징과 라이선싱의 차이점

- 라이선싱licensing: 상표 등록된 재산권을 가진 개인 또는 단체가 타인에게 대가를 받고 그 재산권을 사용할 수 있도록 '상업

적 권리를 부여하는 계약'을 말한다.
- 라이선서licensor: 라이선싱 권리의 부여 관계에서 '권리를 부여하는 대상'을 지칭한다. 즉 이벤트나 리그의 로고, 심벌, 마크, 엠블럼 등 브랜드 자산의 소유자로서 '상표권자'를 지칭한다. 메가 스포츠 이벤트를 주최하는 각종 협회나 국가의 조직위원회가 이에 해당한다.
- 라이선시licensee: 라이선싱 권리의 부여 관계에서 '권리를 부여받는 대상'을 지칭한다. 켈러Keller(1998)에 따르면, 라이선서(상표권자)에게 일정 수수료를 지불하여 브랜드의 이름, 로고, 캐릭터, 그리고 기타 브랜드 요소들을 사용하는 쪽에 해당한다. 통상적으로 '라이선싱 사업자' 또는 '상품화권자'가 해당된다.
- 머천다이징merchandising: 머천다이징은 콘텐츠 상품을 제작, 유통, 판매하는 '상품화 과정'을 지칭한다.

머천다이징 활동은 라이선싱을 포괄하는 개념이다. 라이선서와 라이선시 계약 과정이 상품을 개발하는 첫 단추이기 때문에 머천다이징에 있어 라이선싱 계약은 매우 중요하다. 2014년 인천 아시안게임 조직위원회는 라이선싱 상품을 제조, 판매하는 전체 과정을 라이선싱 상품화 사업이라고 명시했다. 2018년 평창 동계올림픽 조직위원회는 라이선싱 사업 설명회를 통해 라이선싱 프로그램이라고 명시했다.

서울올림픽 때 한국의 스포츠 머천다이징 산업이 시작됐다

우리나라의 스포츠 머천다이징의 시작을 알리는 스포츠 이벤트는 1988년 서울 올림픽이다. 당시 마스코트 호돌이가 큰 인기를 끌었다. 하지만 라이선싱 사업에 참여한 기업 대부분이 부도를 맞았다. 88올림픽 머천다이징 사업에는 총 98개 업체가 참여했는데 그중 무려 96개 업체가 부도를 피하지 못했다.

당시 사업이 부진했던 원인을 다룬 문헌 정보가 거의 없어서 이유를 추측하기는 어렵다. 다만 먹고살기 어려웠던 시대 상황에서 시도된 최초의 머천다이징 산업이라는 점을 고려하자면 낮은 소득 수준으로 인한 구매력 부족이나 라이선싱 권리가 제대로 지켜지지 못했을 가능성이 크다.

시간이 흘러 2002년 한일 월드컵이 열렸다. 국가대표팀은 4강에 진출했고 많은 사람이 거리로 쏟아져 나왔다. 외국에서나 볼 수

서울 올림픽 마스코트 호돌이

비 더 레즈 티셔츠

있었던 길거리 응원이 서울 도심 곳곳에서 열렸다. 당시 열기를 생각하면 무엇을 해도 성공할 수밖에 없었을 것 같은 느낌이 든다. 하지만 예상과 달리 월드컵 라이선싱 사업은 상품화권자였던 코오롱TNS월드가 최종 부도 처리되면서 납품업체 역시 연쇄부도로 이어지는 최악의 상황을 맞이하고 말았다. 같은 해 2002년 부산 아시안게임 상품화권자인 대신제너럴 또한 사업에 실패하며 조직위를 상대로 제소하기에 이른다.

하지만 2002년 한일 월드컵 당시 월드컵 특수를 누린 상품이 하나 있다. 바로 '비 더 레즈Be the Reds' 티셔츠다. 우리나라가 8강에 진출하자 붉은색 실이 동이나 흰색 티셔츠를 염색해서 팔았을 정도였다. 그런데 대회 기간 내내 불티나게 팔렸던 비 더 레즈 티셔츠는 국제축구연맹으로부터 권리를 산 라이선시가 만든 제품이 아니라 앰부시 마케팅 제품이었다. 앰부시 제품에 대한 피해를 고스란히 영세한 라이선시가 보게 된 것이다.

민주당 김성호 의원은 2003년 국회 문화관광위 전체 회의 질의

2014년 인천 아시안게임 상품화권자로 IB월드와이드가 선정됐다.

석상에서 "부실의 근본 원인은 국제축구연맹, 국가올림픽위원회 NOC, 아시아올림픽평의회OCA 등과 맺은 불공정 계약에 있음으로 개선을 위한 외교적 노력이 요구된다."라고 주장하기도 했다.

2014년 인천 아시안게임 라이선싱 사업은 그나마 사정이 나았다. 당시 공식 상품화권자였던 IB월드와이드는 조직위에 120만 달러의 로열티를 지급하고 약 60억 원이라는 매출 성과를 냈다. 이전과 달리 확실히 영세한 라이선시의 피해는 줄었지만 성공했느냐는 질문에는 물음표를 남겼다.

국내 프로 스포츠 시장 역시 사정은 열악하다. 현재 국내 프로 스포츠는 프로야구를 중심으로 산업화 길을 모색하기 위해 안간힘을 쓰고 있다. 국민체육진흥공단 한국스포츠개발원이 2018년 2월 발간한 「2015 스포츠산업백서」를 살펴보면 국내 스포츠 산업에서 머천다이징, 라이선싱 산업이 아직 걸음마 단계라는 걸 확인할 수 있다. 2015년 기준 프로야구(KBO리그) 수익구조는 입장 수입 730

최근 한국프로축구연맹이 K리그 상품 통합 머천다이징 사업을 추진하고 있다.

억 9,000만 원, 중계권료 수입 360억 원, 스폰서십 1,200억 원, 머천다이징 60억 원 순이었다.

K리그(한국프로축구연맹)는 입장 수입 110억 7,100만 원, 중계권료 65억 원, 스폰서십 1,305억 5,100만 원인 데 비해 머천다이징은 고작 33억 6,840만 원이다. 남자프로농구KBL, 여자프로농구WKBL, 프로배구KOVO도 사정은 마찬가지다. 입장 수입은 남자프로농구가 63억 2,000만 원, 여자프로농구가 1억 5,000만 원, 프로배구가 20억 5,000만 원인 데 반해 머천다이징 수입은 남자프로농구KBL가 1억 9,000만 원, 여자프로농구가 9,000만 원, 프로배구는 4,000만 원에 그쳤다.

정희윤 스포츠산업경제연구소SEI 소장이 2014년에 내놓은 자료를 보면 미국은 프로 스포츠의 주 수입원 비율이 티켓 판매 30%, 스폰서십 24%, 중계권료 22%, 머천다이징 23%다. 머천다이징 수입이 다른 수입과 비교해봤을 때 전혀 떨어지지 않는 수준이다.

아직 국내에서 스포츠 머천다이징으로 성공한 사례는 없다. 첫 번째 성공 사례는 과연 언제쯤 나올 수 있을까?

한국의 스포츠 머천다이징 산업은 평창 동계올림픽 전과 후로 나뉜다

직원: 평창 스니커즈는 사전 예약하신 분에 한해 살 수 있습니다. 천연 소가죽으로 돼 있어서 인기가 좋아요. 색상은 화이트 하나예요. 1인 2켤레 한정하여 판매합니다.
고객: 그럼 지금은 못 사나요?
직원: 네, 예약 판매가 끝났어요. 죄송합니다.

평창 동계올림픽 분위기가 서서히 고조되기 시작한 2018년 1월 초 잠실 롯데월드몰에서 일어난 일이다. 벌써 예약 판매가 끝나다니? 전에도 이런 경우가 있었던가?

평창 롱패딩은 심플한 디자인과 높은 가성비로 주목받았다.

2018년 평창 동계올림픽은 국내 머천다이징 분야에 있어 새로운 전환점이 됐다. 희망의 불씨는 평창 롱패딩에서 시작됐다. 2017년 11월 29일 저녁 영하의 날씨에도 불구하고 많은 사람이 백화점에 몰려들었다. 평창 롱패딩을 구매하기 위해 전날부터 백화점에서 노숙하는 진풍경이 펼쳐진 것이다. 가성비 좋은 패딩이라는 입소문이 나면서 전체 생산량 3만 벌 중 먼저 출시된 2만 7,000벌이 완판됐다. 11월 30일은 잔여 물량 3,000벌을 마지막으로 판매하기로 한 날이었다. 이러한 풍경은 마치 애플 신제품이 출시되던 날 애플 스토어 앞에 길게 늘어선 줄을 연상케 했다.

평창 롱패딩의 성공 요인으로 심플한 디자인과 높은 가성비를 꼽는다. 평창 롱패딩은 14만 9,000원에 판매됐다. 당시 유행했던 김연아 롱패딩, 박보검 롱패딩, 소지섭 롱다운이 30~50만 원에 판매된 것과 비교하면 반값 수준이었다. 여기에 인기 연예인들이 평창 롱패딩을 입고 있는 모습이 미디어와 SNS를 통해 전해지면서 제품 홍보 효과를 톡톡히 누렸다. 특히 평창 동계올림픽 성공 개최를 축하하는 무대 위에서 걸그룹 EXID 멤버 하니와 가수 선미가 하나의 롱패딩을 같이 입은 장면이 이슈가 됐다. 높은 인기에도 불구하고 추가 발주가 어려웠던 점 또한 제품의 희소성을 부추겼다. 평창 롱패딩 3만 장은 11월 30일을 끝으로 완판됐다.

평창 롱패딩의 열기는 평창 스니커즈로 넘어갔다. 2017년 12월 1~7일 평창 스니커즈 사전예약 개수만 20만 켤레였다. 최초 계획 물량은 5만 켤레였다. 평창 스니커즈가 예상치 않게 큰 인기를 끌자 물량 확보와 판매 계획에 비상이 걸렸다.

롱패딩과 스니커즈 두 제품의 공통점은 모두 올림픽 관련 제품

평창 롱패딩의 열기를 이어받은 평창 스니커즈

이 맞나 싶을 정도로 심플한 디자인을 바탕으로 하고 있다는 점이다. 올림픽 로고를 없애고 공식 슬로건 'Passion. Connected(하나 된 열정)'만 넣었다. 올림픽 로고 때문에 대회 기간 이후 제품을 입고 다니지 않을 가능성을 사전에 차단한 것이다.

롱패딩과 스니커즈 다음으로 배턴을 이어받은 것은 평창 동계올림픽 마스코트였다. 올림픽 기간이 다가옴에 따라 대회 마스코트가 큰 주목을 받았다. 2016년 6월 2일 조직위는 평창 마스코트로 수호랑과 반다비를 확정 발표했다. 두 마스코트는 시작부터 수많은 화제를 불러일으켰다. 호랑이와 곰의 조합은 이전에 어디선가 많이 본 듯하다. 조직위는 호랑이와 곰이 모티프가 된 것에 대해 1988년 서울 올림픽과 연계한 디자인이라고 밝혔다. 당시 88올림픽 마스코트는 호돌이와 곰두리였다.

사람들은 전에 본 듯한 새로운 마스코트에 대해 거부감보다 친근감이 먼저 앞섰다. 수호랑과 반다비 모습을 본 30~50대는 88올림픽에 대한 향수를 떠올렸고 그 시절에 대한 향수가 전혀 없는 Z

메달리스트에게만 수여된 어사화 수호랑

세대는 신선함을 느꼈다. 실제 호돌이는 성화 봉송과 올림픽 개막식 행사에 수호랑과 함께 등장해 추억과 재미를 선사했다.

한 가지 주목할 만한 건 중고거래 사이트에서 호돌이 관련 상품이 큰 인기를 끌었다는 점이다. 1988년 당시 9,900원에 판매되던 호돌이 인형이 30~40만 원에 판매됐다. 수호랑 역시 제품 출시 초반부터 인기가 좋았다. 스키 수호랑, 피겨 수호랑, 스케이트 수호랑 등 종목별 인형이 차례로 품절됐다. 컬링 국가대표팀 선전과 맞물려 컬링 인기가 높아지면서 컬링 수호랑이 큰 인기를 끌었다.

평창 동계올림픽 메달리스트에게는 금메달과 함께 마스코트 인형이 함께 제공됐다. 메달리스트에게만 수여된 '어사화 수호랑' 역시 사람들의 큰 관심을 모았다. 임금이 문무과 급제자에게 하사한 종이꽃 어사화御賜花로 장식된 관모를 쓴 어사화 수호랑은 돈을 주고 살 수 있는 품목이 아니었기 때문에 희소성이 높았다. 대신 비

예기치 못한 비매품 상품도 인기를 끌었다. 피겨여왕 김연아 옆에 차준환, 김형태, 김수연 선수가 오륜기 선글라스를 착용하고 있다.

숫한 디자인의 '장원급제 수호랑'도 조기 품절 반열에 올랐는데 수험생을 자녀로 둔 부모들에게 인기가 높았다.

평창 동계올림픽은 대회 초반 추운 날씨와 강풍으로 경기 일정에 차질이 생길 정도여서 방한 기능을 갖춘 망토담요, 넥워머, 귀마개 등에 대한 수요가 늘어나면서 줄줄이 완판됐다. 머천다이징 숍인 '슈퍼 스토어'에는 대회 기간 내내 사람들로 붐볐다. 입장하는 데만도 30분에서 1시간 이상이 소요됐다. 전에는 볼 수 없는 풍경이었다. 신광철 롯데미래전략연구소 상무는 "88 서울 올림픽을 어릴 때 경험한 부모 세대(X세대)와 아이돌 굿즈 등으로 한정판 기념품에 익숙해진 자녀 세대(Z세대)가 함께 구매하면서 스포츠 이벤트 기념품 판매가 호조를 보였다."라고 설명했다.

레드벨벳 아이린과 슬기가 인스타그램에 오륜기 선글라스를 쓴 사진을 공개했다. 이후 강찬, 모태범 등을 비롯한 선수들이 오륜기 선글라스를 쓰고 등장하면서 오륜기 선글라스도 평창 동계올림픽

업무 인수인계 중인 반다비(좌)와 수호랑(우)

잇템ittem²⁷으로 떠올랐다. 오륜기 선글라스는 평창올림픽플라자에서만 선착순으로 나눠주었는데 SNS에 '오륜기 선글라스'를 얻기 위해 3시간 이상 줄을 섰다는 후기가 올라왔다. 중고용품 판매 사이트에는 10만 원대 오륜기 선글라스가 올라오기도 했다. 오륜기를 활용한 참신한 디자인, 비매품 제품이 가진 희소성, 올림픽 스타의 스웩swag이 만나 큰 파급 효과를 냈다.

국내 머천다이징 역사상 하이라이트로 기록된 장면은 수호랑과 반다비의 업무 인수인계 영상이었다. 해당 영상에서 수호랑은 사무실로 들어온 반다비에게 업무를 설명하고 인계받은 반다비는 수호랑에게 "그동안 수고했다비."라고 인사한다. 이 영상은 공들여 만든 영상물도 아니었다. 하지만 깜찍한 캐릭터들이 업무를 인수인계하는 스토리는 대중들 사이에서 회자됐다. 수호랑이 반다비에게 업무를 인수인계하는 장면은 머천다이징 분야에서 스토리가 얼마나 중요한 요소인지 깨닫게 해주었다. 참고로 수호랑은 평창 동계올림픽의 마스코트이고 반다비는 평창 동계패럴림픽의 마스코

평창 동계올림픽 공식 상품화권자로 선정된 롯데백화점은 2016년 12월부터 라이선싱팀을 구성해 식품, 잡화, 의류, 리빙 상품군을 기획하여 이후 1,100여 개의 상품을 제작했다.

트다. 이 영상이 큰 인기를 끌면서 사람들은 상대적으로 홀대를 받았던 반다비에게도 관심을 두기 시작했다. 반다비는 패럴림픽 개막식 무대에 멋지게 등장하면서 다시 한번 주목받았다.

평창 동계올림픽의 머천다이징은 가성비 좋은 제품, 친근한 캐릭터, 전국적인 유통망 확보, 여기에 캐릭터를 활용한 참신한 스토리 양산이라는 네 박자가 들어맞으면서 국내 스포츠 머천다이징의 역사에 새로운 이정표를 세웠다. 이희범 평창조직위원장은 "2018년 2월 말 입장권과 라이선스 상품 판매가 호조를 이루었다."라며 대회 17일 동안 관련 상품이 350억 원 판매됐다고 밝혔다.

요약하자면 평창 동계올림픽 머천다이징은 대회 초기 롱패딩과 스니커즈로 가성비 좋은 제품이라는 인식을 심는 데 성공하면서 대중의 관심을 끌어냈다. 88올림픽의 향수를 불러일으키는 새로운 마스코트 수호랑과 반다비는 기성세대에게는 추억을 불러일으켰고 Z세대에게는 레트로 감성을 자극하는 데 성공했다. 국내 최대

혼밥하는 수호랑

소비자 유통망을 가진 롯데백화점이 상품화권자로 선정된 것 역시 긍정적인 부분이다. 사람들은 평창 동계올림픽 관련 상품을 더욱 쉽고 편하게 구입할 수 있었다.

지금도 혼밥하는 수호랑, 꽈당 수호랑, 잔망스러운 수호랑, 문에 머리 낀 수호랑, 트럭에 실려 퇴장하는 수호랑 등 수호랑 캐릭터의 일상이 가끔씩 떠올라 저절로 미소가 지어진다. 수호랑과 반다비는 마지막까지 대중의 공감을 끌어낸 훌륭한 스토리를 만들어냈다. "수호랑, 반다비야 수고했어. 퇴근하렴."

마스코트가 엠블럼보다 더 효과적이다

스포츠 이벤트를 기획할 때 제일 먼저 시작하는 작업이 바로 엠블럼이다. 무엇보다 해당 이벤트를 시각화해 대중에게 널리 알리는 게 최우선 과제다. 마스코트는 대형 스포츠 이벤트가 아니면 대개 시간과 비용 문제 때문에 만들 엄두조차 내지 못한다. 하지만 마스코트는 엠블럼보다 시각적인 효과가 뛰어나고 상징성이 크기 때문에 대중에게 해당 이벤트의 가치와 의미를 효과적으로 전달할 수 있다.

라이선싱 사업은 1920~1950년대 엔터테인먼트 사업 분야에서 먼저 꽃피웠는데 스포츠 라이선싱은 1960년대 이후 미국프로미식축구 필두로 오늘날 산업적 기틀이 마련됐다. 1950년대 이후 TV의 급격한 보급은 시각화라는 측면에서 정적이던 마스코트를 동적으로 바꿔놓는 현상을 가져왔다. 마스코트에 생명력이 더해진 것이다. 이제 마스코트는 살아 움직이면서 보다 많은 감정을 자연스럽게 표현할 수 있게 됐다.

국내에서 기억에 남는 마스코트를 떠올려보면 다음과 같다. 1988년 호돌이, 1994년 꿈돌이, 2002년 외계인 3총사(아토, 니크, 캐즈), 2011년 살비, 2014년 물범 3남매(비추온, 바라메, 추므로), 2018년 수호랑과 반다비가 그들이다. 개인적으로 호돌이와 꿈돌이, 수호랑과 반다비 정도가 기억에 남는다.

올림픽에서 마스코트가 처음 등장한 건 1968년 그르노블 동계올림픽의 슈스와 1968년 멕시코시티 하계올림픽의 치첸이트의 붉은 재규어와 평화의 비둘기다. 이때까지만 하더라도 국제올림픽위원회에서 공인하지 않아서 비공식 마스코트였다. 다음 동계올림픽인 1972년 뮌헨 올림픽의 발디부터 공식 마스코트로 인정받았다. 마스코트가 무수히 많은 만큼이나 잊혀진 마스코트도 무수히 많다. 역대 최악의 캐릭터로 손꼽히는 2012년 런던 올림픽의 웬록은 정체불명이자 외눈의 부자연스러움과 해괴함 때문에 영국 아이들조차 괴물로 부르며 무서워했다고 한다.

표절 논란도 있었다. 1988년 서울 올림픽 호돌이다. 호돌이는

런던 올림픽을 상징하는 마스코트 웬록의 눈은 카메라 렌즈를 뜻한다. 이 렌즈를 통해 영국을 여행하는 여정을 검토하고 기록하자는 의미를 담고 있다.

1984년 발표됐는데 당시 미국의 켈로그사에서 자사의 토니를 표절했다고 주장했다. 색깔과 무늬가 비슷해 보이긴 하다. 이에 박세직 서울올림픽조직위원장이 직접 켈로그사까지 찾아가 회장을 만나서 설득했다는 일화가 전해진다. 정치 논란도 있었다. 2016년 11월 8일 SBS 뉴스에 따르면 박근혜 전 대통령은 2015년 10월에 진돗개를 평창 동계올림픽 공식 마스코트로 지시했다고 한다. 조양호 조직위원장은 박 전 대통령의 교체 지시를 받고 국제올림픽위원회를 설득하기 위해 비행기를 타고 스위스까지 갔다. 하지만 국제올림픽위원회 측은 "개고기를 먹는 나라에서 개를 마스코트로 하면 조롱거리가 될 수 있다."라는 이유를 들며 마스코트 변경을 거절한 것으로 알려졌다.

수호랑과 반다비는 2016년 6월에서야 비로소 완성됐다. 제품은 50일 뒤에 나왔고 애니메이션은 2개월 뒤에 완성됐다. 스마트폰 시대에 맞게 이모티콘도 제작됐다. 2017년 조직위 측은 "3월 3일 카카오톡을 통해 배포된 마스코트 이모티콘 12종이 동계스포츠

수호랑과 반다비 이모티콘

와 다양하고 귀여운 마스코트의 감정 표현이 합쳐져 큰 사랑을 받았다."라며 "지난 한 달 동안 7만여 건의 다운로드가 발생했고 다운로드 조건인 카카오톡 플러스 친구 추가로 4월 7일 기준 총 10만 5,000명의 친구(팔로워)를 보유하게 됐다."라고 밝혔다. 대회 기간 중 새롭게 배포된 이모티콘은 30만 건이나 다운로드됐다. 덕분에 우리는 다양한 감정을 가진 수호랑과 반다비를 만나볼 수 있게 됐다. 마스코트를 활용한 인형, 잡화, 의류, 문구, 식품 등 350여 종 이상의 제품도 개발됐다.

수호랑과 반다비 2세 탄생

2019년 수호랑과 반다비 2세가 태어났다는 소식이 들려왔다. 평창 동계올림픽의 추억을 간직한 사람들의 호기심을 자극하기에 충분한 기사였다. 강원도는 올림픽-패럴림픽 마스코트인 수호랑과 반다비를 강원도를 대표하는 상징물로 바꾸기 위해 노력했다. 하지만 국제올림픽위원회와 IPC(국제패럴림픽위원회)는 전례가 없다는

강원도를 대표하는 범이와 곰이 캐릭터

이유를 들어 불가 입장을 밝혔다. 이에 강원도는 수호랑과 반다비 2세가 태어났다는 스토리를 만들어 비슷한 캐릭터를 개발했다. 범이와 곰이가 그 주인공이다.

국내에서 큰 인기를 끈 드림웍스와 픽사의 애니메이션 전시회는 3가지를 메인 테마로 삼았다. 바로 캐릭터, 스토리, 월드다. 애니메이션 제작에 있어서 첫째로 '캐릭터'를 꼽은 건 캐릭터가 무기체에 생명을 불어넣는 가장 기초적인 작업이기 때문이다. 여기에 실제 세계보다 생생한 '스토리'가 더해지고 이러한 캐릭터와 스토리를 바탕으로 '월드', 즉 하나의 세계관이 완성되는 것이다. 이제 범이와 곰이에게 주어진 과제는 실제보다 더 생생한 그들만의 월드를 만들어가는 과정이다.

마스코트는 사전 붐업 수단으로 효과적이며 대회 종료 후에도 추억을 간직할 수 있도록 도와준다. 그런 면에서 마스코트는 대회의 시작이자 끝이라고 할 수 있다. 수호랑과 반다비의 성공을 계기로 스포츠 이벤트 현장에 마스코트가 적극적으로 활용될 것을 기대해본다.

올림픽 앰부시 마케팅은 위험하다

국제올림픽위원회의 라이선싱 수입은 해마다 증가하고 있다. 라이선싱 수입이 늘어날수록 조직위는 더 분주해진다. 조직위가 관리해야 할 대상 역시 늘어나기 때문이다. 평창 동계올림픽의 앰부시 관련 재미있는 사건이 있어서 소개한다. 앞서 언급한 바와 같이 초기 평창 롱패딩은 가성비를 앞세워 조기에 완판됐다. 이에 롱패딩 제작사로 알려진 신성통상은 롱패딩 완판 효과에 힘입어 매출이 오르고 주가가 급등세를 보였다. 특히 평창 롱패딩과 유사한 제품이 인기를 끌었다. 하지만 신성통상은 평창올림픽 후원 프로그램에 참여하지 않은 업체로 올림픽과 연계된 홍보 활동을 했다는 지적을 받았다. 2017년 11월 29일 평창동계올림픽조직위는 신성통상에 마케팅 관련 구두 경고 조처를 내린다.

염태순 신성통상 회장은 언론 인터뷰에서 평창 롱패딩 가격에

염태순 신성통산 회장

대해 "비정상적인 가격을 정상적인 가격으로 만든 것"이라고 강조하며 "생산 공정과 회사 이익을 줄이면 (저렴한 가격이) 충분히 가능하다."라고 주장했다. 신성통상은 공식 상품화권자로 선정된 롯데백화점에 물품을 납품했는데 납품 행위 외에 신성통상의 올림픽 연계 마케팅 활동은 앰부시 마케팅에 해당돼 엄격히 금지됐다. 다만 롯데는 올림픽과 공식 파트너 계약을 맺고 있었기 때문에 올림픽 연계 마케팅 활동이 가능했다. 만약 롯데가 공식 파트너 계약을 맺지 않고 공식 상품화권자 자격만을 갖고 있었다면 롯데는 신성통상과 마찬가지로 올림픽과 관련된 마케팅 활동을 할 수 없다.

일반인 관점에서 조직위와 신성통상의 관계는 다소 복잡해 보인다. 왜 이렇게 엄격한 제재를 하는 것일까? 평창 동계올림픽 공식 후원사는 5등급으로 나뉜다. 가장 높은 등급인 올림픽 파트너에는 코카콜라, 오메가, 피앤지 등이 있다. 다음 등급인 공식 파트너에는 맥도날드, 영원아웃도어(노스페이스), 롯데그룹 등이 있다. 공식 스폰서는 신세계푸드, CJ제일제당 등이다. 이 외에 공식 공급사와 공식 서포터로 분류된다. 후원 금액에 따라 등급이 나뉘고 등급별 마케팅 가능 범위가 달라진다. 후원 프로그램에 참여하지 않은 기업이 올림픽 상징물, 표어, 픽토그램, 음악 등을 조직위의 승인을 받지 않고 사용하는 경우 5년 이하의 징역 또는 5,000만 원 이하의 벌금을 내게 돼 있다.

올림픽 마케팅 규제가 다소 까다롭다는 지적이 있지만, 올림픽 후원 기업의 입장은 다르다. 평창 동계올림픽의 공식 스폰서가 되려면 150억~500억 원, 공식 파트너사가 되려면 500억 원 이상의 후원금을 내야 한다. 가장 높은 등급인 올림픽 파트너는 1조 이상의 후원금을 낸다. 그러다 보니 후원사 입장에선 해당 기간에 최대한 마케팅 효과를 거두는 게 중요하다.

경희대학교 스포츠산업대학원 이정학 교수는 "공식 후원업체는 거금을 들여 스폰서십 권리를 획득함으로써 비공식 업체보다 경쟁우위를 차지하고 있다. 월드컵이나 올림픽 같은 메가 스포츠 이벤트에서 비공식 업체가 교묘히 더 큰 이득을 얻는 것을 막기 위해 더욱 강력한 법적 제재가 필요하다."라고 강조했다.

신성통상과 관련된 해프닝은 올림픽 후원에 따른 권리 관계를 잘못 이해해서 발생한 문제다. 다소 야박하게 보일 수 있는 조치는 올림픽 생태계를 유지하는 데 굉장히 중요한 역할을 한다. 그러나 금기가 강해질수록 이를 넘고 싶은 욕구 또한 강해질 것이다. 결과야 어찌 됐건 이번 일을 계기로 신성통상은 평창 동계올림픽 앰부시 마케팅의 최대 수혜자가 됐고 제2의 신성통상을 꿈꾸는 기업이 나타날 것이기 때문이다.

슬램덩크와 에어조던 협업 효과는 폭발적이었다

만화 『슬램덩크』는 1990년대 폭발적인 인기를 끌었다. 일본뿐 아니라 한국, 대만, 홍콩, 중국, 태국, 베트남, 인도네시아 등에서 엄청난 인기를 누렸다. 『슬램덩크』는 1996년 연재가 종료되었는데 30여 년이 지난 지금까지 꾸준히 사랑받고 있는 만화다.

국내에서는 1997년 프로농구가 출범하면서 농구에 대한 인기가 최고조로 달아올랐다. 당시 마이클 조던을 중심으로 한 시카고

에어조던6를 묘사한 부분

에어조던1을 묘사한 부분. 『슬램덩크』에 등장하는 농구화 디테일은 대단하다.

불스와 MBC에서 방영한 「마지막 승부」 그리고 만화 『슬램덩크』가 대한민국 농구 붐을 일으킨 주역으로 평가받는다.

『슬램덩크』는 고등학생 주인공인 강백호가 농구를 배우며 성장하는 모습을 그리고 있다. 이노우에 다케히코 작가가 농구 선수 출신이어서 농구 경기가 세밀하게 묘사된 것이 특징이다. 작가는 캐릭터들이 신고 있는 농구화도 디테일하게 표현했는데 농구화 관련 에피소드도 많은 화제를 낳았다. 특히 주인공이 신고 있는 농구화가 구멍 나면서 새 농구화를 사는 장면은 독자들에게 많은 웃음을 선사했다. "중고품이니까 깎아줘요. 300원 어때요?"라며 산 첫 번

슬램덩크×나이키 컬렉션 제품은 나오자마자 완판됐다.

째 농구화가 에어조던6이다. 이후 신고 있는 농구화가 또 구멍 나면서 또 하나의 농구화를 샀는데 그게 마이클 조던의 전설이 시작된 에어조던1이다.

당시 신발 가게 점장은 "빨강과 검정. 북산의 색이다!!"라고 말했는데 이 신발은 국내에 강백호 신발로도 유명세를 탔다. 지금은 카네 웨스트나 지드래곤 같은 셀럽들이 착용하는 신발로서 구하기 매우 어려운 희귀 아이템이다. 이밖에 서태웅, 윤대협, 정대만 등 당시 캐릭터들이 신고 있는 농구화 디테일은 지금 다시 봐도 놀라울 따름이다. 참고로 서태웅은 에어조던5, 윤대협은 컨버스, 정대만은 아식스를 신었다. 당시 아식스는 정대만의 파브레 재팬을 실제 정대만 농구화라고 해서 판매하기도 했다.

2014년 10월 슬램 덕후들을 위해 나이키 에어조던 시리즈와 슬램덩크의 컬래버 컬렉션 제품이 한정판으로 출시됐다. 컬렉션의 풀 세트는 농구화를 기본으로 하고 티셔츠와 모자 등으로 구성됐다. 농구화는 2종으로 출시됐다. 하나는 강백호가 300원을 주고 처음 사 신었던 클래식 버전인 에어조던6 레트로 슬램덩크 모델이다. 색상은 강백호와 북산의 색인 빨간색이다. 만화의 한 장면을 그대로 카피해 제품 전체에 입힌 것이 특징이다. 발뒤꿈치 쪽에는 강백의 등번호 10을 자수로 새겨 넣었다. 그리고 가장 감동적인 대사인 "난 지금입니다Mine is now."라는 대사가 신발코 부분에 새겨져 있다. 나머지 하나는 조던슈퍼플라이3 모델이다. 동일하게 만화를 입혀 넣었는데 색상은 블랙이다. 개인적으로 "빨강과 검정……. 북산의 색이다!!"라는 대사를 떠올릴 수 있는 에어조던1을 베이스로 만들었다면 어땠을까 하는 아쉬움이 남는다. 조던슈퍼플라이3에 입힌 일러스트는 강백호의 뒷이야기를 그리고 있다. 그토록 기대하던 뒷이야기가 아주 조금이지만 2014년 농구화로 이어진 것이다. 티셔츠는 북산 팀명인 쇼호쿠SHOHOKU란 글씨가 새겨져 있고 역시나 북산의 색인 빨간색이다.

필자는 『슬램덩크』에 대한 향수를 가진 세대로 서태웅, 윤대협, 정대만이 신었던 농구화 역시 컬래버를 통해 재탄생했으면 좋겠다고 생각했다. 1990년대 『슬램덩크』를 보며 자란 세대가 이제 가장 구매력 높은 집단으로 성장했으니 계속해서 향수를 자극하는 제품을 내놓는 것도 괜찮은 전략이라고 생각한다. 공식적인 판매량에 대한 자료는 찾기 어렵지만, 일본에서는 슬램덩크×에어조던 컬렉션을 사기 위해 장사진을 쳤다는 보도가 나왔고 미국 나이키 매장 역시 250달러라는 다소 비싼 가격에도 불구하고 10초 만에 매진됐다고 한다. 우리나라 역시 두말할 나위 없다. 어찌 보면 진작 나이키와 슬램덩크의 컬래버 제품이 나왔어야 됐겠지만 이 둘의 컬래버 제품은 만화가 완결된 후 18년이나 지난 2014년에 출시됐다.

슬램덩크×몰텐 제품

『슬램덩크』의 인기를 활용한 제품 탄생은 여기서 그치지 않는다. 2018년 3월 『슬램덩크』는 또 한 번 컬래버를 하게 된다. 이번에는 국제농구연맹FIBA 공인구인 일본 스포츠 브랜드 몰텐과 짝을 맞췄다. 슬램덩크×몰텐 농구공은 『슬램덩크』의 또 다른 이야기에 초점을 맞췄다.

바로 『슬램덩크』의 무대가 된 1990년대 당시 일본 고등학교 전국대회에서 사용한 공식 시합구를 복각한 것이다. 표피는 당시의 공식 시합구와 같은 천연 피혁을 사용하여 질감을 재현했다. 표면에는 주인공 강백호가 산왕전에서 역전 결승골을 넣는 장면을 프린트해 넣었다. 이 장면은 클라이맥스 장면이었다. 이 컬래버 제품은 2017년 일본에서 먼저 소개돼 히트를 쳤는데 2018년 3월이 돼서야 국내에 그 소식이 널리 전해졌다.

컬래버레이션 마케팅collaboration marketing은 말 그대로 협업 마케팅이다. 협업이란 서로 돕는다는 사전적 의미가 있다. 마케팅에서 브랜드와 브랜드가 손을 잡고 새로운 제품을 출시하는 방식이다. 컬래버레이션의 장점은 각자 분야에서 전문성을 확보한 브랜드들이 협업한다는 점에서 신선한 느낌을 전달하고 이와 함께 제품에 관한 관심과 주목도를 높일 수 있다는 장점이 있다. 마케터는 1+1=2가 아니라 그 이상의 시너지를 창출하는 컬래버레이션의 무한한 잠재력에 관심을 둘 만하다.

이전까지 머천다이징 제품은 현실 스타를 기반으로 탄생했다. 특정 스타가 인기를 끌면 그에 따른 컬렉션이 대거 출시되는 방식이다. 에어조던 시리즈가 여기에 해당한다. 에어조던 시리즈는 미국 NBA의 전설적인 농구 선수 마이클 조던의 별명을 딴 운동화인데 현재까지 수많은 에어조던 시리즈를 내놓으며 대박 행진을 이어가고 있다. 『트렌드 코리아 2022』에서는 득템력gotcha power를 키워드로 선정했다. 값비싼 브랜드가 아니라 희귀한 아이템을 누가 얻느냐가 차별화 요소가 되었다. 『슬램덩크』와 나이키, 『슬램덩크』와 몰텐의 컬래버 사례는 『슬램덩크』라는 가상의 세계가 현실로 뛰어나온 것으로 상식의 경계를 뛰어넘는 재미를 선사하며 사람들의 이목을 끌고 있다.

미국프로농구는 스포츠를 패션으로 확대시켰다

스포츠 머천다이징 산업은 해당 종목이 인기를 끌면 관련 머천다이징 제품이 뒤를 이어 팔리는 구조다. 그런데 이 공식을 깬 사건이 국내에서 일어났다. 바로 미국프로농구 머천다이징 사업이다. 2013년 미국프로농구 글로벌 머천다이즈 그룹GMG, Global Merchandise Group이 이례적으로 우리나라를 찾았다. 매년 11월 뉴욕에서 모여 회의를 진행하던 관례를 깨고 서울을 방문했다. 미국프로농구 GMG 서밋 행사는 전 세계 미국프로농구 글로벌 머천다이즈 그룹의 주요 직원이 모여 지역별 미국프로농구 라이선싱 비즈니스 성공 사례를 발표하고 공유하는 시간을 갖는 자리다. 2013년은 한국 미국프로농구 머천다이징 사업이 전 세계에서 가장 성공한 사례로 선정됐다. 전 세계가 한국의 미국프로농구 머천다이징 시장을 주목한 것이다.

농구 인기가 떨어지는 현실에서 도대체 이런 일이 어떻게 가능했을까? 국내에서 농구 인기가 절정에 달았던 건 1990년대였다. 연세대, 고려대, 중앙대 등 대학 농구가 쟁쟁한 실업팀들을 꺾고 질주를 거듭하던 1993~1996년 농구대잔치 시절은 농구의 르네상스 시대를 열었다. 이 인기를 기반으로 1997년 프로농구가 출범한다. 여기에 미국프로농구에서 맹활약하던 마이클 조던, 농구 만화『슬램덩크』, 농구 드라마「마지막 승부」가 농구 인기를 이끌었다. 당시 우리나라는 그야말로 농구 열풍이었다.

현재 국내 프로농구 인기는 과거보다 많이 떨어진 상황이다. 국제경쟁력 약화, 외국인 선수 의존도 증가, 프랜차이즈 스타 부재 등 여러 가지 이유가 있다. 상황이 이러하다 보니 국내에서 미국프로농구 인기가 특별히 높은 것도 아니다. 미국프로농구는 한국 내 인기를 높이기 위해 2007년부터 길거리 페스티벌인 미국프로농구 매드니스Madness, 3 대 3 농구인 미국프로농구 3X 코리아, 글로벌 농구 캠프인 주니어 미국프로농구 등의 행사를 개최하며 한국 시장에 꾸준한 관심을 보였다. 하지만 이런 움직임이 단발성에 그치면서 기대 이하의 성과를 거뒀다. 국내에서 미국프로농구 인기는 마이클 조던이 은퇴하면서 더욱 시들해졌고 코비 브라이언트, 르브론 제임스, 스테픈 커리와 같은 대형 스타의 존재도 시들어버린 농구 인기에 불을 지피기엔 역부족으로 보인다.

그런데 국내 농구 인기와 무관하게 미국프로농구 머천다이징 사업은 우리나라에서 큰 성공을 거뒀다. 여기에는 MK트렌드(현 한세엠케이) 역할이 컸다. MK트렌드는 국내 캐주얼 의류 전문업체로서 TBJ, 앤듀, 버커루 등의 브랜드를 기반으로 성공했다. 탄탄한 유통망과 자금력을 확보한 MK트렌드는 2011년 미국 미국프로농구와 라이선싱 계약을 체결하며 미국프로농구 제품을 런칭하기에 이른다. 2013년에는 중국 시장에도 진출하여 안정적인 성장을 이어갔다.

MK트렌드가 미국프로농구 브랜드로 성공할 수 있었던 이유는 크게 다음과 같이 4가지를 꼽을 수 있다. 첫째, 구장이 아니라 매장을 통한 제품 판매이다. 현재 국내 스포츠 라이선싱 시장에서 상당수 제품은 조이포스, 스포팅21, FSSNL 등에서 만들고 있다. 이들이 만든 제품은 프로 스포츠 스타디움 주변에서 볼 수 있다. 주로 해당 팀과 관련된 모자, 유니폼, 머플러, 공, 응원 도구 등의 제품을 생산한다. 반면 MK트렌드는 미국프로농구 제품 출시 초기부터 구장이 아니라 서울 시내 주요 상권에 위치한 매장을 통해 제품을 판매했다. 패션 회사로서 구축한 탄탄한 유통망이 있었기에 가능한 일이었다. 제품이 구장에서 벗어나 매장으로 향한 덕분에 고객은 일상생활에서 더 쉽게 제품을 접하고 구매할 수 있게 됐다.

둘째, 패션 산업으로의 리포지셔닝이다. 통상적으로 스포츠 브

MK트렌드는 NBA를 패션으로 포지셔닝했다. 한중 동시 모델로 힙합 뮤지션 헤이즈(왼쪽)와 박재범(오른쪽)의 스웨그 넘치는 스타일의 2017년 S/S 화보를 공개했다. (출처: NBA)

랜드는 해당 종목 인기 스타를 메인 모델로 발탁한다. 나이키는 마이클 조던, 아디다스는 리오넬 메시, 언더아머는 스테픈 커리와 광고 계약을 맺는 식이다. 그런데 MK트렌드는 스포츠 제품이 아니라 패션 산업으로 리포지셔닝repositioning했다. 미국프로농구 브랜드 모델로 당대 최고 연예인과 아티스트를 선정했다. 2014년 송지효, 2015년 태양과 초아, 2016년 트와이스와 갓세븐, 2017년 박재범과 헤이즈를 광고모델로 발탁해 젊은 층을 공략하고 나섰다.

셋째, 해외시장 집중 공략이다. 중국에서 가장 인기 있는 스포츠를 딱 하나만 꼽으라면 농구를 들 수 있다. 미국프로농구에서 맹활약한 야오밍과 제러미 린과 같은 슈퍼스타 덕분에 중국 내 NBA 인기는 하늘을 찌른다. MK트렌드는 중국 내 미국프로농구 인기를 인지하고 중국 시장을 공략했고 현지에서 가장 인기 있는 한류스타와 계약을 맺었다.

2014년 MK트렌드는 당시 중국에서 인기를 끌던 SBS 예능프로

한류스타 송지효가 NBA 컬래버레이션 모자를 출시했다. 송지효는 상하이를 방문해서 NBA 팬 사인회를 가졌다. (출처: NBA)

그램 「런닝맨」의 고정 멤버인 배우 송지효와 광고 계약을 맺었다. 중국 내 송지효의 인기를 반영해 송지효와 미국프로농구 컬래버레이션 모자를 출시하며 큰 인기를 끌었다. 당시 한국의 미국프로농구 브랜드가 중국 시장에 진출한 일은 이례적이었다.

넷째, 지속적인 뮤직 페스티벌 개최이다. MK트렌드는 2013년부터 음악, 아트, 농구를 주제로 한 뮤직 페스티벌을 꾸준히 개최했다. 이름하여 '미국프로농구 버저 비트 페스티벌'이다.

장소는 매년 핫한 장소로 바꾸어서 진행하는데 2013년에는 성수동 대림창고에서 행사를 개최됐고 2015년에는 한일물류창고에서 행사가 개최됐다. 창고를 의외의 장소라고 생각하는 사람이 있을 수 있다. 하지만 창고로 쓰인 건 오래전 일이고 최근에는 패션쇼, 예술행사, 공연 등이 주기적으로 열리는 공간이었다. 이른바 업사이클링으로 재탄생한 힙한 장소에서 행사를 개최했다. 2016년부터 미국프로농구 버저 비트라는 이름으로 KBS 아레나에서 행사

많은 뮤지션이 참가하는 미국프로농구 버저 비트 페스티벌은 지속적으로 개최되고 있다.

를 진행했다. 2017년에는 미국프로농구 전속 모델인 박재범과 헤이즈를 비롯해 딘, 자이언티, 수란 등이 출연했다. 매년 행사에 참여하는 아티스트들이 점점 늘어나고 있다. 행사장에서는 스케이트보드, 타투, 슈팅 게임, 비디오 게임 등 부대행사가 함께 열린다. 실제 행사장에 가보면 힙하다는 느낌이 무엇인지 몸소 느낄 수 있을 것이다.

국내 시장에 미국프로농구 브랜드가 처음 런칭한 2011년을 떠올려보자. 미국프로농구 제품은 물론 미국프로농구 자체에 대한 대중의 관심 역시 크지 않았다. MK트렌드는 다양한 시도를 통해 이를 극복해나갔다. 구장이 아니라 매장에서 출발했고, 스포츠 제품이 아니라 패션 제품으로 리포지셔닝했으며, 적극적인 해외시장 진출과 더불어 주 타깃 층인 젊은 층에 어필할 수 있는 뮤직 페스티벌을 지속해서 개최했다. 이러한 노력으로 미국프로농구 머천다이징 제품은 기존 스포츠 제품과 차별화할 수 있었다. 모자와 티셔츠는 구장에서나 매장에서나 똑같은 모자와 티셔츠다. 결국 시장을 어떻게 인식하는지가 큰 차이를 만들었다.

　스포츠 단체가 머천다이징 사업을 스포츠 이벤트를 통해 부가 수익을 올리는 수단이 아닌 새로운 사업으로 인식할 때 또 하나의 시장을 발견할 수 있을 것이다.

3장

스포츠의 미래

4차 산업혁명과 팬데믹
그리고 미래

　2016년 3월 이세돌과 알파고 바둑 대결이 성사된 지 5년 뒤 2021년 1월 골프 여제 박세리와 인공지능 골퍼 엘드릭LDRIC이 대결했다. 엘드릭은 2016년 PGA투어 웨이스트 매니지먼트 피닉스오픈에 등장해 화제를 모았다. 피닉스오픈 16번홀은 일명 콜로세움홀로 다른 골프 대회와 달리 시끄러운 음악과 함성을 마음껏 지를 수 있다. 골프 마니아 사이에서 새로운 해방구로 통한다.

　엘드릭은 높이 2.1미터에 중량 136킬로그램의 진화형 스윙머신이다. 골프 장비 테스트와 선수들의 스윙 분석을 위해 개발됐다. 평균 드라이버 비거리가 274.32미터(약 300야드)에 이르는 파워에 5미터 이내 퍼팅 성공률이 60%인 정교함을 겸비했다. 풍속과 풍향을 읽고 스윙할 때 사람의 어깨 회전과 손목 동작을 그대로 재현하는 게 특징이다. 로리 매킬로이Rory McIlroy, 타이거 우즈, 브라이슨 디섐보Bryson DeChambeau와 같은 선수들의 샷을 재현할 수 있다. 레이더와 카메라를 통해 정확한 거리 계산도 가능하다. 엘드릭은 최종 스코어 2대 1로 승리했다.

MC 전현무는 "엘드릭은 인간과 대결하기 위해서 만들어진 것이 아니라 골프 교육용으로 제작된 것입니다. 슬럼프에 빠진 선수들이 자신을 복제한 인공지능을 보며 복기하고 슬럼프를 극복하려는 교육용으로 만들었습니다."라고 설명했다. 물리학자 김상욱은 "냉장고, 세탁기가 100년 전에 들어왔는데 당시 이 일은 수많은 하인이 했던 일이다. 어떻게 보면 직업을 잃어서 안타깝지만 가사 노동이 줄고 더 다양한 직업을 갖게 됐습니다."라고 말했다. 이어 "인공지능에 대한 막연한 두려움을 갖기보다 이번 기회를 통해서 좀 더 생각하고 논의해봅시다."라고 제안했다.

2014년 3월에는 세계랭킹 9위인 독일의 티모 볼Timo Boll 선수와 탁구 로봇 아길러스Agilus가 탁구 대결을 펼쳤다. 결과는 세계랭킹 9위 티모 볼이 2점 차로 승리했으나 아길러스 역시 완벽에 가까운 기량을 선보였다. 아길러스는 독일 최대 로봇 기업 쿠카KUKA가 제작한 산업용 로봇으로 인간의 팔을 연상케 한다. 탁구 라켓 표면에 탁구공을 정밀하게 컨트롤 할 수 있다. 야구, 배구, 펜싱 등에서는 아길러스와 같은 로봇 팔 장비를 도입해 훈련에 사용하고 있다. 이 밖에 우사인 볼트Usain Bolt보다 빠른 치타 로봇, 코트 전체를 돌아다니며 거의 모든 샷을 받아칠 수 있는 배드민턴 로봇도 등장했다.

1936년 대중은 베를린 올림픽을 TV로 시청하면서 경기장에 등장한 엄청난 크기의 카메라를 보며 새로운 시대가 왔음을 피부로 느꼈다. 80여 년이 지난 오늘날의 대중은 인간과 기계의 대결을 목격하며 인공지능과 같은 신기술이 어느덧 성큼 눈앞에 다가왔음을 절감한다. 인공지능 로봇은 단순히 기계가 아니라 빅데이터, 인공지능, 사물인터넷 등 최첨단 정보통신기술ICT이 융복합한 결과물이다. 스포츠는 인공지능과 같은 다양한 기술을 실현하는 장으로 4차 산업혁명 시대가 왔음을 알리는 첨병 역할을 하고 있다.

스포츠, 4차 산업혁명 시대와 만나다

'결국 아는 것이 우리에게 힘이며, 아는 것이 우리의 판단에 도움을 주고, 아는 것이 우리를 자유롭게 한다Because knowing empowers us. Knowing helps us decide. Knowing keeps us free.'

이 문장은 제53회 슈퍼볼에 등장한 『워싱턴 포스트』의 광고 문구다. 광고비만 100억 원이 넘었다.

4차 산업혁명이란 용어는 2016년 1월 다보스 포럼에서 클라우드 슈밥Klaus Schwab이 처음으로 사용했다. 이전 산업혁명과 달리 역사상 최초로 선제적 혁명을 선언했다는 점이 특이하다. 선제적이라는 단어에서 짐작할 수 있듯이 4차 산업혁명은 아직 그 존재가 정형화되지 않았다는 점에서 모호하다. 모호한 개념을 새로운 가능성의 스모킹 건으로 볼 것인가, 아니면 기술만능주의 산물로 볼 것인가에 대한 논란이 일고 있다. 확실한 건 4차 산업혁명이 기대감과 동시에 불안감을 내포하고 있다는 사실이다.

4차 산업혁명은 인공지능, 빅데이터, 사물인터넷, 가상·증강·혼합현실, 로봇공학, 드론, 3D프린팅, 합성생물학, 블록체인 등 수많은 신기술을 통해 알게 모르게 우리 삶에 침투해 크고 작은 변화를 일으키고 있다. 이전에 없던 새로운 기술이 등장한다기보다는 이미 나온 기술들이 결합하며 커다란 시너지를 일으킨다고 볼 수 있다. 이런 측면에서 4차 산업혁명의 핵심은 융복합이다. 지금까지 인간이 쉴 새 없이 쏟아낸 기술을 어떻게 조합하느냐에 따라 혁신이 이루어지는 것이다. 지금은 흔한 드론만 하더라도 위치추적시스템GPS, 항공역학, 통신, 배터리, 초소형 카메라 등 여러 가지 기술이 조합돼 탄생한 것이다. 드론은 사람이 가기 힘든 산악과 밀림 지역 등 다양한 환경에서 촬영이 가능하다. 처음에는 군사적 목적으로 만들어졌다. 하지만 이제는 다양한 산업 분야에서 적극적으로 도입돼 사용되고 있다. 특히 스포츠 분야에서 활용도가 높다.

2015년 6월 미국 워싱턴주 체임버스베이에서 개막한 US오픈은 드론을 사용한 최초의 골프 대회다. 당시 폭스스포츠가 기존 중계방송사인 CNBC와 차별화를 두기 위해 골프 대회에 드론을 도입했다. 이때까지 골프 중계 경력이 단 1회에 불과한 폭스스포츠는 드론 카메라를 사용해 더욱 입체적인 중계 화면을 라이브로 선보였다. 드론에 부착된 고화질 카메라는 항공뷰부터 코스 구석구석까지 다각도로 촬영이 가능했다. 특히 소형 모터카에 탑재된 드론 장비는 대회 내내 선수를 따라다니며 선수는 물론 볼 움직임까지 다각도로 촬영했다. 고작 드론 하나로 정적인 스포츠의 대명사인 골프가 역동적으로 변했다. 시청자들은 이전에 보지 못한 영상미에 이전 골프 대회에서 느끼지 못한 신선함을 느꼈다. 과거 항공뷰를 잡기 위해 활용된 방송용 크레인이나 비행선 애드벌룬은 서서히 발자취를 감췄다.

2016년 3월 전 세계인들에게 충격을 안겼던 알파고는 2018년 12월 알파제로 버전까지 진화했다. 그나마 상대적으로 인간적인 기풍을 풍겼던 알파고와 달리 알파제로는 인간의 수를 뛰어넘어

스스로 바둑 이론을 깨쳤다. 인간이 수천 년 동안 개발한 이론이 기계에게는 무의미했다. 알파제로는 바둑뿐만 아니라 체스와 쇼기까지 독학으로 섭렵했다. 구글은 알파고 제로를 끝으로 더 이상 인공지능을 활용한 바둑 머신을 개발하지 않겠다고 밝혔다. 이 외에도 2018년에는 테슬라의 오픈AI OpenAI가 5대 5 경기인 도타2에서 프로게이머를 꺾었다. 지난 몇 년간 인공지능 분야에서 혁신적인 알고리즘이 개발되며 스타2와 같은 게임 분야에서 인공지능이 인간을 이기기 시작했다. 기계가 인간을 뛰어넘는 성과를 내면서 4차 산업혁명에 대한 우려의 목소리 또한 커진다. 많은 스포츠 산업 종사자가 그다지 머지않은 미래에 자신의 직업이 사라지게 될까 봐 걱정한다. 웨어러블 기기, 인공지능, 빅데이터, 합성생물학 등의 기술이 발전됨에 따라 트레이너, 코치, 심판 등 수많은 사람들이 일자리를 잃을 처지에 놓였다.

　세계경제포럼WEF의 직업의 미래 보고서를 보면 인공지능과 로봇기술 발전에 따른 자동화 직무 대체는 2020년 전후에 시작될 것이라고 한다. 정보통신기술에 대한 맹신이 커지는 것도 문제다. 결국 4차 산업혁명 시대에는 인간이 스스로 가치를 확보하기 위해 인간다움이란 어떤 것인지에 대한 질문을 던지고 답을 찾으려는 과정을 통해 더 나은 방향으로 가기 위해 노력해야 한다. 올림픽에서 넘어진 선수를 일으켜 세우고 꼴찌로 들어오는 선수에게 박수를 보내고 난민 팀을 구성해 사회적 약자에 대한 경각심을 일깨우려는 노력은 4차 산업혁명에서도 더욱 빛을 발할 것이다. 이 과정에서 4차 산업혁명 기술이 인간다움을 바로 세울 수 있는 도구로 적절히 활용되길 바란다.

세계경제포럼이 4차 산업혁명의 변화에 대한 국가별 준비도에 대해 분석한 결과 우리나라는 35개 비교 국가 중 가장 부실한 국가로 나타났다.[28] 현대경제연구원은 2017년 국내 기업의 약 70%가 제대로 된 대응을 하지 못하고 있다고 보고했다.[29] 우리나라의 4차 산업혁명에 대한 인식과 준비는 미흡한 실정이다. 이러한 상황에서 스포츠는 4차 산업혁명의 물결 속에서 인간의 영역이 어디까지인가에 대한 사회적 논의와 합의를 끌어내는 데 중요한 역할을 할 것이다.

이 시점에서 '결국 아는 것이 우리에게 힘이고, 아는 것이 우리의 판단에 도움을 주고, 아는 것이 우리를 자유롭게 한다.'라는『워싱턴 포스트』의 슈퍼볼 광고 문구는 100억 원 이상의 가치가 있다.

디지털 트랜스포메이션이 스포츠를 덮치다

2019년 12월 12일 중국에서 처음 발생한 코로나19가 전 세계를 강타했다. 눈에 보이지 않는 바이러스로 인해 인류는 인간이란 존재가 얼마나 무기력한지 몸소 체험하고 있다. 수많은 사람이 죽거나 고립되고 많은 도시가 폐쇄됐다. 예기치 못한 급작스러운 변화로 어려운 상황에 빠진 많은 기업들이 코로나19를 극복하기 위한 돌파구로 '디지털 트랜스포메이션Digital Transformation'에 큰 관심을 보이면서 2020년 최대 화두로 떠올랐다. 포스트 코로나 시대를 맞이해 스포츠 현장에서 일어나는 변화를 살펴보기 전에 잠시 디지털 트랜스포메이션에 대해 알아보자.

디지털 트랜스포메이션이란 무엇인가? 여기서 트랜스포메이션은 변화를 뜻하는 트랜스trans와 형태를 뜻하는 폼form의 결합어로 '형태를 바꾼다'는 뜻이다. 디지털 트랜스포메이션에 대해 국내외 많은 기관과 전문가들이 정의를 내렸다.

'디지털 기술을 사회 전반에 적용하여 전통적인 사회 구조를 혁신시키는 것이다.' (출처: IT 용어사전)
'기업이 새로운 비즈니스 모델, 제품, 서비스를 창출하기 위해 디지털 역량을 활용함으로써 고객과 시장의 파괴적인 변화에 적응하거나 이를 추진하는 지속적인 프로세스이다.' (출처: IDC)
'기업이 보유한 전략적 자산에 대한 디지털 투자를 함으로써 경쟁우위를 확보하기 위한 것이다.' (출처: MIT Center for Digital Business and Capgemini Consulting)

이를 한마디로 정의하자면 '디지털 관점으로 산업 구조를 재편하는 것all things digital'이라고 말할 수 있다. 우리 사회는 이미 코로나19 이전부터 '기술 혁신', 즉 테크tech를 통해 디지털 패러다임 전환을 꾸준히 추진해왔다. 금융업에서는 핀테크Fintech, 바이오 산업에서는 바이오테크Biotech, 교육 산업에서는 에드테크Edtech가 바로 그것이다.

그렇다면 '기술 혁신'과 '디지털 트랜스포메이션'의 차이점은 무엇일까? 기술 혁신은 공장 생산라인, 마케팅, 회계 등의 분야에서 제한적으로 이루어지며 톱다운 방식으로 진행된다. 즉 특정 기술

부서나 전략팀 등에서 기업 운영 효율화, 상품 개선, 비용 절감 등 뚜렷한 목적을 바탕으로 기술 혁신이 추진된다. 반면 디지털 트랜스포메이션은 기업 경영 전반에서 광범위하게 이뤄지며 상호 다차원적 연결이 중요하다. 디지털적 사고와 관점이 사업부서와 현장 전반에 걸쳐 적용된다. 기술이 완전하지 않다는 전제를 바탕으로 재빠르게 실행하고 고쳐나가기를 반복하면서 기술 적용 대상이나 범위를 결정한다.

4차 산업혁명은 미래 산업을 이끌고 있는 인공지능, 빅데이터, 사물인터넷, 블록체인과 같은 핵심 기술을 중심으로 정치, 경제, 사회, 산업 전반에 대한 '총체적 변화'에 초점을 맞추고 있다. 하지만 디지털 트랜스포메이션은 디지털 패러다임에 따른 '기업의 경영 전략의 변화'에 중점을 둔다. 역사상 최초로 선제적으로 혁명을 선언한 4차 산업혁명과 1990년대 말부터 꾸준히 발전을 거듭해온 디지털 트랜스포메이션은 '총체적 변화'에 초점을 맞추든, '기업의 경영 전략의 변화'에 초점을 맞추든 결국 어떤 방식으로든 서로 연결돼 있다. 애플, 구글, 아마존, 테슬라와 같은 거대 기업의 경영 전략은 일개 기업의 변화에서 끝나는 것이 아니라 인류 삶의 총체적인 변화와 연관돼 있기 때문이다.

2022년 디지털 기술은 코로나19라는 최악의 상황을 맞아 우리 삶 전반에 엄청난 영향력을 행사하고 있다. 여기서는 코로나19가 스포츠 산업에 미친 영향과 변화를 다루기 전에 코로나19 이전부터 디지털 트랜스포메이션 전략으로 이미 디지털 시대를 개척한 대표적인 스포츠 기업 나이키와 언더아머 사례를 살펴보겠다.

먼저 디지털 트랜스포메이션 개념을 알아보자. 1990년대부터 등장한 인터넷 혁명에서 시작해 현재까지 3단계에 걸쳐 발전하고 있는 개념이다.

- 1단계: 1990년대 말 디지털 제품 출시와 인프라 기반 구축 단계다. 인터넷이 본격적으로 도입되기 시작하면서 음악, 엔터테인먼트 분야에서 디지털화 제품이 출시되고 서버, 네트워크 등 기업 내 기초적인 디지털 인프라를 구축한 시기다.
- 2단계: 2000년대 초 e커머스와 디지털 비즈니스 전략 단계다. 인터넷이 대중화되면서 인터넷을 기반으로 한 상거래와 기업 내 마케팅과 비즈니스 강화를 위해 디지털 비즈니스 전략을 적극적으로 추진했다.
- 3단계: 2010년 초 비즈니스 모델과 경영 전략의 디지털 트랜스포메이션 단계다. 모바일, 사물인터넷, 인공지능 등의 디지털 기술의 발전과 산업구조의 변화에 따라 기업의 조직, 프로세스, 전략, 비즈니스 모델 등 기업의 경영 전략의 모든 것을 디지털 트랜스포메이션으로 추진하고 있다.

나이키는 어떻게 디지털 트랜스포메이션했는가

코로나19로 대부분 오프라인 매장이 문을 닫았을 때 사람들은 전자 상거래로 몰려들었다. 이러한 상황에서 나이키는 디지털 공간에서 새로운 경험을 창출하고 고객 커뮤니케이션 활동을 강화했다. 나이키는 2016년부터 벨크Belk, 딜라즈Dillard's, 자포스Zappos를 비롯한 도소매업체와 관계를 끊기 시작했고 2017년 뉴욕, 런던, 상하이 등 세계 12개 주요 도시에 초대형 직영점을 내며 현지 유통업체 의존도를 줄여나갔다.

나이키는 2019년 세계 최대 온라인 쇼핑몰인 아마존에 '납품 중단'을 선언했는데 매출 절반 이상을 차지하던 온라인 쇼핑몰과 결별을 선언했다. 이들 쇼핑몰을 통해 제품 구매가 증가할수록 자사 채널 경쟁력이 약화된다고 판단했기 때문이다. 지금도 많은 전문가가 이러한 나이키 행보가 매우 현명한 조치였다고 평가한다. 나이키가 단기적으로 엄청난 매출 감소를 무릅쓰면서까지 이러한 조치를 한 배경에는 '고객 데이터 확보'가 있다.

혁신에 성공한 기업은 우리 고객이 누구인지 알고 싶다는 '강한 욕망'으로부터 출발했다는 공통점이 있다. 나이키는 자사 매장과 웹사이트를 통해 자신의 고객과 꾸준히 소통하며 고객 관련 데이터를 차곡차곡 쌓아갔다. 2020년 1분기 나이키는 모든 전문가의 예상을 깨고 엄청난 성과를 거뒀다. 나이키 의류 판매가 디지털 공간에서만 전년 같은 기간보다 83% 급증하며 코로나19로 인해 큰 피해를 본 오프라인 손실을 메웠다.

오늘날 나이키를 포함해 디지털 트랜스포메이션을 선도하는 기업은 일찍이 고객을 '집단' 차원이 아니라 '개인' 단위로 세분화하여 고객의 삶 속에 깊숙이 침투하기 위해 노력하고 있다. 지금부터 나이키가 디지털 트랜스포메이션 전략을 통해 어떻게 고객에게 다가섰는지 살펴보자.

디지털 세상을 이끌다

미국 비즈니스 월간지 『패스트컴퍼니Fast Company』는 2008년부터 매년 전 세계 기업을 대상으로 '50대 혁신 기업'을 선정한다. 2013년 세계 최고 혁신 기업으로 선정된 회사는 아이러니하게도 신발을 파는 나이키였다. 참고로, 나이키는 2021년 리테일 부분에서 2위를 차지했다. 1964년 일본에서 신발을 수입하며 성장한 나이키는 20세기 후반 마이클 조던, 타이거 우즈 등 스타 마케팅에 성공하며 세계 최대 스포츠용품 브랜드로 거듭난다. 스포츠용품과 같이 2차 산업의 상징인 리테일 산업에서 혁신을 이루어낸 나이키는 어떤 비결을 갖고 있을까? 그 비결의 중심에는 단연 디지털 트랜스포메이션 전략이 자리잡고 있다.

달리기 개념을 재정립하다

2006년 5월 첫 출시된 '나이키플러스Nike+' 제품은 애플의 아이팟 나노와 나이키플러스 센서가 결합한 나이키 신발이다. 나이키플러스 센서가 이용자의 발걸음을 측정해서 아이팟으로 전달하면 아이팟은 체중, 신장 등을 고려해서 달린 거리와 칼로리 등을 계산한다. 아이팟을 PC와 연결하면 웹상으로 개인 운동 기록이 동기화된다. 당시 나이키 본사에서 근무하는 거의 모든 사람이 아이팟을 갖고 있었다. 나이키는 직원 대부분이 조깅을 하면서 아이팟으로 음악을 듣는다는 것에 착안해 애플과 공동으로 제품을 기획했다. 달리기는 다른 종목에 비해 상대적으로 경쟁이나 목표달성을 통한 성취감이 약한 편이다.

그런데 나이키플러스 제품은 이러한 한계를 뛰어넘었다는 평이다. 나이키플러스 제품 출시 1년 뒤인 2007년 아이폰이 세상에 등장한다. 스마트폰이 새로운 일상으로 빠르게 자리 잡자 스포츠 관련 앱이 줄줄이 출시된다. 그중 눈에 띄는 앱은 달리기 거리, 속도, 칼로리 등을 측정해 앱에 탑재된 음성으로 코치 서비스를 제공하는 '런키퍼Runkeeper'와 이러한 기록을 친구들과 SNS상에서 공유할 수 있는 '엔도몬도Endomondo'였다. 특히 엔도몬도는 일일 활동, 운동, 수면 측정 전문업체인 핏빗Fitbit과 협력해 자체 스포츠 의류 브랜드를 런칭했다. 나이키는 디지털 기술을 앞세워 스포츠 시장을 노리는 인터넷 기업이 점점 많아지고 있다는 것을 깨달았다. 위기감을 느끼고 이때를 기점으로 디지털 트랜스포메이션에 박차를 가한다.

디지털 스포츠 부서를 신설하다

나이키는 운동화를 넘어 스포츠로, 스포츠를 넘어 IT기업으로 발돋움하기 위해 2010년 MIT, 애플 등에서 근무한 엔지니어 200명으로 구성된 독립적인 디지털스포츠 부서를 신설한다. 나이키는 디지털스포츠 부서 창립과 함께 디지털 경험을 최우선 과제로 삼았다. 이러한 배경에는 스마트폰 보급과 SNS의 급격한 성장세가 자리 잡고 있다. 2004년에 등장한 페이스북, 트위터와 같은 SNS로 인해 전 세계 고객의 라이프스타일이 디지털 중심으로 재편됐다. 디지털스포츠 부서는 디지털 신제품을 만들어내고 사내 다른 부서의 디지털 관련 활동을 지원하며 기업 핵심 역량을 디지털에 집중했다. 이렇게 나온 결과물이 2011년 내비게이션 회사 톰톰TomTom과 협업해 출시한 손목시계 '나이키플러스 스포츠워치 GPS'와

2012년 출시한 '나이키플러스 퓨얼밴드'였다. 특히 퓨얼밴드는 디지털스포츠 부서가 2년간의 연구개발 끝에 심혈을 기울여 탄생한 산물로 나이키 브랜드의 역사를 바꾼 농구화 에어조던과 비견되기도 했다.

디지털 스포츠 왕국을 꿈꾸다

나이키플러스 퓨얼밴드는 고객에게 나이키가 더 이상 운동화나 운동복만 만드는 곳이 아니라 IT 전문 기업이라는 인식을 심어주려는 야심작이었다. 이 제품은 손목밴드 하나로 자신이 원하는 하루 목표 활동량을 설정하고 일상생활에서 소모되는 칼로리를 확인할 수 있는 제품이다. 이전 나이키플러스 아이팟이 전문적으로 운동하는 사람을 타깃으로 삼았다면 퓨얼밴드는 운동하지 않는 사람까지 고객으로 확보하고자 했다.

퓨얼밴드는 이동한 거리, 칼로리 소비량, 걸음 수를 측정해 나이키퓨얼NikeFuel로 알려준다. 나이키퓨얼은 나이키만의 독특한 측정 데이터다. 성별이나 신체 타입에 따라 달라지는 칼로리 값과는 다르게 나이키퓨얼은 동일한 활동에 동일한 포인트를 부과한다. 그런데 나이키는 왜 새로운 에너지 측정 단위인 나이키퓨얼을 개발했을까?

시장조사업체 슈티펠 니콜라우스 앤드 컴퍼니Stifel, Nicolaus & Company의 짐 더피Jim Duffy 이사는 "나이키의 목표는 단지 퓨얼밴드를 파는 것이 아니라 고객 데이터베이스를 확보하는 것이며 이는 핵심 상품 영역의 수요를 늘리는 기반"이라고 설명했다. 나이키는 나이키퓨얼 포인트를 통해 고객 충성도를 높이고자 했으며 대대적으로 홍보했다. 농구 선수 르브론 제임스LeBron James와 테니스 선수 세리나 윌리엄스Serena Williams 등 최정상급 스포츠 스타를 퓨얼밴드 홍보대사로 내세웠다. 그러나 이러한 노력에도 불구하고 퓨얼밴드는 시장 점유율이 10% 정도 수준에 머물렀다. 2013년 11월에는 '나이키플러스 퓨얼밴드 SE'를 출시했지만 방수기능을 강화한 것과 별개로 변화 없는 디자인 때문에 시장에서 큰 호응을 얻지 못했다.

결국 퓨얼밴드 프로젝트는 실패로 끝났다. 실패한 원인으로는 2013~2014년 핏빗, 조본Jawbone, 미스핏Misfit 등을 중심으로 비슷한 제품이 다수 출시됐고 가격 또한 100달러 미만으로 저렴했기 때문이다. 2012년 퓨얼밴드 출시가격은 149달러였다. 뒤늦게 안드로이드 시장에 뛰어든 것도 문제점으로 꼽힌다. 당시 전 세계 스마트폰 운영체제 시장 점유율은 안드로이드가 iOS를 크게 앞섰는데 퓨얼밴드는 iOS만 지원했다. 2014년 7월부터 안드로이드를 지원했으나 그땐 이미 기다리던 사람들이 떠나고 없었다. 2014년 4월 주요 외신들은 나이키가 디지털스포츠 부서의 퓨얼밴드 하드웨어 팀 대부분을 해고했다고 보도했다. 당시 퓨얼밴드를 만드는 팀 70명 중 80% 인력이 해고됐다. 이후 나이키는 웨어러블 하드웨어 사업을 접고 소프트웨어 개발에 주력한다.

퓨얼밴드가 품었던 꿈은 2016년 9월 애플이 아이폰6를 공개하는 자리에서 실현됐다. 당시 애플워치2와 나이키의 컬래버 제품이 출시됐다. 애플과 전략적 제휴를 맺고 소프트웨어 시장을 강화하는 쪽을 선택한 것이다. 진입장벽이 낮은 웨어러블 디바이스 기기 시장은 삼성, 애플, 구글, 화웨이 등 글로벌 IT 기업들의 격전지가 됐다. 이러한 상황에서 나이키는 소프트웨어 시장에서 경쟁력 확보가 우선이라고 판단했다. 애플 CEO 팀 쿡Tim Cook이 2005년부터 나이키 사외이사로 활동한 것도 양사가 협력하는 데 한몫했다.

무형의 가치에 집중하다

나이키는 2010년 디지털스포츠 부서 신설을 시작으로 디지털 생태계를 구성하기 위해 다양한 앱을 출시했다. 2010년 애플 아이폰용 앱인 나이키플러스 GPS를 시작으로 2012년 나이키플러스 GPS를 나이키플러스 러닝으로 리뉴얼하며 안드로이드용 앱도 동시에 개발했다. 2013년 12월에는 나이키플러스 트레이닝 클럽 앱을 출시했다. 피트니스 클럽의 개인 트레이너와 같은 개념으로 이용자에게 맞는 맞춤형 운동 프로그램을 제공하고 동기를 부여하는 앱이다. 이용자는 기본 운동 프로그램을 소화하고 본인에게 부족한 운동 프로그램을 추가로 선택할 수 있다. 특히 샤라포바, 메시, 호날두 같은 세계적인 스포츠 스타의 트레이닝 프로그램을 경험할 수 있다는 점이 매력적이었다.

2014년 6월에는 나이키 런 클럽 앱을 출시했다. 나이키 런 클럽은 달리기 경로와 더불어 함께 달릴 동호인을 소개하는 것이 특징이다. 달리기를 통해 특별한 감정을 공유하는 소셜네트워크 기능을 강화했다. 입문자부터 상급자까지 단계별로 세분화하여 참가자 수준에 맞는 맞춤형 러닝 프로그램을 제공한 것이 특징이다. 2014년 7월에는 나이키 축구 앱을 출시했다. 나이키의 최신 축구 제품을 소개하는 것은 물론 나이키 축구 이벤트 참여 기회와 세계적인 축구 스타들의 비하인드 스토리와 인터뷰, 라이브 채팅 기회를 제공했다. 2015년 2월에는 나이키 스니커즈 앱을 출시했다.

나이키 마니아들을 위해 만든 앱으로 한정판 운동화만 판매한다. 나이키 스니커즈 앱은 2019년 나이키 온라인 매출액 중 약 20%를 차지할 정도로 인기를 끌고 있다. 2019년 7월에는 나이키 핏 앱 서비스를 출시했다. 나이키 모바일 앱에 들어가 카메라로 자신의 발을 촬영하면 발 사이즈를 자동으로 인식해 신발 사이즈를 찾아준다. 머신러닝, 인공지능, 추천 알고리즘 등 디지털 기술이 함축된 기능이다. 이제 고객들은 자신에게 딱 맞는 신발을 신고 다닐 수 있게 됐다. 이렇게 디지털 기술이 나이키 브랜드에 자연스럽게 녹아들어 있다.

2020년 코로나19로 인해 많은 피트니스 센터들이 문을 닫았다. 사회적 거리 두기로 인해 사람 간 접촉이 어려워지자 다운독Down Dog, 클래스패스Classpass, 데일리번Daily Burn 등 홈트레이닝 관련 앱이 급성장했다. 나이키는 코로나19로 운동량이 부족한 사람들을 위해 나이키 트레이닝 클럽에서 제공하는 유료 프리미엄 영상인 '나이키 트레이닝'을 일시적으로 무료로 제공했다. 2021년 나이키는 NbG(Nothing but Gold) 앱을 베타 서비스했다. 스포츠와 스타일에 관심이 많은 Z세대를 겨냥한 패션 정보 커뮤니티 앱이다. 나이키 제품으로 스타일링한 사진을 보고 '좋아요'를 누르며 소통하는 건 물론이고 태그된 상품을 누르면 바로 구매로 이어진다. 최근 인스타그램에서 커머스 활동이 활발해지자 이를 겨냥한 것으로 보인다. 참고로, 인스타그램은 2020년 8월 인스타그램에 쇼핑 기능을 추가했다.

D2C 전략으로 직접 고객과 마주하다

2017년 나이키는 디지털 대전환의 시기를 맞아 고객 중심의 혁신 전략을 강화하기 위해 소비자 직접 공략Consumer Direct Offense 전략을 발표한다. 디지털 기반으로 고객과 직접 소통하며 제품 기획, 생산, 피드백 등을 2배 이상 가속화한다는 전략이다. 특히 기존 제품 생산 주기를 절반으로 단축해 고객이 원하는 제품 출시를 앞당겨 패스트패션을 강화하고 나이키의 온오프라인 채널을 통합적으로 연결해 고객에게 더욱 나은 경험을 제공하는 것을 목표로 하고 있다. 2019년 나이키는 디지털 판매 확대를 목표로 인공지능 스타트업 셀렉트Celect를 인수했다. 아마존처럼 고객 행동 패턴을 분석하고 효율적인 재고 관리에 나서겠다는 전략이다. 2013년 설립된 셀렉트는 데이터 과학과 소프트웨어 엔지니어링 분야 전문업체다. 공동창업자 모두 MIT 교수 출신이다. 셀렉트는 클라우드 기반 서비스를 제공하는데 셀렉트 엔진이라는 예측 알고리즘을 통해 고객 데이터를 분석하고 해당 기업이 소비자 수요에 선제적으로 대응해 재고 관리를 원활하게 할 수 있도록 돕는다. 2018년 3월 나이키는 고객 행동 분석과 개인화 마케팅 활동 역량을 강화하기 위해 데이터 분석 회사 조디악Zodiac을 인수했고 4월에는 3D머신러닝을 활용해 맞춤형 신발을 제작할 수 있는 인버텍스Invertex를 인수했다. 나이키는 2012년 홀세일 채널과 D2C 채널 비중이 각각 84%, 15%였으나 2018년에는 각각 70%, 30%로 그 격차가 현저히 줄었다. 2017년 기준 D2C 판매는 110억 달러로 전체 매출의 32%를 차지했고 2019년에는 391억 달러를 기록했다.

아마존에서 나이키 제품을 팔지 않는다

2019년 11월 나이키는 아마존에서 나이키 제품 판매를 중단했다. 나이키 D2C 전략을 보여주는 상징적 사건이다. 나이키는 고객들에게 직접 판매하는 방식을 강화하고 나서면서 중간 유통망을 줄이기 시작했다. 대신 나이키다운 브랜드 품격을 보여줄 수 있는 유통 중심으로 재편하는 전략을 세웠다. 나이키 전용 전시 판매가 가능한 노드스트롬Nordstrom과 풋 로커Foot Locker 등과는 지속적인 관계를 유지하며 오히려 관계를 강화하고 있다.

"우리가 하고 싶은 것은 모든 유통이 상품 판매에서 경험으로 옮겨가고 있는 트렌드에 제대로 대응하는 것입니다."

나이키 글로벌 매장 총괄 수석 크리에이티브 디렉터인 앤디 테머트Andy Thaemert가 한 말이다. 나이키는 오프라인 직매장에서 더욱 혁신적인 고객 경험을 제공할 수 있도록 다양한 매장 포맷을 시도한다. 대표적인 예가 플래그십 스토어인 나이키 라이브 스토어Nike Live Store와 하우스 오브 이노베이션The House of Innovation이다. 나이키 앱의 이용자 정보를 기반으로 지역 내 소비자들에게 적합한 제품과 서비스를 제공하는 것이 목표다. 디지털 기술을 활용해 상품 탐색, 스타일링, 구매, 배달에 이르기까지 나이키 제품 경험을 한 단계 업그레이드하고 있다.

- 나이키 라이브 스토어: 2018년 나이키가 LA 서부 멜로즈 거리에 연 새로운 콘셉트의 매장이다. 나이키 웹사이트(nike.com)의 베스트셀링 상품을 전시하고 LA 특성을 반영한 전용 상품을 출시한다. 지역 내 인기 제품 중심으로 매장 상품을 구성하고 마

케팅 활동을 하고 있다. 스토어 내 다이내믹 피트 존에서 전문가로부터 제품과 스타일링에 대한 여러 가지 조언을 들을 수 있다.

- 하우스 오브 이노베이션: 플래그십 매장으로 애플 스토어만큼 혁신적인 미래형 매장이다. 최근 전 세계 주요 대도시에 차례로 매장을 열고 있다. 상하이, 뉴욕, 파리 등에 매장이 있다. 매장 내 나이키 아레나에 위치한 커스터마이징 바에서는 자신이 원하는 운동화 스타일 또는 DIY를 통해 제품을 직접 만들 수 있다. 원하는 운동화 또는 끈 색상이나 재질 등 덧붙이고 싶은 소재를 마음대로 고를 수 있다. 다양한 나이키 엠블럼과 스우시도 볼 수 있다. 마네킹이 착용한 제품이 마음에 든다면 QR코드를 스캔해 각 제품의 정보를 확인할 수 있다. 스캔 투 트라이 scan to try 서비스를 통해 자신에게 맞는 사이즈의 재고를 확인하거나 선택 상품을 피팅룸으로 보내달라고 요청할 수도 있다. 착용해보고 싶은 제품을 가상 장바구니에 담아 놓고 피팅 준비를 마치면 피팅룸으로 제품이 배달되는 방식이다. 계산대에서 길게 줄을 서지 않아도 된다. 모바일 체크아웃 서비스를 활용하면 바로 결제가 가능하다. 이 모든 기능이 나이키 모바일 앱을 통해 구현된다. 스타벅스가 스타벅스 앱을 통해 고객의 행동 패턴을 분석하는 것처럼 나이키 역시 나이키 앱을 통해 고객 성향을 직접 파악하고 나선 것이다.

"우린 오프라인 매장에서도 모바일처럼 개인적이고 반응적이며 쉽고 빠른 쇼핑 경험을 제공할 방법에 대해 항상 스스로 되묻는다."

나이키의 하이디 오닐Heidi O'Neil 소비자/시장 담당 사장은 온오프라인 연계를 기반으로 한 고객 경험의 중요성을 말했다. 나이키는 데이터 기반 맞춤형 서비스를 제공하기 위해 2018년 11월 회원제 앱으로 개선한 후 1억 4,000만 명 이상의 회원을 확보했다. 블룸버그 보고서에 따르면, 나이키플러스 회원은 나이키 웹사이트 이용자보다 3배나 더 많이 쇼핑하고 있다고 한다.

나이키와 같은 리테일 기업이 어떻게 진화하는지 지켜보는 일은 전통적인 IT 기업과는 또 다른 영감을 얻을 수 있다. 디지털 기술을 등에 업은 미래 나이키는 어떤 모습일까? 미래 나이키는 데이터 기업이 될 수도 있고, 헬스케어 기업이 될 수도 있고, 미디어 기업이 될 수도 있고, 엔터테인먼트 기업이 될 수도 있다. 디지털 시대와 4차 산업혁명을 맞이한 나이키가 앞으로 어떻게 진화할지 지켜보자.

언더아머는 어떻게 디지털 트랜스포메이션했는가

2017년 1월 언더아머 CEO 케빈 플랭크Kevin Plank가 미국 라스베이거스에서 열린 국제전자제품박람회CES에서 기조연설을 했다. 스포츠용품업체가 국제전자제품박람회CES에서 기조연설을 한다는 건 이례적인 일이었다. 당시 케빈 플랭크는 자사 제품을 통해 구현되는 인공지능, 사물인터넷 등의 기술이 운동 실력 향상에 어떤 도움을 주는지, 그로 인해 대중의 라이프스타일에 어떤 변화가 생길 것인지에 대해 발표했다. 언더아머는 이 일을 계기로 디지털 트랜스포메이션을 선도하는 기업으로 부각됐다. 케빈 플랭크는 수년간 국제전자제품박람회CES에 참여해오면서 삼성, 엘지, 소니와 같은 기업들이 만들어낸 다양한 디지털 제품을 보고 매료됐다. 그는 로고만으로 차별화되는 뻔한 제조업이 되기를 거부하고 모든 제품에 혁신이 접목되길 원했다.

그래서 회사 임원에게 셔츠를 건네면서 이렇게 말했다. "이 셔츠를 디지털화해 보시오!" 하지만 케빈 플랭크 역시도 그게 무슨 뜻인지 잘 몰랐다. 다만 디지털 기술을 통해서 데이터를 얻고 더 많은 데이터를 운동선수에게 제공할 수 있으리라는 것은 알았다. 실제 언더아머는 신발과 의류에 디지털 요소를 가미한 제품을 꾸준히 출시하고 있다. 2019년에는 삼성과 협업해 갤럭시워치 언더아머 에디션을 출시하기도 했다. 최근 언더아머는 과거 화려한 성장세를 뒤로하고 하락세를 걷고 있다. 2020년 1월 창업자인 케빈 플랭크가 23년 만에 일선에서 물러나고 새로운 CEO 패트릭 프리스크Patrik Frisk를 임명하면서 언더아머다운 명성을 되찾기 위해 노력 중이다. 언더아머의 디지털 트랜스포메이션에 대해 본격적으로 다루기 전에 성장 스토리에 대해 살펴보겠다. 결국 디지털 트랜스포메이션도 변화를 통해 위기를 극복하고 지속가능한 성장 모델을 만들고자 하는 시도의 일환이기 때문이다.

신발이 아니라 기능성 속옷에 집중하다

언더아머는 언더독underdog[30] 전략으로 성공한 대표적인 스포츠 브랜드다. 메릴랜드 대학교 미식축구부 주장이었던 케빈 플랭크는 할머니 집 지하실에서 우연히 발견한 여성 속옷용 천이 가볍고

땀에 젖지 않는다는 것을 발견하고 운동선수를 위한 기능성 셔츠를 만들었다. 브랜드명 언더아머는 선수들이 경기에 나갈 때 '안에under 입는 갑옷amour'이라는 의미를 담았다.

스포츠용품 시장은 크게 의류와 신발 두 분야로 나뉜다. 나이키와 아디다스가 신발에 주로 초점을 맞추었다면 언더아머는 의류 중에서도 '이너웨어'에 집중했다. 언더아머 이전에는 사람들이 운동할 때 이너웨어에 크게 신경 쓰지 않았다. 이너웨어는 피부에 직접 닿기 때문에 소재에 민감한 분야다. 케빈 플랭크는 이 점에 착안해 이너웨어라는 새로운 시장을 개척하며 성장한다. 언더아머가 세계적으로 가장 크게 주목받은 사건이 있다. 바로 2014년에 약 27억 달러 매출을 기록하며 약 24억 달러 매출을 기록한 아디다스를 제친 일이었다. 당시 언더아머는 나이키에 이어 미국 시장 2위 스포츠용품사로 등극한다. 설립 후 26분기 연속 20% 이상 급성장을 달리기도 했다. 언더아머는 1996년에 창업했다. 아디다스가 1949년, 나이키가 1972년에 창업했다는 점을 고려한다면 오늘날 언더아머가 이룬 성과가 얼마나 대단한지 알 수 있다. 언더아머는 2011년 한국 시장에 진출했다.

언더아머 최소 7억 1,000만 달러 들여 맵마이피트니스 인수

2012년 경쟁사인 나이키가 퓨얼밴드를 출시하면서 언더아머 역시 독자적인 웨어러블 기기 시장에 큰 관심을 두기 시작한다. 언더아머는 5개 대륙 13개 외부 파트너와 협업을 추진했다. 이 과정에서 피트니스 이용자들끼리 커뮤니티를 구축하는 것이 더 중요하다는 결론에 이른다. 2013년 11월 언더아머는 맵마이피트니스MapMyFitness를 1억 5,000만 달러(약 183억 원)에 인수한다. 맵마이피트니스는 지도를 통해 이용자의 운동량을 추적하고 관리하고 피드백을 받아서 성과를 측정하는 앱이다. 케빈 플랭크는 인수 이전부터 맵마이피트니스를 이용해왔다고 전했다. 인수 당시 맵마이피트니스는 2,000만 명이 이용하고 있었다. 언더아머는 맵마이피트니스 인수 후 나이키가 운영하는 나이키플러스의 이용자 1,800만 명을 넘어서는 커뮤니티를 확보하게 됐다고 발표했다. 그런데 미국 회사인 맵마이피트니스는 이용자 대부분이 미국에 치우쳐 있었다. 적극적인 해외 진출을 모색하는 시점에 더 많은 해외 이용자 확보가 필요했다.

엔도몬도와 마이피트니스팔 인수

언더아머는 2015년 2월 엔도몬도와 마이피트니스팔MyFitnessPal을 각각 8,500만 달러(약 104억)와 4억 7,500만 달러(약 580억)에 인수했다. 2007년 덴마크에 설립된 엔도몬도는 달리기, 사이클, 걷기, 트레이닝을 관리하는 앱을 출시했다. 엔도몬드 앱 2,000만 명의 이용자 중 82%가 유럽에 기반을 두고 있기 때문에 해외로 진출하려는 언더아머의 목표에 부합했다. 2005년에 설립된 마이피트니스팔은 건강, 다이어트 관리 앱을 출시했다. 칼로리, 영양소 분석을 통해 개인 맞춤형 식단 정보를 제공한다. 인수 당시 약 8,000만 명의 이용자를 보유하고 있었다. 언더아머는 위 세 회사를 인수함으로써 단숨에 약 1억 2,000만 명의 데이터를 확보하게 된다.

2015년 7월 그리트니스 인수

2015년에는 그리트니스Gritness를 인수한다. 그리트니스는 함께 운동할 사람들을 찾도록 도와주는 스포츠 동호인 매칭 앱이다. 그리트니스 인수로 언더아머가 피트니스 이용자들의 커뮤니티를 구축에 얼마나 큰 공을 들이고 있는지 짐작할 수 있다. 인수 가격은 공개되지 않았다.

'UA레코드' 앱을 출시하다

2015년 1월 언더아머는 국제전자제품박람회CES에서 'UA레코드'라는 독자적인 플랫폼 앱을 발표한다. 자사 고객들에게 맞춤형 제품과 서비스를 제공할 수 있는 환경을 마련하고자 2013년 11월에 인수한 맵마이피트니스와 2015년 2월과 7월에 인수할 예정이었던 엔도몬도, 마이피트니스팔, 그리트니스 4개 앱을 통합적으로 운영하려는 계획을 세웠다.

2016년 1월 언더아머는 헬스케어 앱 UA레코드에 IBM의 왓슨 기술을 적용했다고 밝혔다. 현재 UA레코드는 약 1억 8,000만 명에 달하는 회원들의 영양 상태, 심리, 체력, 라이프스타일 등을 분석해주고 있다. 사용자가 나이와 신체조건을 입력하면 그 나이대의 신체조건이 유사한 사람들의 운동량, 영양, 건강 상태 등을 분석해 맞춤형 헬스케어 프로그램을 계획해준다. 언더아머가 맵마이피트니스, 마이피트니스팔, 엔도몬도, 그리트니스를 잇따라 인수하며 단기간 내 많은 이용자를 확보한 것과 달리 나이키는 전통적인 스포츠 시장 강자답게 독자적인 앱 개발로 고객들을 끌어모았다. 앞서 언급했듯이 나이키는 2010년 디지털스포츠 부서 신설을 시작으로 디지털 생태계를 구성하기 위해 다양한 앱을 출시했다.

참고로 아디다스는 2015년 8월 8,000만 명이 이용 중인 피트니스 앱 런타스틱Runtastic을 2억 4,000만 달러(약 2,800억 원)에 인수했다. 일본 스포츠 브랜드 아식스 역시 2016년 2월 전 세계적으로

3,300만 명에 달하는 이용자를 확보하고 있는 인기 피트니스 앱 런키퍼Runkeeper를 인수했다. 인수 가격은 공개되지 않았다. 나이키와 언더아머가 디지털 생태계를 구축하며 변화에 적응하기 위해 노력하는 사이 세계 굴지의 스포츠 기업들 역시 뒤처지지 않기 위해 디지털 플랫폼 구축에 열을 올리고 있는 형세다.

디지털 피트니스 플랫폼 비전을 제시하다

2017년 국제전자제품박람회CES에서 기조연설을 할 당시 케빈 플랭크는 "스포츠와 IT가 어떻게 결합할 수 있는가?"라는 주제를 통해 디지털 피트니스 플랫폼에 대한 비전을 제시했다. 더 많은 데이터를 가질수록 더 좋은 결정을 내릴 수 있다고 믿는 언더아머는 새로운 데이터 플랫폼을 구상하고 설계하는 기술 파트너로 SAP를 선택했다. SAP는 클라우드 서비스를 바탕으로 고객 데이터를 전문적으로 분석하는 기업이다. 이 자리에서 언더아머는 데이터 플랫폼 '매스 하우스Math House'를 소개했다. 이 플랫폼을 통해 26억 건의 운동 기록, 1,000만 건의 온오프라인 판매 자료, 96억 건의 식이 패턴 데이터 등을 수집하고 분석해 고객별 맞춤 제안은 물론 신제품 기획에 이르기까지 폭넓게 활용한다고 발표했다.

케빈 플랭크는 "데이터는 언더아머의 새로운 에너지원입니다. 이것이 언더아머 변혁의 핵심입니다."라고 말했다. 언더아머는 이 자리에서 스마트 러닝화 3종류와 스마트 잠옷을 공개했다. 스마트 러닝화는 UA 스피드폼 제미니3, UA 스피드폼 벨로시티, UA 스피드폼 유로파 등 3종류로 신발 밑창에 디지털 센서가 장착돼 있어 착용자의 근육 피로 상태 등을 모니터링한다. 2016년 런칭한 첫 번째 스마트 풋웨어 제미니2 성공에 힘입어 개발됐다. 이들 러닝화는 언더아머의 모바일 앱인 '맵마이런Map My Run'과 연결해 사용할 수 있다. 신발에 내장된 센서는 종전의 맵마이런 앱을 한층 더 업그레이드하는 역할을 한다. 이 센서는 이용자에 대한 상세한 정보를 제공하는데 발이 땅에 닿는 횟수, 실시간 페이스 정보, 풋웨어 라이프타임 마일리지 등이 그것이다.

언더아머는 경쟁사인 나이키보다 더 상세한 러닝 정보를 제공하는 것이 특징이다. 스마트 잠옷은 겉보기엔 평범한 내의 같지만 원단 안쪽에 바이오 세라믹 기술을 적용한 패턴이 숙면을 돕도록 설계됐다. 패턴 속 바이오 세라믹 입자가 신체에서 발산되는 적외선 파장을 흡수하고 원적외선을 생성해 신진대사를 촉진함으로써 자는 동안 피로가 해소되게 하는 원리다. UA레코드 앱과 연동해 수면 상태도 분석할 수 있다. 잠옷 외에도 티셔츠, 조거 팬츠, 반바지 등이 출시됐다.

CEO 리스크로 부진의 늪에 빠지다

연일 폭발적인 성장을 거두며 언더독 성공 스토리의 대명사가 된 언더아머는 2017년 4월 말 실적 발표에서 사상 처음으로 분기 손실을 기록했다. 2017년은 NBA 최고 스타이자 언더아머 광고모델인 스테픈 커리가 이끄는 골든스테이트팀이 NBA 파이널에서 우승을 차지한 해였다. 스테픈 커리가 시즌 내내 최고의 활약을 펼친 것과 대조적으로 2017년 1분기 언더아머의 스포츠화 판매는 겨우 2% 증가했다. 2016년 1분기에 64% 증가한 것과 대조적이다. 2017년 2월 CNBC와의 인터뷰에서 케빈 플랭크의 트럼프 지지 발언이 브랜드 이미지 실추의 직접적인 원인이 됐다는 의견이 지배적이다. 스테픈 커리, 미스티 코플랜드Misty Copeland, 드웨인 존슨Dwayne Johnson을 포함해 언더아머 후원을 받는 선수들조차 케빈 블랭크 견해를 반박하고 나섰다. 당시 언더아머의 주식은 급락했다.

많은 전문가는 언더아머가 오직 퍼포먼스에 집중해 스포츠 패션(애슬레저 룩[31])의 수요 증가에 대비하지 않았다는 사실을 지적했다. 같은 시기 아디다스의 선전이 눈에 띈다. 아디다스는 카녜 웨스트, 퍼럴 윌리엄스Pharrell Williams와 같은 아티스트들과 공동작업을 통해 아디다스 제품을 패션 상품의 반열에 올려놓았다. 급기야 언더아머 총매출은 2018년 51억 9,300만 달러에 그쳤다. 푸마는 같은 기간 51억 6,000만 달러를 기록했다. 당시 『포브스』가 조사한 브랜드 가치는 언더아머가 35억 달러이고 푸마가 40억 달러로 역전됐다. 언더아머는 나이키, 아디다스에 이어 3위 자리를 놓고 경쟁하는 처지가 됐다. 투자자들은 창업주인 케빈 플랭크가 언더아머에 집중하기보다 그의 가족 회사인 플랭크 인더스트리, 위스키 양조장, 호텔 등 다른 곳으로 눈을 돌린 것을 부진의 원인으로 꼽았다.

언더아머–삼성 맞불 작전을 펼치다

2016년 나이키는 애플과의 협업 제품인 애플워치 나이키플러스 제품을 발표했다. 2019년 10월 언더아머는 삼성전자와 협력하며 갤럭시 워치 액티브2 언더아머 에디션을 발표한다. 이 제품은 달리기를 즐기는 이용자를 위해 가벼운 알루미늄 소재로 제작됐다. 여기에 언더아머 전용 스트랩과 언더아머 전용 워치 페이스로 고객의 시선을 끌었다. 달리기 목표 설정과 달성을 도와주는 언더아머 코칭 프로그램 '맵 마이 런Map My Run'의 MVP 서비스도 6개월간 무료로 제공됐다. 삼성전자와 언더아머가 애플과 나이키 연합 전선에 대응하는 모양새를 띠면서 스마트 웨어러블 시장에서 더욱 치열한 공방이 이어질 것으로 예상된다. 현재 언더아머는 러닝화 호버 마키나와 첨단 소재를 활용한 스포츠 의류 러쉬 등 디지털 기술을 접목한 제품을 지속해서 출시하고 있다.

언더아머 브랜드 재정립에 집중하다

2020년 1월 언더아머의 새로운 CEO로 임명된 패트릭 프리스크는 신발 판매 회사 알도그룹과 수십 개의 패션브랜드를 갖고 있는 VF코퍼레이션의 노스페이스, 팀버랜드, 반스 등에서 30여 년간 리테일 경력을 쌓은 인물이다. 언더아머는 의류 전문 경영인을 선임함으로써 브랜드 철학과 가치를 되살리기 위해 집중하고 있다. 비슷한 시기에 나이키는 이베이와 페이팔을 거친 IT 전문가 존 도나호John Donahoe를 CEO로 선임한다. 나이키의 도나호 영입은 디지털 트랜스포메이션을 가속화하려는 포석으로 보인다. 나이키가 스포츠용품 전문가가 아니라 IT 전문가를 선임한 이유로 스타벅스 사례를 참고했을 것이라는 이야기가 나왔다. 스타벅스는 2016년 케빈 존슨을 CEO로 임명했다. 존슨은 마이크로소프트, 주니퍼 네트웍스 등에서 일한 IT 전문가다. 케빈 존슨 취임 이후 스타벅스는 스타벅스 앱, 배송 서비스, 블록체인 기술 등을 도입해 큰 성공을 거뒀고 주가가 약 40% 이상 올랐다.

2020년 언더아머는 의류 전문 경영인을 CEO를 선택했고 나이키는 스포츠와 무관한 IT 전문가를 CEO로 선택했다. 언더아머는 브랜드 위상이 예전만 같지 못한 상황에서 브랜드 가치를 재정립하려는 움직임을 보였다. 나이키는 디지털로의 완전한 전환을 예고하고 나섰다.

D2C 전략 강화 발표

2021년 2월 10일 언더아머는 북미 시장에서 하반기부터 도소매업체 파트너를 줄이겠다고 발표했다. 많게는 2021년에만 3,000개에 달하는 도소매업체 매장에서 철수를 목표로 하고 있다. 2022년까지 철수 매장 수가 1만 개에 달할 것으로 전해졌다. 결국 언더아머 역시 D2C에 뛰어들겠다는 선택을 했다. 현재 언더아머는 직영 오프라인 매장과 자체 온라인 쇼핑몰에 막대한 자본을 투입하고 있다. D2C 강화 발표로 한때 주가가 8% 이상 치솟았다. 미국 증시 상장 이래 최고가인 23.23달러(약 2만 6,000원)를 기록하기도 했다.

나이키와 아디다스를 위협할 만큼 막강한 지위를 누렸던 언더아머가 연신 추락의 길로 접어들고 있는 시점에서 나온 의미 있는 변화다. 이미 나이키, 룰루레몬Lululemon 등 경쟁 브랜드는 온라인을 통한 D2C 판매에 무게를 두면서 자체 유통 채널 확보에 열을 올리고 있다. 나이키, 룰루레몬은 코로나19 사태로 매장이 폐쇄됐을 때 언더아머보다 타격이 작았다.

CEO인 패트릭 프리스크는 "우리에게 2~3년의 긴 여정이 시작된 것"이라며 "여정을 마쳤을 때 우리에게 남게 될 것은 가장 적합한 고객과 연결된 문이라고 생각합니다."라며 D2C 전략 강화에 확신을 내비쳤다.

다시 부활의 날갯짓을 시작하다

2020년 4분기 실적 발표회에서 패트릭 프리스크 CEO는 "우리는 진정한 기능성 스포츠 브랜드다. 우리의 임무는 당신이 더 뛰어난 운동 효율을 누릴 수 있도록 돕는 것이다. 우리가 나아갈 올바른 방향이라고 믿습니다."라고 말했다.

패트릭 프리스크는 CEO로 선임된 후 디지털 전환이라는 시대적 과업을 잠시 뒤로하고 브랜드 가치 재정립에 나섰다. 언더아머는 2020년 3분기부터 순이익으로 돌아섰다. 2021년 두 분기 연속으로 시장 예상치를 상회하는 실적을 냈다. 동종업계 1위 나이키가 2019년 아마존에서 철수하고 D2C 전략으로 돌아서면서 고객 데이터 확보에 올인한 전략을 벤치마킹했던 것이 주요한 원인으로 손꼽힌다. 언더아머는 2022년까지 1만 개에 달하는 매장에서 철수할 계획이다.

중구난방으로 운영되던 피트니스 앱도 재정비했다. 2020년 말 운동 초급자를 대상으로 한 두 개의 앱 엔도몬도와 마이피트니스팔을 매각했다. 애플의 애플 피트니스플러스, 펠로톤의 레인브레이크Lanebreak, 룰루레몬의 미러Mirror 등과 경쟁이 치열해졌기 때문이다. 대신 맵마이런MapMyRun에 집중했다. 코로나로 실내 헬스장이 문을 닫으면서 야외 러닝에 대한 관심이 커졌기 때문이다.

언더아머는 자사 경쟁력을 가지고 있던 기능성 스포츠웨어의 디지털화에 집중했다. 자사 상품과 앱의 연관성을 높이기 시작했다. 마카나, HOVR인피니트3, HOVR소닉4 등 자사 운동화 브랜드에 센서를 내장해 보폭, 주행거리, 속도를 측정할 수 있도록 하고 이를 맵마이런과 연동했다. 이러한 노력으로 2021년 2분기 매출에서 신발이 차지하는 비중을 37.7%까지 끌어올렸다.

'더 많은 고객이 건강한 라이프스타일과 운동에 집중하면서 언더아머는 러닝 분야에서 성과를 내고 있다.'

시장조사기관 코웬이 발행한 리포트에서 나오는 내용이다.

지금까지 언더아머가 보여준 행보를 통해 많은 기업들은 시장 흐름을 잘 읽고 이를 자사의 장점과 어떻게 연결하는지에 따라 성패가 갈린다는 사실을 깨달았을 것이다.

2

스포츠, 코로나19와 만나다

근래 들어 다양한 바이러스가 출현하는 빈도가 잦아졌다. 2003년 사스를 시작으로 메르스, 돼지독감, 조류독감, 에볼라바이러스, 코로나19바이러스가 등장했다. 대략 3년 터울이다. 앞으로 2, 3년 사이에 또 어떤 바이러스가 창궐해 사람들이 죽거나 고립되고 도시가 폐쇄될지 두려움과 걱정이 앞선다. 전문가들은 코로나19는 시작에 불과하며 수십만 개의 바이러스가 기다리고 있다는 전망을 하기도 했다.

코로나19로 인류는 삶의 방식을 바꾸고 있다. 우리 주변을 살펴봐도 금세 알 수 있다. 사람들은 마스크를 배급받기 위해 약국에 줄을 섰다. 재택근무가 확산되자 파자마를 입은 채로 책상에 앉아 회사 일을 본다. 집콕이 일상화되자 밀키트도 일상화됐다. 이는 유통으로 연결됐다. 쿠팡 같은 로켓배송 서비스가 폭증했다. 영화관으로 향하던 발길이 끊기고 넷플릭스나 왓챠플레이와 같은 OTT 서비스 점유율이 확대됐다. 사람들이 집에 있는 시간이 늘어나면서 가구 인테리어 업계가 사상 최대 실적을 발표했다. TV에서는 이른바 집 예능프로그램이 눈에 띄게 늘었다. 야외 활동이 줄어들자 소위 '확찐자'들이 속출하며 집에 피트니스 센터 기능이 필요해졌다. 스마트 홈트 시장이 활짝 열리면서 필라테스, 요가용품 물량이 전년 동기 대비 100~200% 가까이 증가했다.

2020년 7월 「건강한 삶과 운동에 대한 한국인 인식 조사」 결과를 보면 국내 성인 10명 중 9명(92.3%)이 현재 운동을 하고 있으며 장소로 44.5%가 집을 꼽았다. 공원(28%), 헬스장 및 운동센터(19.6%)가 뒤를 이었다. 지금까지 홈트는 유튜브를 보면서 동작을 따라 하는 수준에 그쳤지만 동작 인식 기반 기술과 인공지능 코칭 시스템으로 시간과 장소에 구애받지 않고 운동을 즐기게 됐다. 미국에서 주목받는 차세대 홈트레이닝 스타트업 미러Mirror와 템포Tempo는 이제 거울처럼 생긴 기기를 집 안에 세팅한 다음 거울에 비치는 내 모습과 거울 속 디스플레이 강사 모습을 동시에 보며 운동할 수 있는 서비스를 내놓으며 빠르게 성장했다. 실제 유명 강사와 일대일 원격 트레이닝도 가능하다. 강사는 참가자의 심박수 데이터를 보면서 트레이닝 강도를 조정한다. 코로나19로 산업 생태계가 무너지고 있는 가운데 유통, OTT 서비스, 인테리어, 홈 트레이닝 등과 같은 일부 분야는 코로나19 특수 효과를 톡톡히 누리고 있다.

하지만 스포츠 산업은 코로나19로 직격탄을 맞았다. 스포츠와 밀접하게 연관된 여행, 운송, 숙박, 레스토랑과 같은 산업 역시 엄청난 고통을 겪고 있다. 기본적으로 사람들이 모여야 흥하는 서비스 산업은 코로나19 종식 선언 이후에도 어려움을 겪을 것으로 예상된다. 그렇지만 절망이 있으면 희망도 있는 법이다. 역사적으로 스포츠는 상상 속 기술이 현실로 이어지는 첨단 기술의 향연장이었다. 1930년대 TV 보급률이 낮은 시점에 열린 1936년 베를린 올림픽은 TV를 통해 방송한 첫 올림픽으로 대중들에게 낯설고 신선한 충격을 안겼다. 2010년대 3D TV 보급률이 낮은 시점에 열린 마스터스는 후반 9홀을 3D 방식으로 제작해 첨단 기술을 뽐냈다. 2016년 마스터스는 6번홀과 16번홀을 VR 생중계를 하기도 했다.

최근 스포츠 현장을 보고 있자면 4차 산업혁명이 벌써 우리 곁에 성큼 다가왔다는 사실을 피부로 느낀다. 다른 한편으로는 그 속도가 너무 빨라 불안함도 느낀다. 이런 때 수동적인 자세로 막연한 불안감을 키우기보다 능동적인 자세로 어떤 변화가 일어날지 살펴본다면 향후 닥칠 변화에 잘 적응할 수 있을 것이다. 지금부터 4차 산업혁명의 방아쇠를 당긴 코로나19가 스포츠 산업에 어떤 변화를 가져왔는지 살펴보겠다.

코로나19 이후 1년 동안 무슨 일이 있었는가

코로나19가 우리에게 준 교훈은 무엇인지, 앞으로 이와 비슷한 상황이 닥칠 경우 어떻게 대비해야 할지 생각해보자. 코로나19에 대항해 전 세계적으로 다양한 시도가 동시다발적으로 일어났지만, 전체 흐름을 이해하는 데 도움을 주고자 되도록 시간 순서대로 정리했다.

2019년 12월 12일 중국에서 처음 발생한 코로나19는 아시아 전역으로 확대됐고 이후 유럽과 아메리카 대륙으로 번지면서 전 세계로 퍼져나갔다. 2020년 3월 12일 세계보건기구WHO가 코로나19에 대해 팬데믹을 선언했다. 2019년 말과 2020년 초 전 세계 스포츠 산업은 그야말로 아비규환의 상황을 맞았다. 2019-2020 시즌 내내 전 세계 수많은 스포츠 리그가 중단, 연기, 취소를 결정했다.

대한민국 4대 프로 스포츠 중단

전통적으로 2~3월은 겨울 스포츠 열기가 가장 뜨거운 시기다. 막판 순위 경쟁이 치열하게 펼쳐지고 포스트 시즌을 거치면서 챔피언이 결정된다. 하지만 2020년 2~3월은 겨울 스포츠 열기가 달아오르기도 전에 무섭게 식어버렸다. 코로나19로 인해 배구, 농구, 핸드볼, 아이스하키 등 2019-2020 시즌 대부분의 종목이 정상적으로 일정을 마치지 못했다.

2월에는 SK핸드볼코리아리그, 아시아리그 아이스하키가 조기 종료를 선언했다. 3월에는 여자프로농구, 프로배구, 남자프로농구가 차례로 조기 종료를 선언했다. 코로나19 사태에 불안감을 느낀 일부 프로배구, 프로농구 용병은 리그 일정 중단이 선언되기도 전에 서둘러 자국으로 조기 출국했다. 프로배구는 2005년 출범 이후 16번째 시즌 만에, 프로농구는 1997년 출범 이후 24번째 시즌 만에 처음으로 시즌 도중에 리그를 종료했다. 각 연맹은 코로나19로부터 선수와 리그 구성원을 보호하고 국가적 위기 극복에 동참한다는 뜻을 밝혔다.

3월에 개막하는 프로야구와 프로축구는 시즌을 시작해보지도 못하고 난관에 부닥쳤다. 프로야구는 시범경기를 전면 취소하고 정규 리그 개막일을 4월로 연기했다. 프로야구 개막이 연기된 건 1982년 이래로 처음 있는 일이었다. 3월 29일 개막 예정이었던 프로축구 역시 개막을 잠정 연기했다. 1983년 프로축구 개막 이래로 처음 있는 일이었다. 국내 4대 프로 스포츠가 멈추는 사상 초유의 사태를 맞았다. 코로나19가 전 세계로 확산하자 국내뿐만 아니라 전 세계 스포츠계가 비상사태에 돌입했다.

미국 4대 스포츠 리그, 유럽 5대 프로축구 중단

전 세계 스포츠계는 2020년 3월 12일 세계보건기구의 팬데믹 선언을 기점으로 리그를 중단 또는 연기했다.

미국프로농구 사무국은 2020년 3월 12일 긴급하게 리그 중단을 선언했다. 유타 재즈 소속 뤼디 고베르Rudy Gobert가 코로나19 확진 판정을 받았기 때문이다. 고베르는 이날 열릴 예정이었던 오클라호마시티 선더와의 홈경기를 앞두고 경기장에 도착했다. 하지만 고열로 인해 검사를 받고 코로나19 양성 판정을 받았다. 고베르가 코로나19 확진을 받은 사실이 확인되자 미국프로농구 사무국은 공식적으로 리그 중단을 선언했고 코로나19 추이를 살피면서 리그 재개 여부를 논의하기로 했다. 전염병으로 리그가 중단된 건 1946년 미국프로농구 창설 이래로 처음 있는 일이었다.

미국프로야구 사무국은 2020년 3월 26일로 예정됐던 메이저리그 개막을 2주 연기했다. "국가적 비상 상황이기 때문에 시범경기를 취소하고 정규 시즌 개막을 2주 이상 연기한다"라고 밝혔다. 이에 따라 2월부터 시작해 한창 진행 중이던 시범경기 일정도 모두 취소됐다. 메이저리그 개막전이 연기된 것은 1995년 선수노조 파업 이후 처음이다.

잉글랜드프리미어리그 사무국은 3월 12일로 예정됐던 맨체스터 시티와 아스널의 경기를 취소했다. 아스널 일부 선수들이 코로나19 확진자와 접촉한 사실을 파악한 뒤 내린 결정이었다. 3월 13일 잉글랜드프리미어리그뿐만 아니라 잉글랜드축구협회, 잉글리시풋볼리그 등 잉글랜드 축구 관련 기관들은 긴급회의를 열고 영국에서 열리는 모든 프로축구 경기를 4월 3일까지 중단하기로 했다고 발표했다.

이에 앞서 이탈리아 세리에A는 3월 9일, 스페인 라리가는 3월 10일, 독일 분데스리가와 프랑스 리그1은 3월 13일 리그 중단을 결정했다. 이로써 5대 유럽 프로축구 리그가 코로나19 여파로 모두 중단됐다.

국제빙상경기연맹은 3월 16일부터 22일까지 캐나다 몬트리올에서 열릴 예정이었던 피겨스케이팅 세계선수권대회를 취소했다. "개최지 캐나다가 피겨스케이팅 세계선수권대회 개최를 취소하겠다는 의사를 밝혔다. 이에 따라 이번 대회를 일정대로 소화할 수 없게 됐습니다."라고 밝혔습니다. 최고의 선수들이 참가하고 올림픽 다음으로 권위 있는 이 대회가 취소된 것은 1896년 1회 대회 이후 처음 있는 일이다.

미국프로골프도 코로나19 여파를 피해 가지 못했다. 미국프로골프는 2020년 3월 13일 더플레이어스 The Players 챔피언십 1라운드 후 긴급 중단을 선언한 뒤 연이어 열릴 예정이었던 발스파 챔피언십, 델테크놀로지스 매치플레이, 발레로 텍사스오픈을 모두 취소했다. 이어 4월 9일 예정된 메이저 골프 대회 마스터스마저 연기를 선언했다.

올림픽 역사 124년만의 도쿄 올림픽 연기

2020년 2월 말 캐나다 출신 국제올림픽위원회 최장수 위원 딕 파운드 Dick Pound는 "코로나19로 전 세계가 위험하다면 도쿄 올림픽을 취소해야 합니다."라며 올림픽 취소를 촉구했다. 그러나 국제올림픽위원회와 일본 정부, 도쿄도 정부, 도쿄올림픽조직위원회는 올림픽을 강행한다는 의사를 피력했다. 하지만 국제올림픽위원회와 일본의 의지와 별개로 도쿄 올림픽 출전권이 걸린 세계 각국의 예선 대회가 코로나19로 인해 일정 소화에 차질을 빚었다.

심상치 않은 분위기를 감지한 국제올림픽위원회는 3월 23일에서야 도쿄 올림픽 연기를 포함한 세부 논의를 4주 안에 끝내겠다고 선언했다. 캐나다와 호주는 즉각적으로 도쿄 올림픽 보이콧을 선언했다. 이에 토마스 바흐 국제올림픽위원회위원장과 아베 신조 일본 총리는 3월 24일 전화 통화로 도쿄 올림픽 1년 연기에 합의한다. 국제올림픽위원회는 2021년 6월 29일까지 올림픽 출전권이 걸린 세계 예선 대회를 끝내고 2021년 7월 5일 대회 엔트리를 마감하기로 했다. 2020년 도쿄 올림픽은 2021년 7월 23일로 최종 연기됐다. 태극전사들의 훈련도 멈췄다. 선수들은 선수촌 운영 중단으로 2020년 3월 말 퇴촌했다.

전 세계 206개국 국가올림픽위원회NOC와 올림픽을 준비하던 선수들은 일제히 국제올림픽위원회와 일본 정부의 결정을 환영했다. 하지만 이 과정에서 국제올림픽위원회와 일본 정부는 코로나19라는 중차대한 상황에도 불구하고 재정 손실과 일정 재편성 등을 이유로 늑장 대응했다는 비난을 피하지 못했다. 1896년 부활한 근대올림픽은 제1, 2차 세계대전으로 동·하계올림픽을 포함해 지금까지 5번 취소됐다. 이번 연기 결정은 124년 만에 처음 있는 일이다. 이쯤 되면 코로나19가 제3차 세계대전으로 불릴 만하다.

도쿄 올림픽은 2021년에 열리지만 명칭은 '2020 도쿄 올림픽'을 사용한다. 대회 이름이 바뀔 경우 따라올 엄청난 경제적 손해를 줄이기 위해서다. 이미 2020 도쿄 올림픽 명칭을 사용한 메달과 상품이 출시된 만큼 대회 이름을 바꿀 경우 이들 상품을 모두 폐기하고 재생산해야 했다. 상표권 문제도 있다. 도쿄 올림픽은 2013년 9월 개최지가 확정돼 상표권 등록 등이 이미 완료됐다. 만약 대회 이름이 바뀐다면 국제올림픽위원회와 일본 정부가 상표권 수익을 둘러싼 소송 등에 휘말릴 수 있다. 대회 전통을 이어간다는 취지도 있다. 4년마다 매번 짝수 년도에 열리는 하계올림픽 전통을 유지하기 위해서라는 분석이다. 비슷한 이유로 2021년 7월 11일 개막한 2020 유럽축구챔피언십(유로 2020)도 도쿄 올림픽과 마찬가지로 2020이라는 명칭을 유지했다. 유로 2020도 원래 2020년에 열릴 예정이었지만 코로나19 확산으로 인해 연기됐다.

팬데믹 이후 최초 프로 스포츠 개막

코로나19 방역에 비교적 선방한 대만과 우리나라는 다른 나라에 비해 비교적 이른 시기에 스포츠 리그를 개막할 수 있었다. 대만프로야구리그CPBL는 2020년 4월 11일 세계 프로야구 리그 최초로 무관중 경기로 정규 시즌을 맞이했다. 애초 3월 14일 개막 예정이었으나 코로나19 사태로 두 차례 연기했다. 대만 프로야구 라쿠텐 몽키스 구단은 11일 타오위안 구장에서 중신브라더스와 벌이는 개막전에 '로봇 응원단'을 동원했다. 라쿠텐 구단은 로봇 마네킹에 모자와 유니폼을 입혀 마치 팬들이 관중석을 메운 것처럼 경기장 분위기를 연출했다. 일부 로봇 마네킹에는 선수 응원 피켓을 들도록 프로그램을 깔았다. 저스틴 리우 라쿠텐 단장은 "팬 입장이 허가되지 않아 약간의 재미를 가미했습니다."라며 "500명의 마네킹 팬들을 넣을 예정이며 이 중 일부는 로봇입니다."라고 밝혔다.

KT위즈는 5월 5일 어린이날을 맞아 워킹볼을 이용한 비접촉 시구를 진행했다.

한국프로야구와 한국프로축구 또한 3월 말 개막 예정이었으나 5월 5일과 5월 8일로 각각 개막을 연기했다. 한국여자프로골프는 5월 14일 시즌을 개막했다. 한국여자프로골프 투어는 보통 4월에 시즌을 개막하는데 코로나19에 대한 공포감이 극에 달했던 겨울을 피해 간 한국여자프로골프는 다른 프로 스포츠 종목의 추이를 지켜보며 조심스럽게 시즌을 개막할 수 있었다.

새로운 응원 문화 '랜선 응원'

코로나19는 4차 산업혁명을 앞당기는 트리거 역할을 했다. 4차 산업혁명 핵심 기술들이 스포츠 현장에서 대거 구현되면서 스포츠 팬들은 이전과 전혀 다른 풍경을 보게 됐다.

2020년 8월 한국배구연맹은 제천에서 한국배구연맹컵을 개최했다. 한국배구연맹컵은 V리그가 열리기 전인 7~9월에 열리는 단기 이벤트성 대회로 매해 한 지역을 선정해 대회를 개최한다. 남자부와 여자부를 나누어 개최했는데 여자부 결승전은 지상파에서 생중계했다.

월드 스타 김연경 선수의 국내 무대 복귀가 큰 영향을 미쳤다. 김연경은 "내년에 올림픽이 있고 경기를 무조건 뛰어서 경기력을 유지해야겠다고 생각했다. 우리나라가 가장 안전한 나라고 컨디션을 올리는 데 최적화돼 있다고 생각해 그런 결정을 했습니다."라고 밝혔다. 흥국생명은 김연경 선수의 합류로 어벤져스급 라인업을 구성하며 한국배구연맹컵 최대 이슈로 떠올랐다.

그런데 한국배구연맹컵 개최 시기에 코로나 19가 재확산되는 조짐을 보였다. 한국배구연맹은 처음에는 10% 관중 입장을 목표로 했으나 결국 무관중으로 대회를 열었다. 이러한 가운데 새롭게 정착한 응원 문화가 눈길을 끌었다. 바로 '랜선 응원전'이다. 관중석에는 랜선 응원을 위해 대형 LED가 설치됐다. 랜선 응원은 화상회의 플랫폼인 줌을 이용했다. 기존 유튜브 채널을 통한 온라인 응원은 텍스트 위주로 이뤄지지만 줌 응원은 화면을 통해 자신의 모습을 드러낸다는 점에서 차이가 있다.

가상의 아이디 뒤에 가려져 있던 관중이 실제 모습을 드러내며 현실성이 한 단계 높아졌다. 팬들은 자신과 함께 같은 팀을 응원하고 있는 다른 사람들의 모습을 보며 동질감을 느꼈다. 선수들은 빈 관중석을 대신하고 있는 커다란 LED 전광판을 통해 팬들의 존재를 실시간으로 확인하면서 '관중 효과'[32]를 느낄 수 있었다. 경기 전후 선수와 팬들은 상호 아이 콘택트, 표정, 움직임, 목소리 등을 교류하며 친밀감을 형성할 수 있게 됐다.

팬들은 생전 처음 집관을 경험했다. 응원단장과 치어리더와는 랜선 응원에 동참하면서 팬들은 기존 아나운서와 해설자의 목소리로 가득 채워진 TV 중계 화면에서 벗어나 새로운 방식으로 경기를 즐길 수 있었다. 응원단장과 치어리더는 랜선 응원에 참여한 팬들을 대상으로 다양한 프로모션 행사를 진행하면서 경기에 대한 흥미와 몰입도를 높였다.

2019년 말까지만 해도 실리콘밸리 기반 기업의 소규모 화상회의 서비스였던 줌은 코로나19가 터진 이후 위상이 크게 달라졌다. 현재 화상 서비스 종류는 다양하다. 대표적인 글로벌 IT 기업 역시 화상회의를 미래 먹거리로 보고 있다. 이들 회사가 운영하는 화상회의 서비스로는 구글 미트Meet, 마이크로소프트 팀스Teams, 페이스북 룸스Rooms가 있다. 스포츠 구단을 운영하는 국내 통신사 SK, KT, LG는 기존 줌 프로그램의 장단점을 보완해 스포츠 응원에 최적화된 새로운 프로그램을 개발 중인 것으로 알려졌다.

코로나19로 시작된 랜선 응원이 새로운 응원 문화로 정착할지 한때 유행으로 끝날지 모를 일이다. 하지만 랜선 응원은 팬들이 다양한 방법으로 스포츠 경기를 즐길 수 있다는 가능성을 열었다는 점에서 의미가 있다.

미국프로농구 방역 대책 '버블 코트'

미국프로농구가 2020년 10월 12일 미국프로농구 파이널을 끝으로 막을 내렸다. 우승은 LA레이커스가 차지했다. 코로나19로 어려운 상황 속에서 2019-2020 시즌을 마감한 미국프로농구는 시즌 취소 위기까지 몰렸지만 결국 정한 일정을 모두 소화했다. 미국프로농구는 시즌을 소화하기 위해 약 4개월간 올랜도에 새로운 구

NBA 사무국은 코로나19를 피해 플로리다주 올랜도에 버블 코트를 설치해 2019-2020 시즌을 무사히 마감했다.

장을 마련했다. 이름하여 '버블 코트Bubble Court'다.

미국프로농구 사무국은 플로리다주 올랜도에 위치한 디즈니월드 인근 호텔 3곳과 경기장 3곳을 '코로나 청정 구역'으로 지정했다. 이 곳에 선수단, 스태프, 심판, 기자 등 1,500여 명을 외부와 완전히 격리했다. 버블 코트의 의미는 비눗방울 속에 바이러스가 침투할 수 없다는 의미를 담았다. 미국프로농구 사무국은 "리그 재개 후 석 달간 총 175경기를 치렀지만 확진자는 단 한 명도 나오지 않았습니다."라고 밝혔다. 홈경기와 원정 경기를 번갈아 하는 전통 방식을 코로나19 상황에서도 유지한 미국프로야구에서 코로나 확진 선수가 속출했던 것과 비교된다.

미국프로농구 사무국은 시즌 재개를 결정한 뒤 코로나 방역에 힘썼다. 일단 버블에 입소한 선수단 342명은 항상 마스크를 착용해야 했다. 매일 코로나 검사도 받았다. 관계자 1,200여 명도 주기적으로 검사를 받았다.

웨어러블 기기도 적극적으로 도입했다. 선수들은 경기와 훈련 때를 제외하면 스마트 반지와 스마트 카드를 항상 착용했다. 핀란드 헬스케어 기업 오우라Oura가 만든 스마트 반지는 심박수와 체온을 상시 측정한다. 이상이 생기면 의료진에게 바로 보고된다. 독일 기술 기업 키넥슨Kinexon이 만든 스마트 카드는 위치 추적 기능이 있어 약 180센티미터 이내로 누군가 다가와 5초 이상 머물면 알람이 울린다. 거리 두기를 하라는 뜻이다. 위치 기록도 남기 때문에 확진자가 발생한다면 역학조사를 순발력 있게 할 수 있는 장치다. 호텔 방 열쇠 역할을 하는 디즈니 매직밴드도 위치 추적 기능이 있다. 여기에 방마다 블루투스 연동이 가능한 체온계와 심박계를 비치했다. 버블에 머무는 동안 매일 측정하고 그 수치를 미국프로농구 마이헬스 앱에 기록하게 했다. 위험 신호가 나오면 즉각 격리 치료하기 위해서다.

미국프로농구 사무국은 버블에서 1,500여 명의 숙식을 제공하고 안전을 강화하는 데 약 1억 5,000만 달러(약 1,700억 원)를 썼다. 코로나19 사태가 진정되지 않는다면 차기 시즌에도 버블을 일부 활용할 계획이라고 밝혔다. 버블의 성공으로 NBA는 코로나 사태에 가장 잘 대처한 스포츠 리그이자 가장 혁신적인 스포츠 리그로 평가받았다.

- **인공지능을 활용한 가상현실 관중석**: 버블 코트에서 펼쳐진 미국프로농구는 무관중이라는 핸디캡을 극복하기 위해 가상현실 관중석을 운영했다. 가로 10~20미터, 세로 5미터가 넘는 대형 LED는 팬들의 열정적인 모습을 담아냈다. 미국프로농구 중

계 화면을 보면 LED 디스플레이 속 팬들의 모습이 어깨선 정도까지 비슷한 크기로 나오는데 여기엔 인공지능 기술이 쓰였다. 인공지능이 제각각인 영상을 보기 좋게 비슷한 크기로 적당히 잘라낸 것이다. 국내와 달리 화면에 경기를 관람하는 팬들의 얼굴만 띄워놓는 것이 아니라 경기장 스피커로 농구 팬들의 응원 소리도 틀었다. 덕분에 선수들은 마치 팬들이 실제 존재하는 듯한 환경에서 경기를 펼칠 수 있었다. 버락 오바마 전 미국 대통령과 전설적인 미국프로농구 선수 샤킬 오닐Shaquille O'Neal도 함께했다. 응원 프로그램으로는 마이크로소프트 화상회의 앱 팀스를 사용했다.

- 로봇 카메라 투입: 경기 방송 역시 현장감을 극대화하는 데 집중됐다. ESPN은 실제 관중석이 없는 만큼 카메라 30여 대를 경기장에 더 가깝게 설치해 생동감을 높였다. 로봇 카메라도 처음 도입됐다. 파나소닉의 고화질 로봇 카메라는 경기장 사이드라인의 레일을 따라 움직이며 공을 잡은 선수를 쫓아다니며 촬영했다. 가상 관중의 목소리에 더해 미리 녹음해둔 관중 소음도 섞어서 틀었다. 관중 함성을 조정하는 DJ까지 따로 뒀을 정도다. 미국프로농구 사무국의 차세대 TV 방송 책임자인 세라 저커트Sara Zuckert는 "경기 환경은 완전히 달라졌지만 최대한 기존 미국프로농구 게임과 유사한 분위기를 만들고 싶었다"라고 밝혔다.

PGA, LPGA의 디지털 전환

2020년 75회째를 맞은 US여자오픈은 6월 개최 예정이었으나 코로나19로 연기돼 12월에 개최됐다. 이 대회에서 우승한 김아림은 경기 후에 고국에 있는 가족과 영상 통화를 했다. 다소 어색한 인사가 이어졌지만 우승에 대한 고마움과 격려가 느껴졌다.

아니카 소렌스탐Annika Sörenstam을 비롯해 코로나19로 대회장에 직접 참석하지 못한 역대 챔피언들이 영상 통화로 김아림의 시상식을 참관했다. 김아림은 우승 인터뷰에서 "대회 기간 중 재미난 에피소드나 특별하게 겪은 일을 소개해주실 수 있을까요?"라는 질문에 "오늘 우승이 확정된 후에 미국골프협회USGA 직원분을 통해서 아니카 소렌스탐 선수와 영상 통화를 했습니다."라며 "굉장히 영광스럽고 감사하게 생각합니다."라고 답했다. 우승 후 가족과 함께 영상 통화하는 모습은 지난 9월에 열린 US오픈 남자 대회에서도 볼 수 있었다.

미국골프협회는 남녀 대회 모두 집에서 경기를 응원할 수 있도록 했다. 관중들이 모이는 1번, 10번, 18번 등 주요 홀에서는 팬들

US여자오픈에서 우승한 김아림 선수 시상식을 골프 여제 아니카 소렌스탐을 비롯한 골프 레전드들이 대형 전광판을 통해 참관하고 있다.

이 대형 스크린을 통한 랜선 응원전은 물론 자신이 응원하는 선수를 직접 소개하기도 했다. 가상 미디어 센터도 운영했다. US오픈과 같은 메이저 대회는 일반적으로 수백 명의 기자가 직접 취재하러 현장을 방문한다. 2020년 대회는 40명의 기자가 현장에 상주할 예정이고 수백 명의 취재진이 원격 취재에 나설 수 있는 환경을 구축했다.

마스터스 역시 코로나19로 인해 4월 봄에 열던 전통을 깨고 84년 만에 11월 가을에 대회를 개최했다. 무관중으로 대회가 열렸다. 마스터스는 가장 큰 수입원인 관중이 없는 상황에서 마이그룹 My Group이라는 색다른 서비스로 골프 경기 시청의 새 장을 열었다. 시청자들은 마이그룹을 통해 출전 선수들의 모든 샷을 시청할 수 있게 됐다. 출전 선수 92명의 모든 샷을 카메라에 담았다. 샷마다 샷 트래커를 적용해 홀 어느 지점에 공이 떨어졌는지를 동시 중계했다. 자신이 좋아하는 선수 샷만 보는 것도 가능하다. 마스터스 웹사이트에서 라이브 중계 항목을 선택한 뒤 마이그룹을 클릭해 좋아하는 선수로 등록만 하면 된다. 실제 대회장에서 자신이 좋아하는 조를 따라가며 관람하는 필드 관람 경험을 디지털 세상에서도 고스란히 느낄 수 있게 된 것이다.

골프 대회를 직접 관람하는 것보다 오히려 선택의 폭이 넓어졌다는 점에서 흥미롭다. 선수별 각종 데이터도 쉽게 확인할 수 있다. 그린 적중률, 페어웨이 적중률, 드라이브 거리, 퍼팅 성공률 등 각종 정보를 한눈에 파악할 수 있다. 아직 디지털 경험이 실제 경험이 주는 감동을 구현하기에 여러모로 부족한 면이 많다. 하지만 마스터스는 샷 트래커 기술과 개인화 경험 제공을 통해 디지털 기술이 라이브 못지않은 재미와 감동을 줄 수 있다는 가능성을 보여주었다. 마스터스는 디지털 기술을 적극적으로 도입함으로써 앞으로 골프 대회가 나아갈 새로운 이정표를 제시했다.

하지만 마스터스 도전이 늘 성공하기만 했던 것은 아니다. 코로나19 이전이었던 2010년 마스터스 대회를 주관한 오거스타내셔널 빌리 페인Billy Payne 회장은 "2010 마스터스 대회는 3D 방식으로 제작해 중계할 것"이라며 "이를 위해 코스 곳곳에 3D카메라를 배치해 전에 볼 수 없었던 장면을 보여줄 것"이라고 밝혔다. 3D영상으로 중계하는 최초의 스포츠 이벤트였으나 3D TV 보급률이 높지 않아 기대만큼 반향은 크지 않았다. 마스터스와 같은 메이저급 스포츠 이벤트들은 디지털 기술을 스포츠 현장에 접목하기 위해 지속해서 노력하고 있다.

e스포츠 VR생중계

e스포츠는 네트워크 게임을 통한 각종 대회나 리그를 말한다. e스포츠 산업은 대회를 비롯해 리그에서 활동하는 프로 선수, 해설자, 대행사 등을 포함해 관련 산업을 총칭한다. 그중 1년에 정규 시즌이 두 차례 있는 리그 오브 레전드 챔피언스 코리아LCK[33]는 국내 e스포츠 중 가장 인기가 높다. 2019년 LCK 서머 리그는 정규 리그 90경기 중 46경기가 매진될 정도였다. 하지만 2020년 2월에 개막한 LCK 스프링 리그는 코로나19로 인해 2라운드부터 리그 중단 위기를 맞았다. LCK는 리그가 중단된 이후 19일 만인 3월 25일 무관중으로 경기가 재개됐다. 관중의 빈자리는 가상현실VR 기술이 대신했다. 2020년 상반기 전 세계 주요 스포츠 리그 일정이 무기한 연기되

거나 취소될 때 전 세계 e스포츠는 가상현실 생중계로 눈을 돌렸다. 많은 e스포츠팬들은 현장에 가지 않아도 마치 현장에 와 있는 듯한 느낌을 주는 가상현실 중계로 대회를 즐겼다. 게임 화면이 가장 잘 보이는 구역에 360도 특수 카메라와 가상현실에 최적화된 음향시설, 중계 장치를 설치했다. e스포츠는 2019년 8월 LCK 서머 결승전을 가상현실로 생중계했다. 코로나19 이전부터 가상현실 생중계를 도입했다.

e스포츠팀은 한 국가 안에 여러 팀이 있고 다국적 팀도 있다 보니 국경을 초월해 좋아하는 팀과 선수를 응원하는 문화가 강하다. 24시간 온라인으로 진행되기 때문에 시공간 제약이 덜하다는 점도 매력적이다. 온라인 콘텐츠라는 특성상 코로나19와 같은 팬데믹 상황에서도 리그 일정을 정상적으로 소화하는 데 큰 무리가 없다. e스포츠는 무관중 경기로 하거나 이마저 힘들 경우 팀별 연습실에서 랜선으로 얼마든지 경기를 진행할 수 있다는 측면에서 다른 스포츠와 차별화된다. 따라서 향후 코로나19와 같은 팬데믹 상황에서도 얼마든지 경기 진행이 가능한 점에서 부족한 스포츠 콘텐츠를 메울 수 있는 대체재 역할을 할 수 있다는 장점이 있다.

디지털과 아날로그의 결합

코로나19가 휩쓸고 간 지난 2년간 스포츠 현장을 유심히 관찰한 결과 특이한 지점이 하나 눈에 띄었다. 최첨단 디지털 기술로 스포츠팬을 붙잡으려는 시도 못지않게 아날로그 감성을 자극해 떠나간 팬덤을 잡으려는 시도 역시 함께 일어났다는 점이다.

2020년 7월 30일부터 8월 2일까지 미국 멤피스에서 열린 WGC

페덱스 세인트 주드 인비테이셔널은 현장에 오지 못하는 관중을 위해 바비큐를 집으로 배달하는 서비스를 개시했다. 토너먼트 디렉터 대럴 스미스Darrell Smith는 "올해 우리가 할 일은 '집에서 더핏을The Pit at home' 서비스로 경기장 밖에서 에너지를 불어 넣는 일입니다. 우리는 현장에 오지 못하고 방송으로 시청하는 관중들을 위해 지난해 필드 위에서 느꼈던 멤피스의 맛과 향을 관중들에게 되돌려 주려고 노력할 것입니다."라고 말했다.

대회장인 TPC사우스윈드가 위치한 멤피스는 더핏 바비큐가 특히 유명하다. 더핏은 2019년 멤피스 지역 유명 레스토랑 4곳이 함께 만든 바비큐 브랜드로 대회를 대표하는 시그니처 음식으로 거듭났다. 주최 측은 대회 기간 중 현장을 찾지 못하는 관중을 위해 지역 대표 음식을 집으로 배달하는 서비스를 개시했다. 바비큐와 함께 머천다이징 상품도 함께 배송해 아날로그 감성을 자극했다.

2020년 9월 4~7일까지 미국 조지아주 애틀랜타에서 열린 투어 챔피언십은 페덱스컵 포인트 랭킹 상위 30명만 출전할 수 있는 골프 플레이오프다. 코로나19로 무관중으로 열렸다. 투어 챔피언십은 대회장에 가지 못한 팬들을 위해 지역을 대표하는 레스토랑과 함께 투어 챔피언십 기간에만 맛볼 수 있는 다양한 음식을 골프 팬 가정으로 배달하는 서비스를 선보였다. 투어 챔피언십 대표 후원사 코카콜라는 코카콜라를 활용한 시그니처 칵테일 레시피를 공개했다. 일반 가정에서도 손쉽게 구할 수 있는 재료로 구성해 참여도를 높였다.

또한 '버추얼 팬 존virtual fan zone'을 운영했는데 투어 챔피언십 관련 의류를 착용하고 사진 촬영 후 자신의 SNS 계정에 @Playoff-

Finale 태그를 걸 경우 다양한 사은품을 제공했다. 이 밖에 가족 단위 팬을 위해 대회 역사, 전통, 에피소드 등을 소재로 함께 참여할 수 있는 빙고 게임부터 시작해 색칠 놀이, 가로세로 낱말 맞추기, 틀린 그림 찾기 등을 온라인상에 무료로 배포했다. 전통적인 게임이 온라인을 통해 부활했다.

2020년 12월에 열린 US여자오픈 역시 코로나19로 대회장을 가지 못하는 어린이 팬들을 위해 다양한 게임을 온라인을 통해 제공했다. 골프공 재활용 공예, 숨은 단어 찾기, 디지털 퍼즐, 빙고 게임, 색칠 놀이, 가로세로 낱말 맞추기 등을 무료로 제공했는데 전통 놀이 방식에 아날로그 감성을 최대한 살렸다.

향후 스포츠 이벤트는 최첨단 디지털 기술은 물론 아날로그 감성을 함께 자극하는 다양한 활동이 공존할 것으로 예상한다.

팬데믹 이후 스포츠의 미래를 준비한다

코로나19가 한창이던 2020년 스포츠팬들은 라이브가 사라진 채널을 공허하게 들여다봐야 했다. 2020년 4월 20일 ESPN은 농구 황제 마이클 조던의 일대기를 다룬 다큐멘터리 「더 라스트 댄스 The Last Dance」 1, 2회를 공개했다. 원래는 6월 방영 예정이었지만 코로나19 여파로 스포츠에 목마른 팬들을 위해 일정을 앞당겼다. 스포츠팬들은 조던 은퇴 후 17년이나 지난 당시를 회상하며 스포츠에 대한 갈증을 조금이나마 풀 수 있었다.

2020년 내내 전 세계 주요 스포츠 리그는 코로나19로 인해 연기, 중단, 축소하기를 반복했다. 2021년 백신 접종률이 높아지며 정상으로 돌아가려고 노력하고 있지만 여전히 녹록지 않은 것이 현실이다. 코로나19가 현재 진행형인 상황에서 지금까지 스포츠 산업이 겪은 변화를 정리하는 과정은 필연적으로 많은 결함을 안고 있을 것이다. 그럼에도 불구하고 현재 스포츠 산업이 처한 상황을 정리하고자 한 것은 향후 비슷한 상황이 발생할 경우 과거를 거울삼아 한 발짝 나아가기 위함이다.

고전 물리학의 아버지 아이작 뉴턴Isaac Newton은 우연히 떨어지는 사과를 보면서 중력을 발견한다. 뉴턴은 사과에서 얻은 영감을 바탕으로 3가지 운동 법칙을 발표한다. 그중 하나가 작용과 반작용 법칙이다. 작용과 반작용 법칙은 비단 물리학에 한정되지 않고 우리 삶 전체를 관통한다. 코로나19 사태 역시 예외일 수 없다. 나쁜 점이 있다면 반드시 좋은 점도 있게 마련이다. 스포츠 산업은 코로나19라는 대형 악재를 겪으며 여러 분야에서 고군분투했는데 그 속에서 나름의 작은 희망을 발견했다. 코로나19가 가져온 희망 메시지는 생동감, 개인화, 데이터다.

생동감: 실제보다 더 현실 같은 생생한 현장감

2020년에는 무관중 경기가 참 많았다. 방송사는 팬들의 리액션이 사라진 자리를 메우기 위해 다양한 시도를 해야만 했다. 잉글랜드프리미어리그는 라커룸에서 그라운드로 이동하는 터널에 카메라를 설치하고 경기 전 진영과 선공권을 정하는 동전 던지기 음향을 전파에 담아 시청자가 들을 수 있도록 했다. 구단별로 16명의 팬들이 응원하는 영상을 경기장 대형 전광판에 띄우기도 했다. 현장을 찾을 수 없는 팬들에게 랜선 응원의 기회를 제공했다. 국내 프로 스포츠는 한 단계 더 나아가 응원단장과 치어리더가 랜선 응원에 동참했다. 랜선 응원에 참가한 스포츠팬들은 평소 한정된 좌석으로 인해 먼발치에서 지켜봐야만 했던 응원단장과 치어리더와 소통하면서 스포츠 경기를 관람하는 또 다른 재미를 발견했다. 비록 랜선 응원이 현장 응원을 완전히 대체할 수는 없지만 선수 사기를 진작하고 함께 경기를 관람하는 시청자들끼리 동질감을 형성할 장을 마련했다는 측면에서 나름대로 성과를 거뒀다. 경기에 임하는 선수 역시 점차 시간이 흐르자 텅 빈 관중석이 아니라 세리머니용 카메라 앞에서 득점의 기쁨을 나누게 됐다.

잉글랜드프리미어리그 중계방송사인 스카이스포츠는 스포츠 게임 제조업체 EA스포츠와 손잡았다. 관중이 한순간에 사라진 상황에서 경기 흐름에 따라 울려 퍼지는 관중의 함성과 박수 소리, 응원가 등의 효과음을 EA스포츠로부터 전수받았다. EA스포츠는 30년 가까이 만들어온 인기 축구 게임 국제축구연맹 시리즈에 쓰이는 최첨단 음향 기술을 스카이스포츠에 제공했다. 홈팀이 골을 넣으면 우레와 같은 함성이, 원정팀에 유리한 판정이 내려지면 야유 소리가 TV 중계에서 흘러나왔다. 무관중으로 개막한 K리그 역시 음향효과를 적절히 활용했다. 90분 경기 내내 환호와 탄식으로 운동장을 덮어 분위기를 살폈다. 프리킥, 코너킥, 골, 상대 반칙 등 각 상황에 맞도록 효과음을 배치했다. 영국 BBC는 "응원 소리 녹음 파일 재생이 인상적"이라고 호평했다. 그간 K리그에서는 심판의 휘슬 소리가 묻힐 우려 때문에 음향 효과를 적극적으로 쓰지 못했다.

미국프로골프 투어는 선수와 캐디에게 마이크를 채웠다. 비록 더매치The Match, 테일러 메이드 드라이빙 릴리프Taylor Made Driving Relief 등 이벤트 대회에 한정됐지만 이들이 타고 다니는 카트나 캐디 옷에도 카메라를 설치해 평소 중계 화면에서 보기 힘든 다양한 구도를 담아냈다. 선수들은 경기임에도 불구하고 경기 중간중간 자신이 처한 트러블 샷을 설명한 후 샷을 시도했다. 대회가 아니라 마치 레슨 프로그램을 방불케 했다.

코로나19로 탄생한 미국프로농구 전용 버블 경기장에서는 로봇 카메라가 처음 도입됐다. 고화질 로봇 카메라는 경기장 사이드라인의 레일을 따라 움직이고 공을 잡은 선수를 쫓아다니며 촬영했다. 미국프로농구 주관 방송사인 ESPN은 관중석이 사라진 만큼 카메라 30여 대를 경기장에 더 가깝게 설치해 색다른 화면을 시청자들에게 제공했다. 국내 영상기술업체 4D리플레이가 미국프로농구 영상을 4D로 편집해 시청자에게 제공했다. 다수 카메라에 잡힌 영상들을 5~10초 사이로 편집해 360도 영상으로 바꾼 것이다. 실시간 방송 중 360도 하이라이트 장면을 송출했는데 VR과 AR을 넘어선 초실감형 확장현실XR 기술이다.

LG유플러스는 2021 프로야구 정규 시즌 개막을 앞두고 프로야구 앱을 업그레이드했다. 4K해상도로 경기장 구석구석을 볼 수 있는 경기장 줌인 서비스, 60대의 카메라로 촬영한 홈 영상을 영화 「매트릭스」 장면처럼 원하는 속도와 보고 싶은 각도로 돌려보는 홈 밀착 영상 서비스, 중계방송 화면과 별개로 홈, 1루, 3루, 외야 방면 등 포지션별로 볼 수 있는 영상 서비스를 제공했다.

개인화: 맞춤형 개인화 서비스

최근 미국프로골프 투어는 아마존 웹 서비스AWS와 새롭게 파트너십을 맺었다. 미국프로골프 투어는 아마존 웹 서비스와 함께 '에브리 샷 라이브Every Shot Live' 서비스를 새롭게 선보였다. 이 서비스는 PGA투어에 출전한 모든 플레이어의 모든 샷을 시청자들에게 실시간으로 보여준다. 이에 앞서 미국프로골프 투어는 2020년 더 플레이어스에서 전 코스에 카메라 약 120대를 설치해 선수들의 모든 샷을 촬영했다. 대회 전 기간을 통틀어 약 3만 2,000샷을 촬영했다. 이제 관중들은 154명의 선수들 중 자신이 좋아하는 선수의 샷만 골라서 볼 수 있게 됐다. 무엇보다 실시간으로 진행했다 점에서 놀라운 성과가 아닐 수 없다. 미국프로골프 투어 최고 권위를 자랑하는 마스터스도 출전 선수 92명 전원의 샷을 카메라에 담았다. 샷마다 샷 트래커 기술을 적용해 홀의 어느 지점에 공이 떨어졌는지를 동시 생중계했다. 이제 스포츠팬은 방송사 PD가 선택한 단 하나의 화면으로 대회를 시청하는 것에서 벗어나 자신에게 최적화된 방식으로 대회를 즐길 수 있게 됐다.

윔블던은 매년 2주 동안 약 18개 잔디 코트에서 남녀 단식, 더블, 혼합 복식 등 약 700개의 경기를 개최한다. 가장 눈에 띄는 매치를 여는 여섯 개의 '쇼 코트Show Court'는 하루 평균 약 4경기를 진행한다. 아무리 테니스 광팬이라 하더라도 이들 경기를 모두 챙겨 보는 건 쉽지 않다. 윔블던은 인공지능 왓슨을 도입해 스포츠에서 놓칠 수 없는 결정적인 순간을 포착했다. 왓슨은 선수들의 다이내믹한 표정, 세리모니, 관중의 환호 등 극적인 순간을 분석해 재빨리 하이라이트로 편집하는 기술을 구축했다. 왓슨은 경기 종료 후 2분 내로 팬들에게 최고의 하이라이트 영상을 선별해 제공했다. 이제 윔블던을 즐기는 모든 팬들은 온라인상에서 자신이 좋아하는 선수의 경기 하이라이트 영상을 마음껏 챙겨 볼 수 있게 됐다.

데이터: 빅데이터를 활용한 다양한 정보 제공

코로나19로 직관이 아니라 집관이 늘어나자 데이터 가공 방식 역시 과거보다 중요한 요소로 떠올랐다. 미디어는 집관하는 시청자들을 위해 흥미를 끄는 다양한 데이터를 제공함으로써 시청자들의 눈길을 사로잡았다. 2021년 3월 미국프로골프 투어 아널드 파머 인비테이셔널에서 브라이슨 디샘보Bryson DeChambeau가 '드라이버 쇼'를 보이며 우승했다. '디샘보 블록버스터'라 불리는 이 경기에서 디샘보는 드라이버는 쇼, 퍼팅은 돈이라는 골프계 유명한 격언을 무색하게 만들었다.

국내에서는 아직 낯선 개념이지만 최근 PGA와 LPGA에서 가장 중요하게 다루는 데이터가 SGStroke Gained 지표다. 2007년 콜롬비아 대학교 마크 브로디Mark Broadie 교수가 개발한 이 지표는 특정 선수가 평균 대비 얼마나 타수를 절약했는지 알 수 있게 보여준다. PGA 웹사이트에서 'SG: 토털' 순위를 보면 2021 시즌은 브라이슨 디샘보가 1위를 달리고 있다. 총 26회 라운드에서 라운드당 PGA 평균 대비 2.426타를 절약했다. SG 지표는 4가지로 구성된다. 티샷off the tee(파 4홀, 파 5홀), 어프로치 샷(파 3홀 티샷 포함), 그린 주변 30야드 이내에서의 샷, 퍼트다. 이를 통해 다른 선수들보다 타수를 얼마나 절약했는지 세분화하여 파악할 수 있다.

디샘보는 지난 대회에서 오프 더 티, 즉 티샷을 통해 라운드당

1.758타를 절약했다. 2위를 기록한 리 웨스트우드Lee Westwood가 0.692타를 줄인 것과 큰 격차를 보여 디샘보가 얼마나 압도적인 드라이버 샷을 선보였는지 알 수 있다. 디샘보는 라운드당 1.758타를 절약했으니 파 3홀을 제외한 14개 홀에서 티샷당 0.125타를 경쟁 선수들 대비 절약했다. 나흘 동안 56개 홀이면 무려 7타다. 데이터는 드라이버가 단순히 쇼가 아님을 말하고 있다. 이번 대회 우승 상금은 한화로 약 19억 원이고 7타 차인 공동 8위의 상금은 약 3억 2,000만 원이다. 1타의 가치가 무려 2억 2,000만 원인 셈이다.

마스터스 역시 선수별 각종 데이터를 파악할 수 있도록 했다. 마스터스는 그린 적중률, 페어웨이 적중률, 드라이브 거리, 퍼팅 성공률 등 각종 정보를 한눈에 파악할 수 있는 서비스를 제공했다.

LG유플러스는 2021년 프로야구 정규 시즌 개막을 앞두고 자사 앱을 통해 '실시간 스트라이크존' 서비스를 제공하고 나섰다. 이 서비스는 중계 영상 화면 위에 스트라이크존을 바로 띄우고 투수가 던진 공에 대한 정보를 보여준다. 데이터는 팬들에게 보는 즐거움을 더하며 경기에 생명력을 불어넣었다.

스포츠 산업은 코로나19 기간 동안 집관하는 팬들을 위해 현장보다 '생동감' 넘치는 경기 중계와 자신이 원하는 장면을 볼 수 있는 '개인화' 서비스에 다양한 '데이터'를 함께 제공함으로써 경쟁력을 확보하고자 했다. 이와 같은 노력에도 불구하고 스포츠 산업이 당장 기지개를 켜기는 어려울 것으로 예상된다. 하지만 스포츠 산업은 코로나19와 같은 대형 악재 속에서 살아남기 위해 끊임없는 변화는 필수라는 교훈을 얻었다.

스포츠가 블록체인과 MZ세대를 만나다

코로나19 이전부터 전 세계 산업 전반에 새로운 패러다임을 제시한 블록체인 기술이 최근 스포츠 산업에서 두루 활용되고 있다. 블록체인 기술은 확장성, 보완성, 투명성이 특징인데 여기에 비용 절감까지 가능한 만큼 일찍이 비금융권 분야에서 그 잠재력을 인정받았다. 제는 블록체인 기술을 활용한 새롭고 다양한 유형의 가상화폐가 '투기'를 조장했다는 점이다. 이에 각 정부는 가상화폐를 규제하려고 하고 있다. 이런 가운데 포스트 가상화폐로 주목받은 NFT[34]가 새로운 블록체인 기술로 떠올랐다.

NFT와 비트코인으로 대표되는 일반적인 가상화폐는 둘 다 블록체인 기술을 기반으로 하고 있기 때문에 해킹하거나 임의로 숫자를 변경하는 것이 불가능하다. 하지만 비트코인과 같은 가상화폐는 누구나 통용할 수 있도록 만들었고 NFT는 각각의 디지털 자산에 고유의 블록체인 주소가 삽입된다는 점에서 차이가 있다. 비트코인을 포함한 기존 가상화폐는 채굴을 통해 똑같은 코인을 만들 수 있지만 NFT는 원본이 1개 밖에 없는 디지털 수집품으로 이해할 수 있다. NFT는 형태를 가리지 않고 모든 창작물에 적용할 수 있다. 기념비적인 사건이나 순간 같은 추상적인 개념도 NFT로 제작할 수 있다. 추상적인 개념을 포함해 블록체인 주소를 삽입할 수만 있다면 그 어떤 것도 디지털 원본으로 만들 수 있다. 현재 NFT는 미술품, 게임, 음악 등 저작권이 중요한 디지털 자산 분야에서 널리 활용하고 있다. 최근에는 새롭게 등장한 블록체인기반 NFT가 스포츠 분야에 등장했는데 투기 성격에 가려진 블록체인 기술의 순기능이 재조명받고 있다.

스포츠는 NFT와 매우 잘 어울리는 분야다. 각본 없는 드라마인 스포츠를 영상이나 사진으로 간직하길 원하는 스포츠팬들에게 복제품이 아니라 단 하나뿐인 작품임을 인정하는 NFT는 매력적으로 다가온다. NFT는 이러한 멋진 순간이 주는 감동을 소유하고 싶은 욕구를 반영한다. 스포츠의 경우 특히 충성도 높은 팬들이 존재하기 때문에 NFT 시장이 형성되는 것이 가능하다. 가상화폐 거래에 거부감이 없는 디지털 네이티브 MZ세대는 디지털 세상에서 유일성과 고유성을 갖춘 NFT에 더 많은 관심을 보인다. 이번 장은 블록체인 기술을 어떻게 스포츠에 접목되어 활용하는지 몇 가지 사례를 살펴보고, NFT 기술로 어떻게 MZ세대를 공략할 것인지에 대한 팁을 제공할 것이다.

연봉을 NFT로 발행

미국프로농구 농구선수 스펜서 딘위디Spencer Dinwiddie는 2020년 1월 자신의 3년 치 연봉과 연동된 채권 형식의 토큰을 판매했다. 딘위디 자신의 백넘버를 본떠 만든 채권 토큰 'SD8'은 3년 만기 연 4.95% 이자율을 제공한다. 팬 입장에서 SD8 토큰을 구매하면 좋아하는 선수와 경제적 이익까지 공유하게 된다. 토큰이 모두 판매되면 딘위디는 3년 계약금에 해당하는 금액 3,300만 달러(392억 7,000만 원)를 일시에 받게 된다. 하지만 미국프로농구선수협회는 딘위디의 계획이 미국프로농구 선수들에게 적용되는 단체교섭 협약에 어긋난다면 토큰 발행 계획을 금지한다고 밝혔다. 이에 딘위디는 문제의 조항을 삭제하고라도 채권 토큰을 발행하겠다고 밝했지만 결국 이 계획은 실패로 끝났다. 하지만 프로 스포츠 선수가 NFT를 활용해 미래소득을 일시에 지급받아 유동성을 확보하려는 시도는 향후 계속될 전망이다.

대퍼랩스와 함께한 NFT 마케팅

블록체인 게임 개발사로 유명한 대퍼랩스DapperLabs는 2019년 9월 미국프로농구, 2020년 2월 UFC로부터 저작권을 사들이며 블록체인 기반 디지털 수집품을 만들겠다고 발표했다. 대퍼랩스는 2020년부터 미국프로농구와 손잡고 NFT 거래 플랫폼인 미국프로농구 톱숏NBA Top Shot에서 서비스를 제공하고 했다. 미국프로농구의 주요 장면 NFT를 파는 미국프로농구 톱숏은 현재 35만 명 이상의 활성 사용자와 10만 명 이상의 구매 사용자를 보유하고 있다. 하루 매출이 약 3,700만 달러(약 440억 원)에 달한다. 대퍼랩스는 2022년부터 UFC와 손잡고 NFT 거래 플랫폼인 UFC 스트라이크UFC Strike를 출시할 예정이다. UFC 스트라이크에서 UFC는 리그 역사에 기록된 '역사적 순간들'을 NFT 형태로 출시할 예정이며 해당 NFT에는 오디오, 관중 반응, 방송 해설 등이 포함될 예정으로 알려졌다.

'스마트 티켓'을 발행해 암표를 막다

유럽축구연맹UEFA 2020에서는 블록체인 기반 발권 시스템을 도입해 100만 장 이상의 티켓을 발권했다. 코로나19로 1년 연기되며 2021년 6월에 열린 '유럽축구연맹 유로 2020'은 관람권 판매 방식을 고민하던 중 블록체인 기반 발권 시스템을 도입했다. 위조가

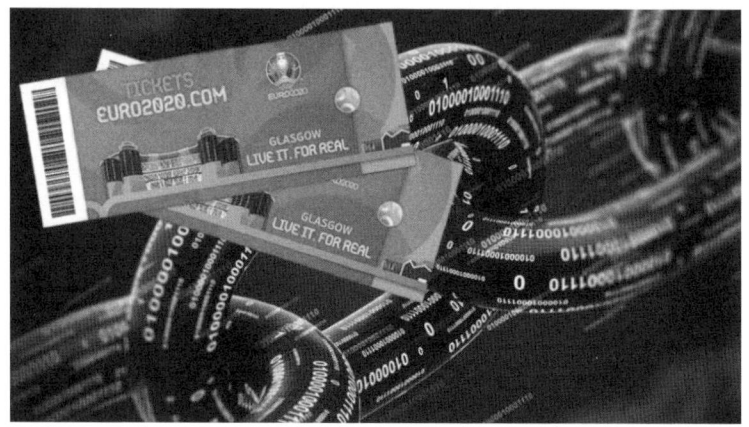

블록체인 기반 발권 시스템을 도입해 발권한 UEFA 2020 티켓

불가능한 블록체인의 특징을 살려 QR코드 방식으로 입장을 유도했다. 모바일 앱의 티켓 전송 기능을 통해 타인에게 입장권을 양도할 수도 있다. 2019년 6월 유럽축구연맹은 네이션스리그 결승전에서 11만 장 이상의 티켓을 블록체인으로 발권했다. 블록체인 기술은 코로나19 이전부터 스포츠 티켓팅 산업의 흐름을 대대적으로 바꿀 수 있는 기술로 주목받았는데 코로나19 확산에 따라 블록체인 기술을 바탕으로 한 티켓팅이 가속화됐다.

말본 골프 NFT 시장 진출

말본 골프는 2017년 패션 디자이너 스테픈 말본Stephen Malbon과 에리카 말본Erica Malbon이 런칭한 골프 브랜드다. 골프와 패션 전반을 아우르는 라이프스타일 브랜드를 지향한다. 말본 골프는 필드에서 개성을 드러내기 원하는 MZ 골퍼를 주 타깃 층으로 삼았다. 2021년 12월 말본은 브랜드 캐릭터 버킷Buckets을 사용해 '버킷 클럽The Buckets Club'이라는 단독 컬렉션으로 NFT 거래 플랫폼

말본 골프의 브랜드 캐릭터 버킷

인 오픈시OpenSea를 통해 NFT 시장에 진출했다. 말본은 1,000개의 작품을 만들었는데 1,000개의 NFT가 모두 다르도록 생성했다. 만약 말본 NFT를 샀다면 '버킷 클럽'의 멤버가 되는 것이며 이는 모든 말본 이벤트 티켓, 제품 할인, 시판 전 NFT 구매 기회 등의 혜택을 누릴 수 있다는 뜻이다. 버킷 클럽 NFT는 하나당 0.3이더리움(약 132만 원)에 판매됐고 빠르게 매진됐다. 리세일 마켓에 다시 등장한 작품은 1이더리움(약 421만 원)에 경매가 시작되어 3배 이상 호가를 보였다. 2022년 1월 현재 731이더리움(약 32억 5,000만 원)까지 치솟았다. MZ 커뮤니티 활성화 차원에서 말본은 NFT 관련 마케팅 활동을 더욱 강화할 것으로 예상된다.

알파고를 꺾은 이세돌 기보 영상 NFT 발행

지난 2016년 3월을 뜨겁게 달궜던 이세돌과 알파고의 4번째 기보 영상이 2021년 5월 11일 NFT로 발행돼 경매에 올랐다. 오픈시에서 60이더리움(약 2억 5,000만 원)에 낙찰됐다. 네 번째 대국 NFT는 대국 과정을 고스란히 옮긴 것이 특징이다. 알파벳과 아라비아 숫자를 이용해 흑과 백의 착수 지점을 디지털로 구현했다. 이 대국에서 이세돌 9단은 백을 잡고 180수 만에 불계승을 거두었다. 특히 불리하던 전세를 뒤집은 78번째 묘수가 '신의 한 수'로 화제가 됐다. 이세돌은 "기념하고 싶은 무엇인가를 블록체인을 이용해 디지털 형태로 실체를 만들어 소유할 수 있게 한다는 NFT 개념이 참 재미있습니다."라며 발행에 참여한 이유를 밝혔다.

NFT 카드 구매하고 실제 선수와의 라운딩

KLPGA투어 대표 스타플레이어 박현경과 임희정의 NFT가 발행

박현경(왼쪽)과 임희정의 NFT (출처: 갤럭시아SM)

됐다. NFT 구매자에게는 오프라인에서 실제 선수와 함께 라운딩할 권리가 주어진다.

2021년 12월 KLPGA 투어 폭넓은 팬을 보유한 박현경과 임희정은 국내 골프 선수로는 최초로 NFT 상품을 출시했다. 선수에게 의미 있는 소중한 순간을 회화적 기법으로 표현했으며 해당 NFT 구매자에게 오프라인에서 라운딩할 권리가 포함되어 있다. 판매 방식은 경매로 진행했으며 두 선수 모두 1,000만 원부터 시작했다. 수익금은 전액 선수 이름으로 기부될 예정이다. 관심을 끈 박현경 NFT 경매는 총 5차례 경매가를 경신하며 2022년 1월 7일 1,300만 원에 낙찰됐다. 2022년 2월에는 임희정 NFT가 판매될 예정인데 박현경 선수의 경매가를 경신할지 귀추가 주목된다.

식빵 언니 김연경 첫 번째 NFT 작품 완판

2021년 11월 1일 김연경 선수는 디지털 아티스트 박승우와 함

김연경 NFT (출처: 갤럭시아 머니트리)

께 자신의 첫 번째 한정판 NFT '섬씽 뉴Something new'를 발매했다. 50만 원(346클레이) 고정가 판매방식으로 총 50개 발매됐다. 박승우 작가는 '우주에서 가장 훌륭한 배구 선수'라는 콘셉트로 배구 여제 김연경 선수의 활약을 작품에 담았다.

타이거 우즈 NFT 컬렉션 발매

2021년 9월 28일 골프 황제 타이거 우즈도 NFT 카드를 발행했다. 루비, 사파이어, 에메랄드 등 등급별로 다양한 NFT 카드를 많게는 5,000개에서 적게는 12개 발행했다. 이 중 12개 한정판인 루비 등급은 1,500달러에 판매됐는데 2주 만에 9만 5,000달러로 급등했다. '세계에서 제일 빠른 남자' 우사인 볼트도 타이거 우즈와 마찬가지로 12개 한정판 루비 등급 NFT를 발행했는데 당시 9,399달러까지 가격이 올랐다. 적어도 NFT 카드 분야에서 타이거 우즈

타이거 우즈 NFT 컬렉션 중 12개 한정판인 루비 버전. 타이거 우즈 NFT컬렉션은 1,500달러로 출시됐고 2주 만에 9만 5,000달러가 넘는 가격에 거래되고 있다.

는 우사인 볼트를 압도했다. 타이거 우즈는 NFT 카드 분야에서도 자신의 이름값에 걸맞게 다른 어떤 선수보다 높은 가치를 증명하고 있다.

올림픽 역사상 최초 NFT 마스코트 등장

베이징동계올림픽조직위가 국제올림픽위원회 승인하에 NFT 관련 상품을 출시했다. 2022년 베이징 동계올림픽에서 선풍적인 인기를 끈 마스코트 빙둔둔氷墩墩을 활용했다. 베이징동계올림픽조직위는 마스코트를 선정하기 위해 글로벌 공모전을 열었는데 약 5,800여 개 작품이 접수될 정도로 큰 관심을 끌었다. 마스코트 빙둔둔은 올림픽이 시작되자 더욱 큰 인기를 끌었는데 중국 내 중고 거래 사이트에서 빙둔둔 관련 상품이 원래 가격의 10배 이상을 상

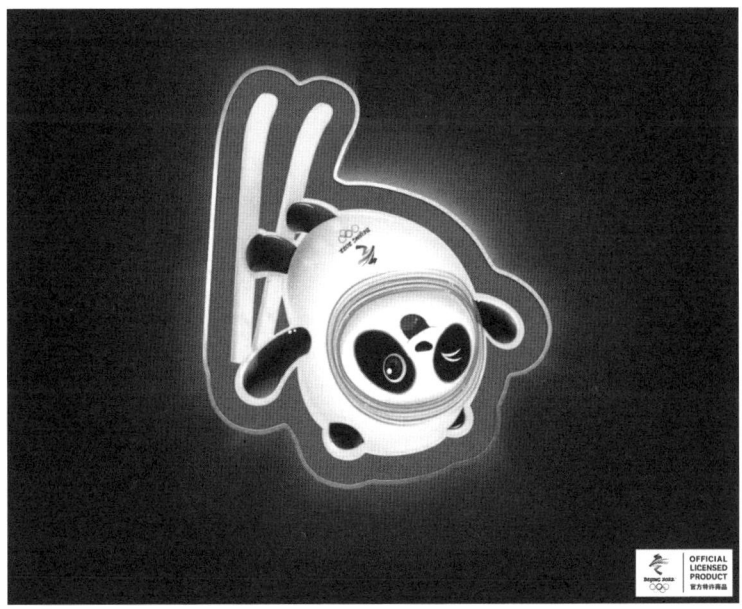

2022년 베이징 동계올림픽 마스코트 빙둔둔 NFT 상품

회할 정도였다.

그런데 만질 수도 없는 빙둔둔 NFT 상품이 실제 빙둔둔의 인기를 초월했다. 베이징동계올림픽조직위는 2022년 2월 11일 중국 NFT 거래 플랫폼인 엔웨이플레이nWayPlay를 통해 빙둔둔 NFT 상품 500개를 발행했다. 올림픽 개최 기간은 2월 4일부터 20일까지였는데 올림픽 열기가 최고조에 오른 시점에 발매했다는 점이 인상적이다.

2022년 2월 14일 차이나펀드뉴스는 엔웨이플레이에서 빙둔둔 관련 13개 NFT가 판매 중이며(스키, 스켈레톤, 스노보드 등) 이틀 동안 무려 1,000배 가까이 가격이 올랐다고 전했다. 최저 가격은 2,000달러(약 240만 원)이고 최고 가격은 8만 8,888달러(약 1억 600만 원)다. 가장 큰 증가 폭을 보인 빙둔둔 NFT는 노르딕 복합이다. 초기 출시 가격이 99달러(약 11만 원)인 점을 고려하면 약 1,000배 이상 가격이 치솟은 셈이다. 이 밖에 엔에이플레이는 빙둔둔 마스코트를 포함해 올림픽 관련 다양한 NFT 상품을 출시했다. 한편 중국 매체 렌신鏈新은 빙둔둔 NFT가 인기를 끈 건 사실이지만 당일 반짝 인기에 그쳤고 이후 NFT 거래량과 가격이 계속해서 하락했다는 사실을 지적했다. 하지만 이번 빙둔둔 NFT 사례는 실제 빙둔둔 NFT 거래량과 가격이 하락했는지와 무관하게 올림픽 역사상 최초 NFT 마스코트라는 점에서 전 세계 스포츠 단체에 시사하는 바가 크다.

2020년부터 시작된 스포츠 NFT 상품이 더욱 다양한 방식으로 출시되고 있다. 2021년 12월 딜로이트 컨설팅Deloitte Consulting사는 2022년은 스포츠 NFT가 수익 관점에서 유의미한 기록을 세우는 첫 번째 시즌이 되리라 전망했다.

현재 블록체인 관련 기업은 전 세계 주요 스포츠 단체에 주요 후원사로 나서고 있다. 대표적으로 크립토닷컴Crypto.com과 칠리즈Chiliz가 있다. 크립토닷컴은 UFC, F1, PSG, 세리에A 등과 스폰서십 계약을 맺었다. 칠리즈는 FC바르셀로나, 파리 생제르맹, 유벤투스, AS로마, 아틀레티코 마드리드 등과 스폰서십 계약을 맺었다. 국내에서는 블록체인 기업 두나무가 2022년 출범 예정인 프로탁구 리그와 2년간 20억 원 후원 계약을 맺어 화제를 낳았다.

이제 전 세계 스포츠 단체와 스포츠 스타는 NFT를 통해 새로운 수익을 창출할 수 있는 기회를 맞았다. 디지털 네이티브 세대의 등장으로 디지털 자산 시장이 더욱 활성화되는 시점에 NFT 가치가 더욱 높아지고 있다. NFT가 단순한 투기 수단이 아니라 스포츠 활성화 측면에서 긍정적인 역할을 하길 바란다. 무한한 가능성을 지닌 스포츠와 블록체인 시장을 지켜보자. 새로운 방식으로 진화하는 스포츠의 가장 역동적인 순간을 목격할 것이다.

스포츠 메타버스 열풍의 중심은 어디인가

코로나19가 장기화되면서 뉴노멀new-normal이라는 말이 피부로 느껴지는 시기다. 커피숍에서 만나 이런저런 이야기를 나누지 못하게 된 사람들은 온라인 화상채팅 플랫폼을 통해 이런저런 이야기를 나누는 것에 적응하게 됐다. 물리적인 공간에서 벗어나 가상의 공간에 모여 함께하는 활동이 잦아졌다는 점이 21세기 들어 세상에 일어난 가장 큰 변화다. 이제는 나를 대변하는 가상의 아바타가 온라인 공간에서 다양한 활동을 하며 나를 대신하는 시간이 늘었다. 우리는 아바타가 활동하는 공간을 언제부터인가 메타버스Metaerse라고 부르기 시작했다.

2021년 10월 세계 최대 소셜미디어 페이스북이 사명을 메타Meta로 변경했다. 창립 17년 만이다. 크 저커버그Mark Zuckerberg는 온라인으로 열린 페이스북 커넥트2021Facebook Connect 2021 콘퍼런스에서 현재와 미래 사업을 반영할 수 있는 회사명으로 바꿨다며 '우리가 또 다른 메타버스를 만들어간다'고 선언했다. 그는 메타버스를 적용할 수 있는 분야로 비디오 게임, 피트니스, 업무 등을 들었다.

페이스북은 2021년 7월 실적 발표에서 페이스북의 미래는 메타버스에 있다고 말한 이후 8월 VR헤드셋을 기반으로 다른 장소에 있는 이용자가 가상공간에서 아바타로 회의를 할 수 있는 호라이즌 워크룸Horizon Workrooms의 테스트 버전을 선보였다. 9월에는 메타버스 구축을 위해 5,000만 달러를 투자할 계획이라고 발표했으며 10월에는 메타버스 내 콘텐츠 제작에 참여하는 크리에이터 지원을 위해 1,000만 달러 기금을 조성하겠다고 발표하며 메타버스 사업에 박차를 가하고 있다. 페이스북은 2014년 머리에 착용하는 디스플레이HMD를 제조하는 오큘러스를 인수했는데 2020년 10월 오큘러스 퀘스트2를 발매하며 메타버스 시장을 주도하고 나섰다. 오큘러스 퀘스트2는 발매 후 1년도 채 안 돼서 1,000만 대 이상이 팔렸다.

과거 아이폰이 손 안의 컴퓨터로 언제 어디서나 인터넷을 자유롭게 사용할 수 있는 환경을 제공함으로써 전 세계를 커다란 변화로 이끌었다면 이제는 페이스북이 오큘러스 퀘스트2와 같은 기기를 통해 가상의 세상에서 다양한 활동할 수 있는 환경을 제공함으로써 전 세계를 또 한번 거대한 변화로 이끌어가고자 노력하고 있다. 애플의 아이폰이 인터넷으로 세상을 바꾸려 했다면 페이스북의 오큘러스 퀘스트2는 메타버스로 세상을 바꾸려 하고 있다. 페이스북은 앞으로 페이스북과 인스타그램 등 소셜미디어 부문과 메타버스 부문으로 나눠 기업을 운영할 계획이다. 2022년 기준 페이스북의 뒤를 이어 거대 기업뿐만 아니라 중소기업들도 메타버스 가능성을 높게 평가하며 메타버스 시장에 잇따라 진출하고 있다. 우리나라 역시 앞으로 5년간 47조 원을 투입해 메타버스를 집중 육성할 것이라고 발표했다.[35]

메타버스는 아직 초기 단계라 시장 규모를 예측하기는 어렵다. 연구 기관마다 천차만별이다. 2021년 12월 블룸버그 인텔리전스는 메타버스 시장 규모가 2020년 4,787억 달러(약 564조 원)에서 2024년 7,833억 달러(약 923조 원)로 성장할 것으로 전망했다. 2021년 11월 글로벌 투자은행 모건스탠리는 "메타버스가 차세대 소셜미디어, 스트리밍, 게임 플랫폼이 될 것"이라며 메타버스의 미래 시장 규모를 최대 8조 달러(약 9,434조 원)로 제시했다. 현재 메타버스 시장 규모는 최소 8,000억 달러(약 950조)에서 최대 8조 달러(약 9,500조)를 형성할 것으로 예상한다.

메타버스는 특히 스포츠와 잘 어울린다. 흔히 메타버스의 특성으로 동시성, 예측 불가성, 현장성, 소멸성 등을 꼽는다. 스포츠 역시 메타버스가 가진 특성인 동시성, 즉 생중계 여부가 굉장히 중요하고 예측 불가성, 현장성, 소멸성도 스포츠 고유의 특징이다. 메타버스는 메타버스 고유의 특징을 앞세워 현실 속 세상을 온라인 세상으로 구현해내고 있다. 사람들이 만나 교류하고 새로운 경험을 느끼는 수단으로서 스포츠가 주도적인 역할을 하고 있다. 2021년 예열을 마친 메타버스가 2022년 본격적으로 비상할 채비를 마쳤다.

잠시 메타버스에 대해 알아보자. 메타버스는 1992년에 나온 유명 SF 작가 닐 스티븐슨Neal Stephenson의 소설 『스노우 크래시Snow Crash』에서 처음 사용한 단어다. 피자 배달원인 주인공이 진짜 세상과 가상 세계를 왔다 갔다 하는 이야기를 하면서 가상 세계를 메타버스Meta-verse라고 불렀다. 메타버스는 초월을 의미하는 메타meta와 현실 세계를 의미하는 유니버스universe의 합성어다. 쉽게 이해하자면 「레디 플레이어 원Ready Player One」「아바타Avatar」「메트릭스Matrix」 등 영화 속에 등장하는 또 다른 세상을 말한다.

메타버스는 크게 4가지 형태로 분류한다. 증강현실AR, 라이프로깅life logging, 거울 세계mirror worlds, 가상 세계virtual worlds다.

첫째, 증강현실은 실제 세상과 다른 스크린 안의 가상세계를 의미한다. 2017년 발매되어 큰 인기를 끈 비디오 게임 포켓몬 고를 떠올리면 된다. 둘째, 라이프로깅은 자신의 삶에 관한 다양한 경험과 정보를 기록하고 저장하고 공유하는 활동을 말한다. 페이스북, 인스타그램, 트위터, 카카오스토리 등 모든 SNS 활동이 여기에 속한다. 셋째, 거울 세계는 실제 세상과 똑같은 복제품이 온라인 세상에 존재하는 것을 의미한다. 대표적으로 구글 지도, 네이버 지도 등과 같은 서비스를 말한다. 이런 지도 플랫폼을 바탕으로 에어비앤비, 배달의 민족 같은 서비스를 제공하는 기업이 탄생했다. 넷째, 가상 세계는 현실에 존재하지 않는 전혀 다른 신세계를 의미한다. 오늘날 우리가 즐기는 다중 사용자 온라인 롤 플레잉 게임MMORPG를 떠올릴 수 있다. 리니지, 디아블로, 포트나이트, 로블록스, 제페토 등을 들 수 있다. 이들 게임은 일반적인 게임처럼 어떤 스토리나 행동을 하도록 유도하지 않는다. 그 안에 접속한 사람은 소셜네트워크를 구축하고 문화와 경제활동을 자유롭게 한다. 로블록스 공동 창업자인 데이비드 바수츠키David Bszucki는 메타버스의 필수 구성요소로 디지털로 구현한 세계관, 그 안에 사는 새로운 인격체(아바타), 그리고 자유도를 꼽았다.

2020년 4월에는 포트나이트 게임 속에서 미국 래퍼 트래비스 스콧Travis Scott의 가상 콘서트가 열려 화제였다. 스콧은 45분 공연으로 약 2,000만 달러(약 220억 원)를 벌었다. 스콧의 2019년 공연 하루 매출이 170만 달러였던 점을 고려하면 정말 엄청난 흥행이 아닐 수 없다. 특히, 최대 동시 접속자 수가 약 1,230만 명이었는데 잠실주경기장 수용 인원이 10만 명이라는 점을 고려했을 때 약 120배에 달하는 수치다. 세상 어떤 이벤트가 이렇게나 많은 사람들을 한 장소에 모이게 할 수 있을까? 트래비스 스콧의 공연은 메타버스의 위력이 얼마나 대단한지 전 세계에 보여준 상징적인 사건이었다.

그럼 메타버스 세상 속에서 흥미로운 스포츠 콘텐츠를 살펴보자.

KBO 포스트 시즌 메타버스 생중계

2020년 11월 LG유플러스는 VR을 통해 2020년 KBO 포스트 시즌 생중계를 관람할 수 있는 8K 소셜VR 실감 야구 중계 서비스를 선보였다. 피코 유 VR헤드셋PICO-U VR과 LG유플러스 5G 서비스를 결합했다. VR헤드셋을 끼고 가상의 공간으로 들어가면 자신의 아바타를 생성할 수 있고 아바타에게 자신이 응원하는 팀의 유니폼을 입힐 수 있다. 자신의 아바타와 함께 가상의 공간 안에서 선수 라인업을 본다거나 카메라 시점을 바꿀 수 있고 경기장에서 폭죽을 터뜨리는 기능도 구현했다. 무엇보다 서로 음성으로 대화를 나눌 수 있다는 점이 특징이다. 실시간으로 함께 응원하거나 탄성을 내뱉는 소리 등을 구현해 현장감을 살렸다. 소리를 원치 않을 때는 음성을 끄거나 특정 아바타의 음성만 소거하는 기능도 있다.

디센트럴랜드 맨체스터시티 홍보관

EPL(잉글랜드프리미어리그)에 소속되어 있는 맨체스터시티는 2021년 5월에 디센트럴랜드Decentraland에 홍보관을 만들었다. 디센트럴랜드는 이더리움 블록체인을 기반으로 하는 가상현실 플랫폼이다. 맨체스터시티는 2020-2021 시즌 우승을 기념하기 위해 디지털 아티스트 존 노를랜더Jon Noorlander와 협업했다. 맨체스터시티 홍보관에 들어가면 맨체스터시티의 우승을 축하하는 다양한 작품을 볼 수 있는데 모두 NFT 형태로 제작하고 판매하고 있다.

디센트럴랜드의 맨체스터시티 홍보관 이미지

주로 팀 로고, 챔피언 메달, 백넘버, 선수 사인 등을 활용했다. NFT 작품 가격은 종류마다 다르지만 평균 750달러(약 800만 원) 수준으로 거래되고 있다. NFT 작품을 구매할 경우 실제 경기를 볼 수 있는 티켓 2매와 팀 훈련을 볼 기회를 제공하고 있다. 실제 선수를 눈앞에서 볼 기회를 제공함으로써 구매 욕구를 불러일으켰다. NFT 작품을 구매할 경우 이를 재판매할 수 있는 권리도 포함되어 있다. 맨체스터시티는 이 수익금 일부를 자선단체에 기부한다.

나이키의 메타버스 진출 앞둔 상품출원

나이키는 2019년부터 메타버스 내 제품 판매를 위해 제페토, 포트나이트 등과 손잡고 다양한 실험을 계속하고 있다. 2019년 3월 제페토에서 나이키 콜라보레이션 숍을 열었다. 제페토는 MZ세대 이용률이 높은데 현실 세계에서 수십만 원을 호가하는 물건을 가상 세계에서 몇천 원대에 구매해 자신의 아바타를 꾸밀 수 있다는 것에 열광했다. 현재 아바타용 나이키 브랜드 굿즈는 제페토에서 약 500만 개가 판매될 정도로 인기가 좋다.

2019년 5월 포트나이트에서는 크리에이티브 아티스트 낫넬라프NotNellaf와 톨몰리아Tollmolia가 에어조던 브랜드와 함께 협업해 기간 한정 게임을 출시했다. 게임 미션 수행을 완료하면 가상의 나이키 제품을 받을 수 있었다. 당시 게임 유저인 아바타들은 에어포스 1을 신고 엄청난 점프와 함께 신나게 게임 세상을 돌아다녔다. 게임 속에서도 나이키 운동화의 특성을 잘 나타낸 것이 인상적이다.

2021년 11월 CNBC는 나이키가 메타버스 진출을 염두에 두고 상표 출원을 추진했다고 보도했다. 나이키는 2021년 10월 트레이드마크인 스우시Swoosh 로고, 슬로건 저스트 두 잇Just Do it을 비롯해 에어조던, 점프맨 등 나이키 브랜드 로고 7개에 대한 상표 등록을 미국 특허청에 제출했다. 나이키가 가상세계에서 본격적으로 나이키 제품을 판매하려고 나선 것이다. 최근 나이키 홈페이지에 디자이너 채용 공고가 게시됐는데 가상 세계에서 혁명을 일으키는데 중점을 둔다고 밝혀 화제를 낳았다.

메타버스 열풍이 언제까지 계속될지 지금 당장은 알 수 없는 일이다. 과거 미래 기술을 대표했던 유비쿼터스, 사람, 사물, 혹은 사물과 사물 간 통신을 이끌어낼 차세대 기술로 관심을 끌었던 사물인터넷은 업계에서 낡은 개념으로 사장되거나 더딘 진행형으로 남게 됐다. 메타버스는 현실 세계를 초월하는 가상 세계인데 영화 「레디 플레이어 원」처럼 사람들이 가상세계를 실제세계로 받아들일 정도로 기술이 발전해야 한다.

현재 메타버스 기술로 스포츠 관람을 통해 얻는 감동을 대체하기란 여러모로 부족하다. 하지만 메타버스는 스포츠 관람 분야뿐만 아니라 기존 스포츠 영역을 확대하며 적극적인 신체 활동을 유도하고 가상의 공간에서 함께할 수 있는 새로운 기회와 재미를 제공한다는 측면에서 긍정적이다.

스포츠 메타버스는 메타버스 자체보다 그 안의 정보, 즉 메타데이터metadata를 일상으로 가져와서 상호작용을 통한 결과물을 다시 현실 사례에 적용하는 피드백이 중요하다. 독일 자동차업체 BMW는 생산공정 전체를 디지털화한 무빙 팩토리moving factory를 운영한다. 생산라인에 수정이 필요한 부분을 디지털로 복제한 생산라인에 미리 적용함으로써 시간과 비용을 최소화하고 있다. 이러한 기술은 향후 스포츠 분야에서 중요하게 다루어져야 할 것이다. 실제로 일본 자동차업체 닛산과 게임기 제조사 소니가 합작하여 GT아카데미라는 프로그램을 진행하고 있다. GT아카데미는 레이싱 게임인 그란 투리스모Gran Turismo에서 성적이 좋은 선수가 실제 레이싱에서도 우수한 성적을 거둔다는 것을 확인하고 이들을 대상으로 훈련하여 실제 레이싱에 참가시키고 있다.

2021년 시작된 메타버스 열풍이 2022년에도 계속되고 있다. 메타버스가 가져올 미래는 어떤 모습으로 우리에게 다가올까?

3

스포츠, 거대 자본과 만나다

거대 자본이 코로나19로 허약해진 스포츠 산업의 빈틈을 파고들었다. 최근 유럽슈퍼리그ESL와 프리미어골프리그PGL 출범 선언이 그것이다. 스포츠뿐만 아니라 산업 전 영역에서 치열한 플랫폼 전쟁이 일어나고 있다. 대표적인 사례로 애플 대 삼성, 아마존 대 구글, 넷플릭스 대 왓챠, 페이스북 대 텐센트, 카카오톡 대 라인 등을 들 수 있다. 플랫폼은 곧 지속가능성을 의미하기 때문에 누구 하나 쉽게 물러설 수 없는 형세다.

2021년 4월 19일 유럽슈퍼리그 출범 소식에 전 세계 축구계가 발칵 뒤집혔다. 유럽슈퍼리그는 공식 성명을 통해 "유럽 12개 구단이 모여 클럽이 주관하는 새로운 주중 대회인 슈퍼리그를 창립하기로 했습니다"라고 밝혔다. 유럽슈퍼리그에 참가하기로 한 레알 마드리드, 바르셀로나, 아틀레티코 마드리드, AC밀란, 인터밀란, 유벤투스, 맨시티, 맨유, 리버풀, 첼시, 아스널, 토트넘 등도 차례로 이 같은 내용을 공식 발표했다. 유럽슈퍼리그는 유럽 5대 리그의 15개 팀을 고정 멤버로 삼고, 5개 팀을 초청해 20개 팀으로 구성한다는 계획을 구상했다. 비록 ESL 출범 발표 3일 만에 유럽슈퍼리그에 가입했던 잉글랜드 빅 6가 탈퇴를 공식 선언하면서 유럽슈퍼리그 출범이 무산될 위기에 처했지만 새로운 리그를 출범하려는 시도는 계속될 전망이다. 코로나19 이전부터 거대 자본은 호시탐탐 스포츠 산업을 노리며 새로운 성장 동력의 발판으로 삼으려 했다. 지금부터 거대 자본이 스포츠 산업에 침투한 사례를 살펴보자.

왜 SSG랜더스를 주목해야 하는가

코로나19로 스포츠 산업이 어려움을 겪고 있는 가운데 신세계그룹 계열사 이마트가 1,352억 8,000만 원에 SK와이번스를 인수했다. 2021년 1월 26일 이마트 공시로 SK텔레콤이 소유한 SK와이번스 매각 절차가 시작됐고 2월 23일 본 계약을 체결했다. 이후 인천시, 공정거래위원회 등 관계기관의 승인 절차를 거쳐 3월 5일 KBO 승인이 나면서 매각 절차가 마무리됐다.

팀명은 'SSG랜더스'로 정해졌다. 랜더Lander는 상륙자라는 뜻인데 인천광역시가 인천항을 통해 바다에서 육지로 들어오는 항구도시인 점, 인천국제공항이 한국에 상륙하는 대표적 관문이라는 점,

2021년 3월 인천을 연고로 한 야구단 SSG랜더스가 새로운 구단 로고를 발표했다.

인천을 배경으로 한 역사적 사건 중 인천상륙작전이 있었다는 점을 고려했다.

일각에서는 신세계그룹이 프로야구단을 인수한 것보다 SK그룹이 SK와이번스를 판 것을 더욱더 놀라운 일로 평가했다. 유통 공룡 이마트는 오프라인 고객을 대상으로 한 마케팅 활동에 강점을 가진 기업으로 프로야구를 활용한 마케팅 니즈가 SK텔레콤보다 앞선 것으로 풀이된다.

SSG랜더스 이마트 플랫폼 구심점

소비 트렌드가 대형 할인점에서 편의점, 온라인 쇼핑으로 이동하고 있는 상황에서 이마트는 흩어진 고객을 한데 묶을 수 있는 새로운 구심점이 필요했다. 현재 이마트 사업 영역은 할인점(이마트, 이마트 트레이더스, 노브랜드), 편의점(이마트24), 프리미엄 슈퍼마켓(SSG), 각종 테마 매장(일렉트로마트, 삐에로쇼핑, 몰리스펫샵)으로 구성돼 있다. 최근에는 SSG닷컴을 중심으로 한 온라인 사업에 중점을 두고 있는데 2021년 4월 1일 SSG닷컴은 여성 의류와 액세서리 온라인 분야 2위인 더블유컨셉을 인수했다고 밝혔다. 이번 인수를 통해 SSG닷컴은 식품 영역을 넘어 종합 몰로 변신을 꾀하고 있다.

현재 국내 최고 인기 스포츠인 프로야구는 남녀노소, 가족, 연인 단위 관람객이 많다. 모든 연령대에서 부담 없이 즐길 수 있는 최고의 엔터테인먼트 수단으로 오랜 기간을 거쳐 흥행성이 검증됐다. 이마트의 이번 야구단 인수는 흩어진 이마트 플랫폼을 재정비하고 전사적인 프로모션 활동과 고객 유치 확보에 좋은 수단이 될 것이다.

프로야구는 더 이상 스포츠가 아니다

2016년 1월 삼성그룹은 프로 스포츠단 운영에서 손을 뗐다. 대신 삼성그룹의 광고 대행사인 제일기획이 삼성 라이온즈 최대 주주가 됐다. 앞서 제일기획은 블루윙즈(축구)와 블루팡스(배구), 썬더스(남자 농구), 블루밍스(여자 농구) 등 4개 프로 스포츠단을 인수했다. 삼성그룹은 스포츠 마케팅 분야에 노하우를 보유한 제일기획을 앞세워 삼성그룹 프로 스포츠단이 해외 스포츠 구단처럼 자생할 수 있을 것이라 기대했다. 제일기획은 '통합 패키지 스폰서십'을 통해 2개 이상 구단을 함께 후원하는 방식을 새롭게 제시하기도 했다. 하지만 제일기획은 스포츠 마케팅 바닥에서 아직 이렇다 할 비전을 제시하지 못했다.

반면 정용진 부회장이 그린 SSG랜더스의 청사진은 스포츠 마케팅 업계에 많은 화제를 낳고 있다. 대표적으로 신세계가 청라국제도시에 돔구장을 지어 문화, 숙박 시설, 레저 공간 등이 포함된 대형 복합 쇼핑몰로 만들겠다는 계획이다. 야구장을 중심으로 테마파크와 쇼핑몰이 있고 야구 비시즌에는 수만 명을 수용할 수 있는 대형 공연장으로 활용한다는 내용이다. 실제 성사 여부는 두고 봐야 알겠지만 일단 정용진 부회장이 제시한 청사진에 지자체, 인천시민들, 야구계 모두 촉각을 곤두세우고 있다. 그동안 신세계그룹이 보유한 마케팅 노하우를 프로야구 팬들에게 고스란히 보여주겠다는 의도로 산업 간 경계가 사라진 대융합의 시대를 맞아 프로야구가 어떤 모습으로 성장할지 기대된다.

프로야구 '경험 확장' 신세계를 기대하다

MLB는 모든 구장이 '꿈의 구장'이라 부를 만큼 대단한 규모와 인프라를 갖고 있다. MLB구장은 야구가 아니더라도 쇼핑, 레스토랑, 테마파크 등 즐길 거리가 다양하다. 다양한 즐길 거리를 통한 다양한 경험은 야구 게임이 내포한 불확실한 재미를 상쇄한다. 야구 경기가 매번 손에 땀을 쥐게 하는 명승부를 보장하지 않기 때문이다. 다양한 즐길 거리는 야구 골수팬을 포함해 남편 따라, 친구 따라 야구장에 온 사람들이 야구 외 다양한 경험을 통해 평균적인 만족감을 채우는 데 도움을 줄 수 있다. 이런 측면에서 신세계그룹이 보유한 다양한 네트워크와 마케팅 노하우는 프로야구 판에 새로운 활력을 불어넣을 수 있을 것이다. 정용진 부회장은 수년 전부터 유통 영역을 확장하라고 강조했다. 2015년엔 임직원을 대상으로 한 특강에서 '틀을 깨는 변신'을 주문하며 "식품, 의류, 가전 같은 기업은 물론이고 주말에 우리의 잠재적 고객을 흡인하는 야구장과 놀이공원도 신세계그룹의 경쟁자"라고 언급했다.

정 부회장은 그간 복합쇼핑몰인 스타필드와 가전 유통채널인 일렉트로마트, 만물상 잡화점인 삐에로쇼핑 등의 사업을 추진하며 체험형 공간 마케팅 활동에 힘을 쏟아왔다. 주력인 이마트 역시 2020년 오프라인 점포 리뉴얼에 전체 투자금액의 30%를 쏟기도 했다. 오프라인 매장이 살아남기 위해서는 단순히 '상품' 판매에 그치는 것이 아니라 고객에게 '경험'을 팔아야 한다는 철학을 반영한 것이다. 무엇보다 식품, 생활용품, 반려동물용품 등 생활 전반에 걸친 카테고리 관련 상품을 개발하는 노하우를 보유하고 있다는 점이 신세계그룹의 가장 큰 장점이다. 신세계그룹과 함께 유통시장에서 경쟁하는 롯데그룹은 졸지에 비교 대상이 됐다. 다른 구단 역시 마찬가지로 신세계그룹이 펼칠 스포츠 마케팅에 주목하고 있다. 결국 구단을 보유한 기업들은 자사가 가진 역량 중 몇 퍼센트를 프로야구단에 녹여낼지 고민에 빠졌다. 삼성은 삼성 나름대로, NC소프트는 NC소프트 나름대로 야구 관련 스포츠 마케팅 활동에 관심을 가지게 됐다.

분명한 건 신세계그룹이 프로 스포츠 역사상 유례없이 프로야구를 전면에 내세운 마케팅 활동을 펼치고 있다는 점이다. 정 부회장은 "많은 기업의 야구단에 대한 열정이 예전만 못합니다."라며 야구에 열정적이면 본업과 연결해 많은 일을 할 수 있다고 밝혔다. 신세계그룹이 펼칠 스포츠 마케팅 활동에 주목해야 하는 이유다.

스포츠 프라퍼티 전쟁이 시작됐다

거대 자본이 새로운 리그 창설에 앞장서며 스포츠 플랫폼을 통째로 손아귀에 넣으려 하고 있다. 뒤에 설명할 유럽슈퍼리그나 프리미어골프리그가 대표적인 사례다. 거대 자본이 스포츠 플랫폼을 탐내는 이유는 단 하나 '돈' 때문이다. 스포츠 플랫폼 확보는 매우 어려운 일이지만 그에 따른 엄청난 보상이 뒤따른다. 기존 스포츠 단체는 역사상 유례없는 위기를 맞았다. 거대 자본에 의해 한순간에 무너질 수 있다는 위기감이 팽배하다.

거대 자본이 기존 스포츠 단체와 차별화를 선언하며 새로운 스포츠 플랫폼을 확보하기 위해 노력하고 있는 만큼 기존 스포츠 단체 역시 자신들이 오랜 기간 공을 들여 구축한 스포츠 플랫폼을 빼앗기지 않기 위해 안간힘을 쓰고 있다. 스포츠 플랫폼 전쟁 이전에 스포츠 프라퍼티 전쟁이 있었다. 플랫폼과 프라퍼티 개념은 산업마다 조금씩 다른 의미로 사용되고 있다. 좀 더 이해하기 쉽게 단순하게 설명하자면 플랫폼은 본원 시장으로 리그, 협회, 단체를 의미하며, 프라퍼티는 파생 시장으로 중계권, 스폰서십, 선수, 구단, 머천다이징 등을 의미한다.

이 장에서는 프라퍼티 개념을 먼저 살펴보겠다. 프라퍼티의 사전적 의미는 재산, 소유물, 부동산, 건물 등을 뜻한다. 스포츠 현장에서 프라퍼티의 의미는 더 넓게 해석되는데 유무형 자산을 포함한 소유물 어감이 강하다.

단기 프라퍼티와 장기 프라퍼티

프라퍼티는 크게 단기와 장기로 구분된다. 구단이나 기업이 특정 선수와 입단 계약 혹은 후원 계약을 맺었다면 이는 단기로 구분된다. 물론 종목마다 약간의 차이가 있다. 골프, 테니스와 같은 개인종목은 통상적으로 2~3년 단위로 스폰서 계약을 맺는다. 국내 프로야구의 경우 자유계약은 자격 획득까지 9년이 걸리며 이후 원소속 구단이나 다른 구단과 2~4년 단위로 재계약을 한다. MLB의 경우 자유계약 자격 획득까지 6년이 걸린다. 국내 프로농구와 프로배구는 5시즌이나 6시즌 이후 자유계약 자격을 획득하게 되는데 이후 1~2년 단위로 계약을 이어간다. 선수 생명을 고려한다면 선수는 단기 프라퍼티로 구분된다.

반면 스포츠 구단은 선수보다 지속성이 크기 때문에 장기 프라퍼티에 속한다. 야구는 1982년 프로화됐는데 당시 원년 구단이었던 해태 타이거즈, OB베어스, 빙그레 이글스, MBC청룡은 KIA타이거즈, 두산 베어스, 한화 이글스, LG트윈스로 지금까지 명목을 유지하고 있다. 해외의 경우 스포츠 구단을 프라퍼티로 바라보는 경향이 더 강하다. 대표적인 예로 석유 재벌 셰이크 만수르Sheikh Mansour가 있다. 만수르는 2008년 2억 1,000만 파운드(약 3,051억 원)를 투자해 맨시티를 인수했다. 당시 맨시티는 같은 연고지 맨유 그늘에 가려진 B급 팀이었다. 초기 커다란 손해를 감수하고도 엄청난 투자를 감행한 것이다. 맨시티는 최대 매출을 기록하고 있다. 이처럼 해외에는 구단을 사고파는 일이 비일비재하다.

해외 프라퍼티 전쟁- WME와 CAA

스포츠 프라퍼티 전쟁은 해외에서 더 치열하게 전개된다. 앞서 다루었듯 2013년 스포츠 마케팅 선두주자로 스포츠계에 막강한 영향력을 발휘해온 IMG가 할리우드 스타와 아티스트를 관리하는 WME에 매각됐다는 사실은 업계에 커다란 충격을 안겼다. 향후 스포츠 산업에 커다란 변화를 예고했다. 비슷한 사례로 CAA가 있다. CAA 역시 WME와 마찬가지로 미국 최대 엔터테인먼트 기획사로 연예인 매니지먼트를 주로 하고 있다. CAA는 WME와 비슷한 사업구조로 돼 있는데 영화, TV, 음악, 연극, 디지털 콘텐츠 분야에서 수많은 아티스트를 보유하고 있다.

CAA는 2016년 국제 스포츠 컨설팅 자문사 브랜드라포트를 인수하는 것을 시작으로 미국과 유럽 각지에서 주요 스타디움과 아레나 경기장을 설계, 관리하는 아이콘베뉴그룹을 인수하며 몸집을 키워가고 있다. 자회사인 CAA스포츠는 크리스티아누 호날두, 해리 케인Harry Kane, 폴 조지Paul George, 크리스 폴Chris Paul 등 세계 최고의 운동선수, 코치, 스포츠 인사 1,000여 명을 대리하고 있다.

국내 프라퍼티 전쟁- SM과 YG

2015년 SM엔터테인먼트가 스포츠 마케팅 회사 IB스포츠에 투자했다. YG엔터테인먼트 역시 골프 사업을 주로 하는 스포츠 마케팅 회사 G애드를 인수했다. 국내를 대표하는 두 엔터테인먼트 회사가 새로운 성장 동력을 확보하기 위해 앞장선 상황이다. 최근에는 「태양의 후예」 제작사로 유명한 영화제작사 뉴가 스포츠 마케팅 회사 브라보앤뉴를 창립했다.

엔터테인먼트 회사와 스포츠 마케팅 회사는 미디어, 스타, 이벤트, 팬십, 굿즈 개발 등 산업 간 비슷한 비즈니스 구조로 돼 있기 때문에 향후 큰 시너지를 기대해볼 수 있다. 큰 틀에서 거대 자본을 확보한 엔터테인먼트 회사가 미래 먹거리 산업을 찾는 과정에서 스포츠라는 프라퍼티를 눈여겨본 것이다. 스포츠와 엔터테인먼트 업계의 협업은 아직 초기 단계다. 현재는 특정 선수나 연예인을 단순 초청하는 수준에서 업무가 이루어지고 있다. 다만 최근 열렸던 손연재 체조 갈라쇼나 차준환, 김연아 아이스 쇼 같은 경우 소속 뮤지션, 아티스트, 안무가를 해당 쇼에 참여시키는 비중이 높아지고 있다. 이러한 이종 산업 간 협업은 공연의 완성도와 질을 높인다. 관객들은 이전보다 양질의 콘텐츠를 즐기면서 더 큰 즐거움을 맛보게 됐다.

이종 산업 간 협업은 새로운 기회를 창출한다. 예를 들면 스포츠 마케팅 회사에 소속된 선수가 은퇴 후 엔터테인먼트 회사로 자리를 옮겨 활동할 수 있다. 현역 시절에는 코칭, 트레이닝, 심리치료, 재활 등의 분야에서 스포츠 마케팅 회사의 도움을 받을 수 있고 은퇴 후에는 방송, 예능, MC 등의 분야로 진출하는 데 엔터테인먼트 회사의 도움을 받을 수 있다.

경쟁력 있는 프라퍼티 확보는 스포츠와 엔터테인먼트 업계를 넘어 산업 전 영역에서 일어나고 있다.

국내 스포츠 마케팅의 선구자 'IB스포츠'

한국의 IMG라 불리는 IB스포츠는 스포츠 마케팅 전문 회사다. 스포츠 마케팅 회사 최초로 MLB 중계권 판권 사업을 시작했다. 이전까지 중계권 판권은 지상파 3사를 중심으로 코리아 풀이라는 컨소시엄을 통해 공동입찰 형태로 진행됐다. IB스포츠는 이러한 관행을 깨고 박찬호가 맹활약하던 시기인 2005년부터 2008년까지 MLB 국내 중계권 독점권을 확보했다. 국내 지상파 방송사의 반발로 중계권 재판매가 여의치 않자 당시 IB스포츠는 케이블 채널인 엑스포츠Xports를 설립하고 MLB 경기를 직접 중계하기에 이른다. 엑스포츠는 MLB 콘텐츠를 바탕으로 스포츠팬들에게 짧은 기간 높은 인지도를 올리며 높은 광고 매출을 기록한다. 이후 IB스포츠는 김연아, 손연재, 차준환 선수 등 스포츠 스타를 적극적으로 발굴하며 선수에 대한 에이전트 권리를 확보한다.

스포츠 에이전트 시장은 김연아 선수 이전과 이후로 나뉜다. 김연아 선수의 전성기 시절을 함께 한 IB스포츠는 경기장 외 많은 광고 수익을 확보하고 러닝 개런티라는 생소한 계약까지 끌어내며 다양한 수익구조를 만들어냈다. 2008년에는 김연아 선수를 내걸어 '페스타 온 아이스Festa On Ice'라는 아이스 쇼를 개최했는데 스포츠 마케팅 대행사가 만든 대형 스포츠 이벤트로 당시에는 존재하지 않았던 중계권료, 스폰서십, 입장권, 머천다이징 수익을 끌어냈다. 2015년 IB스포츠는 갤럭시아SM으로 사명을 바꾸고 김연아 아이스 쇼의 노하우를 살려 손연재 체조 갈라쇼를 개최했다. 체조 종목은 피겨와 달리 갈라쇼라는 개념이 존재하지 않았는데 아이스 쇼의 노하우를 체조 무대로 옮기며 또 하나의 프라퍼티를 확보했다.

이후 갤럭시아SM은 여자 프로골프 선수들과 계약을 맺으며 새로운 프라퍼티 자원을 확보했다. 성적과 스타성을 두루 갖춘 박인비, 유소연, 김자영, 안신애 선수 등과 계약을 체결했다. 여자 프로골프 선수들이 국내외 무대에서 좋은 성적을 보이자 다양한 스폰서들이 적극적으로 후원에 나서기 시작했다. 갤럭시아SM은 골프 여제로 등극한 박인비 선수와 함께 여자 골프 올스타전 격인 '챔피언스 트로피Champions Trophy'라는 이벤트 골프 대회를 만들었다. 국내 최초로 스포츠 마케팅 대행사가 주최, 주관한 스포츠 이벤트였다. 기존 대행 체제하에서는 대행료 수입이 전부지만 대회를 직접 주최, 주관하고 나서자 중계권, 스폰서십, 티켓 판매, 머천다이징 수익 등 다양한 수입원이 확보됐다. 대행사도 자사가 직접 주최, 주관하는 프라퍼티 이벤트를 만들 수 있다는 선례를 남겼다는 점에서 의미가 있다.

벨기에 구단을 인수한 스포티즌

스포티즌은 골프 선수 에이전트와 골프 대회 대행을 바탕으로 성장한 스포츠 마케팅 회사다. 여러 골프 선수들을 매니지먼트하며 쌓은 노하우를 바탕으로 최근에는 테니스 선수와 계약을 맺었다. 골프와 테니스는 개인종목으로 상금 규모가 크고 상위층이 즐기는 고급 스포츠라는 공통분모를 갖고 있다. 테니스 종목에서 세계 랭킹 100위권을 기록하는 선수는 국내 톱 골프 선수 못지않은 스폰서십 계약이 뒤따른다. 최근에는 정현, 권순우 선수가 이 조건을 충족하고 있다.

2014년 8월 스포티즌은 벨기에 2부 리그 팀 AFC 튀비즈AFC Tubize를 인수했다고 발표했다. 비록 벨기에 2부 리그 팀이지만 국내 스포츠 마케팅 대행사가 해외 스포츠 구단을 인수했다는 사실은 업계에 큰 이슈였다. 벨기에 리그도 잉글랜드프리미어리그와 마찬가지로 1부 리그에 진입하는 순간 돈방석에 앉게 된다. 잉글랜드 프리미어리그는 1부 리그 기준으로 중계권료의 50%를 20개 팀에 균등 분배하고 나머지 50%는 리그 순위와 방송 횟수에 따라 차등적으로 분배한다. 중계권료 수익이 증가하면 구단들은 더 비싼 선수를 끌어올 수 있고 이는 경기력 향상으로 이어진다. 좋은 성적을 거두는 팀에 더 많은 관중과 시청자가 몰리는 구조다. 스포티즌은 자사가 보유한 새로운 프라퍼티인 튀비즈를 활용한 TV 프로그램 제작에도 기여했다.

2015년 방영된 「청춘FC 헝그리 일레븐」은 한때 축구 유망주였으나 개인 사정으로 축구를 그만두게 된 축구 미생들의 이야기를 소재로 다뤘다. 방송을 거듭하면서 「청춘FC 헝그리 일레븐」에 출연한 선수들마다 캐릭터가 형성됐고 팬이 생겼다. 시청자 호응에 12부가 16부로 연장되고 회당 방송 시간도 10분 더 늘어났다. 「청춘FC 헝그리 일레븐」은 연일 자체 최고 시청률을 기록했다.

현재 스포티즌이 인수한 튀비즈는 2017-2018 시즌 최하위를 기록하며 3부 리그로 강등됐다. 팀이 1부 리그에 진출하지 못하면 중계권료, 입장권, 스폰서십 수익에 악영향을 미친다. 이는 구단이 더는 자산이 아니라 부채로 분류된다는 의미다. 「청춘FC 헝그리 일레븐」 같은 프로그램은 해당 방송사에 광고, 협찬 등 큰 수익을 안겨주었다. 하지만 이를 함께 고민하고 성공에 이를 수 있도록 기여한 스포츠 마케팅 대행사는 별다른 수익을 챙기지 못했다.

스포츠 플랫폼 전쟁이 시작됐다

'국가 간 경기를 한번 만들어보면 어떨까?'

교통수단이 발달하고 국가 간 사람들의 왕래가 활발해지면서 스포츠 단체들은 이런 아이디어를 냈다. 그래서 탄생한 것이 월드컵, 챔피언스리그, 유로파리그와 같은 국가 대항전이다. 스포츠 마케팅 관점에서 국가 대항전은 과거 몇십 년간 돈과 명예를 동시에 거머쥘 수 있는 최고의 스포츠 플랫폼 역할을 했다. 스포츠 단체의 영원한 화두는 지속가능성인데 스포츠 단체, 협회, 연맹은 월드컵과 같은 국가 대항전 플랫폼을 개발하고 활성화하며 지금까지 명맥을 유지해왔다.

하지만 최근 들어 거대한 변화의 조짐이 일고 있다. 거대 자본이 직접 스포츠 시장에 뛰어들며 새로운 스포츠 플랫폼 개발에 앞장서고 있다. 코로나19로 스포츠 산업이 어려운 상황에 빠지자 거대 자본이 그 틈을 노리고 있는 형세다. 이전에 경험하지 못한 상황에 전 세계 스포츠 단체, 협회, 연맹이 당황스러움을 감추지 못하고 있다. 지키려는 자와 바꾸려는 자가 대충돌하고 있는 시기다. 거대 자본이 스포츠를 통째로 집어삼키려는 야욕을 보이면서 오늘날 스포츠 산업은 그 어느 때보다 역동적으로 움직이고 있다. 도대체 스포츠 현장에서는 어떤 일이 벌어지고 있을까? 이와 관련한 3가지 사례를 들어보고자 한다.

유럽슈퍼리그

2021년 4월 19일 유럽슈퍼리그 출범 계획에 전 세계 축구계가 발칵 뒤집혔다. 유럽슈퍼리그는 공식 성명을 통해 "유럽 12개 구단이 모여 클럽이 주관하는 새로운 주중 대회인 슈퍼리그를 창립하기로 했습니다."라고 밝혔다. 유럽슈퍼리그에 참가하기로 한 레알 마드리드, 바르셀로나, 아틀레티코 마드리드, AC밀란, 인터밀란, 유벤투스, 맨시티, 맨유, 리버풀, 첼시, 아스널, 토트넘 등도 차례로 이 같은 내용을 공식 발표했다.

유럽슈퍼리그는 유럽 5대 리그의 15개 팀을 고정 멤버로 삼고 5개 팀을 초청해 20개 팀으로 구성한다는 계획을 구상했다. 2021년 8월부터 홈 앤드 어웨이 방식[36]으로 리그 경기를 펼친다. A그룹 10팀, B그룹 10팀 중 상위 8팀이 토너먼트 방식으로 진행해 2022년 5월 결승전이 개최되는 방식이다. 팬들 입장에서는 전 세계에서 가장 인기 있는 구단들이 모여 경기를 펼치기 때문에 꿈에 그리던 매치를 매주 볼 수 있게 된다. 경기에 참여하는 팀은 유럽 팀이지만 경기를 운영하는 자본은 미국 JP모건을 통해 조달한다.

금액은 무려 60억 달러(약 6조 7,000억 원) 수준이다. 코로나19로 힘든 시기를 맞은 각 구단이 쉽게 거부하기 힘든 유혹이 아닐 수 없었다. 자국 리그에서는 리그 소속 팀과 수익금을 배분해야 하는데 유럽슈퍼리그에 참가하면 그럴 필요가 없기 때문에 막대한 수익도 보장된다. 게다가 미국식 리그제로 2부 리그 강등 시스템이 없기 때문에 보다 안정적으로 리그를 운영할 수 있다. 하지만 잉글랜드프리미어리그의 경우 빅 6 구단이 빠지게 되면 기존 리그의 흥행과 수입이 크게 줄어들 전망이다.

이에 국제축구연맹, 유럽축구연맹UEFA, 잉글랜드프리미어리그 등 각국 축구협회와 리그협회가 유럽슈퍼리그 창설을 강력하게 반대하고 나섰다. 국제축구연맹은 유럽슈퍼리그에 참가한 팀 선수들이 월드컵에 참가하지 못할 것이라고 했다. 각국 리그 협회는 유럽슈퍼리그에 참가하면 5부 리그로 강등하겠다고 했다. 스포츠 전문 매체 『스카이 스포츠』는 2021년 4월 21일 스페인 법원의 예비 판정 내용을 전했다. 합법적 기업 분쟁을 담당하는 스페인 법원은 판결문에서 국제축구연맹, 유럽축구연맹와 모든 관련 축구 연맹은 유럽슈퍼리그의 설립을 금지하거나 제한하거나 조건을 요구하는 등 어떠한 조치도 채택해서는 안 된다고 말했다. 축구협회FA 회장인 윌리엄 왕세손은 2021년 4월 19일 트위터를 통해 "팬들의 우려를 공유합니다."라며 맨유, 리버풀, 맨시티, 첼시, 아스널, 토트넘 홋스퍼 등 구단들의 이탈 움직임이 "우리가 사랑하는 경기를 해칠 위험이 있습니다."라고 경고했다. 윌리엄 왕세손뿐만 아니라 보리스 존슨Boris Johnson 영국 총리, 유명 축구 선수들은 유럽슈퍼리그 창설이 경쟁과 공정성을 훼손할 수 있다며 일제히 비난하고 나섰다.

4월 21일 ESL 출범 발표 3일 만에 잉글랜드프리미어리그 빅 6가 탈퇴를 공식 선언했다. 유럽슈퍼리그 초대 회장으로 추대된 플로렌티노 페레스Florentino Pérez 레알 마드리드 회장은 "탈퇴를 결정한 클럽들이 있지만 우리는 목표에 확신이 있습니다."라며 "잉글랜드프리미어리그 빅 6가 압박에 못 이겨 탈퇴했지만 우리는 법적으로 아무런 문제가 없다. 이들에 대한 법적 조치를 할 것"을 밝혔다.

5월 26일 UEFA는 유럽슈퍼리그 잔류파에 대한 본격적인 징계에 나섰다. 현재 유럽슈퍼리그 창립 멤버로 나선 12개 팀 중 9개 팀이 탈퇴 의사를 밝힌 것과 달리 레알 마드리드, 바르셀로나, 유벤투스 등 3개 팀은 유럽슈퍼리그의 의지를 꺾지 않고 있다.

그동안 유럽슈퍼리그 창설에 대한 이야기는 꾸준히 나왔다. 2000년 축구 산업이 점점 커지자 빅 클럽 14개 팀이 모여 G-14를 만든 것이 시작이었다. 레알 마드리드, 바르셀로나, 바이에른 뮌헨, 맨유, 아약스 등 유럽 명문들이 모인 G-14는 여러 차례 슈퍼리그 창설에 대한 논의를 이어갔다. 이후 17개 구단까지 확대된 G-14는 2008년 해체됐지만 이번 유럽슈퍼리그 창설 논란은 지금까지 계속되고 있다.

오늘날 축구는 전 세계에서 가장 많은 사람들이 즐기는 대표적인 스포츠다. 그중 유럽 축구는 전 세계에서 가장 인기 있다. 코로나19는 세상에서 가장 인기 있는 유럽 축구를 한순간에 얼어붙게 만들었다. 거대 자본은 이 기회를 파고들어 세계 최고 축구 선수들이 뛰는 유럽의 빅 클럽에 손을 내밀었다. 유럽슈퍼리그는 시청자들에게 세계 최고 명문 구단들이 매주 벌이는 수준 높은 경기를 제공한다는 점에서 긍정적이다. 하지만 클럽 간 치열한 경쟁을 유도하는 승강제가 없기 때문에 전체 유럽 축구 수준을 떨어뜨릴 수 있다는 점에서 부정적이다. 축구 팬이라면 마다할 리 없는 유럽슈퍼리그 출범이 탄력을 받지 못한 이유는 유럽슈퍼리그가 축구가 아니라 돈을 좇았기 때문이다. 그동안 유럽축구는 유럽축구연맹 주관하에 챔피언스리그를 열어 엄청난 수익을 챙겼다. 유럽축구연맹 입장에서도 돈은 중요하다.

하지만 유럽축구연맹은 적어도 명문 클럽에 대항해 약소 클럽이 부와 명예를 얻을 기회를 제공했다. 축구 팬은 레알 마드리드처럼 리그를 지배하는 절대 강자를 좋아하지만 5,000분의 1 확률을 뚫고 동화 같이 우승한 레스터시티 같은 팀에 더 열광하는 법이다. 유럽슈퍼리그에서는 레스터시티 같은 극적인 장면을 연출하기 힘들다. 유럽슈퍼리그와 같은 새로운 리그가 대중의 호응을 얻기 위해서는 이 점을 간과해서는 안 된다. 우연, 불확실성 같은 요소는 스포츠가 가진 가장 큰 매력인데 결국 이를 어떻게 다룰 것인가에 따라 성공 여부가 판가름 날 것이다.

리브 골프 인비테이셔널

골프계에서도 정상급 선수만으로 새로운 리그를 만들려는 시도가 있다. 이름하여 리브 골프 인비테이셔널이다. 리브 골프 인비테이셔널은 골프 판 유럽슈퍼리그로 그동안 프리미어골프리그 혹은 슈퍼골프리그로 불렸다. 리브 골프 인비테이셔널은 지난 2022년 3월 전체 일정을 발표했다. 총 8개 대회로 2022년 6월 런던을 시작으로 10월 미국에서 끝나는 일정이다. 8개 대회는 7개 정규투어와 1개 팀 이벤트로 구성된다. 리브 골프 인비테이셔널에 참가하는 선수는 총 48명으로 개별경쟁을 하기도 하지만 4명씩 12개 팀에 소속되어 경기를 치른다. 팀마다 주장이 있는데 주장은 정규투어마다 나머지 팀원 3명을 드래프트 방식으로 선정한다. 선수는 정규투어에서 개인과 팀 선수 자격으로 상금과 랭킹 포인트를 획득한다. 7개 정규투어를 마치면 1개 팀 이벤트가 있다. 나흘 동안 4라운드 매치플레이 방식으로 진행한다. 리브 골프 인비테이셔널은 기존 골프대회가 길고 지루하다는 점을 고려해 기존 4라운드에서 3라운드로 경기일을 하루 줄이고 샷건 방식(모든 선수가 동시에 시작하는 방식)을 도입했다. 또한 유명 선수가 조기 탈락할 때 대회 흥행에 차질이 생기기 때문에 이를 보완하고자 컷 탈락 제도를 폐지했다.

새로운 골프리그 출범에 관한 논의는 1990년대부터 시작했다. 호주를 대표하는 세계적인 골퍼 그렉 노먼Greg Norman이 처음 아이디어를 제시했다. 하지만 당시 스폰서 유치가 쉽지 않아 무산됐다.

이번에 발표한 리브 골프 인비테이셔널 출범 배경에는 사우디아라비아 적극적인 재정 후원이 있다. 리브 골프 인비테이셔널 출범에 사우디아라비아 국부펀드가 약 1조 1,000억 원 이상의 투자를 약속하고 나섰다. 대회당 총상금은 2,500만 달러(약 310억 원) 우승자는 400만 달러(약 49억 원), 꼴찌도 12만 달러(약 1억 5,000만 원)를 받는다. 이 정도면 기존 메이저 골프대회 우승 상금의 두 배에 가깝다.

기존 골프계 양대 산맥인 미국프로골프 투어, 유럽프로골프DP 월드투어는 새로운 골프리그 출범 소식에 강력히 반발하고 나섰다. 2021년 5월 5일 미국프로골프 투어 제이 모나한Jay Monahan 커미셔너는 "프리미어골프리그(현 리브 골프 인비테이셔널) 참가자는 미국프로골프 투어에서 영구 제명할 것"이라고 엄중히 경고했다. 이와 동시에 미국프로골프 투어는 선수 이탈을 방지하기 위해 다양한 인센티브 정책도 내놨다. 인기 높은 선수들에게 보너스 상금을 나눠주는 '선수 영향력 지수 프로그램'이다. 보너스 상금 규모는 4,000만 달러(약 450억 원)다. 선수 성적과 상관없이 '얼마나 팬들의 관심을 끌었느냐'로 상위 10명에게 차등 지급한다. 선수 인기는 구글 검색 빈도, 전문 기관 노출 정도, 인지도, 호감도, SNS 팔로워 수 등 다양한 척도를 종합해 측정할 예정이다.

새로운 리그는 돈 못지않게 명분이 중요하다. 리브 골프 인비테이셔널은 새로운 도전을 원하는 베테랑 골퍼에게 특히 매력적일 것이다. 기존 리그에서 이룰 것을 다 이룬 상태이기 때문에 선수 성향에 따라 새로운 리그 합류 여부를 결정할 것이다. 사우디 거대 자본을 등에 업은 리브 골프 인비테이셔널이 과연 전 세계를 대표하는 제3 투어로 자리매김할 수 있을까? 리브 골프 인비테이셔널의 도전이 매우 흥미롭다.

프로당구

2019년 6월 국내 6번째 프로 스포츠가 출범했다. 프로당구PBA가 그 주인공이다. 프로당구는 야구, 축구, 농구, 배구, 골프에 이은 6번째 프로 리그이자 세계 최초 캐롬(3쿠션)프로 리그다. 대부분 스포츠 종목은 아마추어 단체가 생기고 나서 어느 정도 분위기가 무르익은 시점에 프로화에 나서는 데 반해 프로당구 출범은 스포츠 마케팅 회사가 주도했다는 점에서 특별하다. 그동안 스포츠 마케팅 대행사는 스포츠 현장 최전선에서 다양한 스포츠 단체 마케

PBA 경기장에서 휴식 시간에 치어리더들이 흥을 돋우고 있다

팅 활동을 대행하는 임무를 수행했다. 그런데 당구 시장 잠재력을 높이 평가한 스포츠 마케팅 대행사가 독립적인 프로기구를 창설하기에 이르렀고 이에 동의한 아마추어 당구선수가 합류함으로써 프로화에 성공한다.

그동안 당구는 높은 인기와 달리 터무니없이 작은 상금과 불공정한 시드 배정 시스템, 지루한 40점제 경기 방식으로 시대 흐름에 뒤떨어져 있었다. 프로당구는 이러한 문제점을 보완해 과거 당구계가 버린 '세트제'를 손질해 부활시키고 당구계 사상 최초 2점제를 도입하며 박진감 넘치는 당구를 표방했다. 여기에 1부, 2부 승강제 시스템 도입으로 좋은 선수가 순환될 수 있는 구조를 만들었다.

하지만 기존 당구 단체인 세계캐롬당구연맹UMB과 대한당구연맹KBF이 프로당구를 비공인 단체로 규정하고 소속 선수 출전을 금지하고 나서면서 갈등이 일어났다. 대한당구연맹은 프로당구 대회에 참가 신청한 선수 369명을 등록 말소하며 제재를 가했다. 세계

3장_스포츠의 미래 **341**

캐롬당구연맹 역시 프로당구를 비승인 단체로 규정하며 선수 출전을 금지했다. 이런 이유로 프로당구에서는 기존 당구 체제하의 인기 스타인 딕 야스퍼스Dick Jaspers, 토브욘 브롬달Torbjörn Blomdahl, 다니엘 산체스Daniel Sánchez, 조재호, 조명우, 허정한, 김행직의 모습을 볼 수 없었다.

2022년 현재 프로당구는 4번째 시즌을 맞이하고 있는데 시간이 흐를수록 프로당구 투어에서 새로운 스타가 탄생하면서 점차 자리를 잡아가고 있다. 당구 황제 프레드릭 쿠드롱Frédéric Caudron을 필두로, 왼손 당구 천재 필리포스 카시도코스타스Filippos Kasidokostas, 스페인 신성 다비드 마르티네스David Martinez, 다비드 사파타David Zapata 등 젊고 실력 있는 해외파 선수들과 강동궁, 오성욱, 서현민 등 새로운 도전을 즐기려는 기존 KBF 선수들이 프로당구 투어에 참여하며 좋은 모습을 보여주었다. 여기에 동호인 출신 김남수, 박한기 선수가 안정적인 경기력을 선보이며 새로운 스타로 떠올랐다. 지난 2021년 1월에는 아마추어 최강자 조재호 선수가 프로 대열에 합류했는데 우리나라를 대표하는 당구계 최고 스타가 프로 무대에 합류했다는 점에서 향후 더 많은 당구 스타들이 프로 무대에 진출할 것으로 예상된다.

프로당구는 코로나19가 한창이던 2020년 9월에 세상에 없던 당구를 지향하며 프로당구 팀리그를 출범해 전 세계 당구계에 큰 반향을 불러일으켰다. 프로당구 팀리그는 프로당구 투어에서 활약 중인 선수 중 상위권 선수들이 팀을 이뤄 경기하는 방식이다. 프로당구 투어에서 좋은 성적을 거둔 선수가 프로당구 팀리그에 참가해 인지도를 높이는 방식이다. 프로당구 투어와 프로당구 팀리그가 선순환되면서 무명 스타들이 대거 재조명됐다.

네덜란드의 저명한 당구 칼럼니스트 버트 벌추이치슨Bert Voorthui-jsen은 "프로당구PBA팀리그는 매력적"이라며 "프로당구 팬뿐만 아니라 팬이 아닌 사람들까지도 프로당구 팀리그의 새로운 경기 포맷이 무척이나 매력적이란 것을 인정해야 합니다."라고 평가했다.

최근 프로당구는 팬들과 소통하기 위해 다양한 플랫폼을 통해 다양한 콘텐츠 제작에 나섰다. 당구를 소재로 한 스포츠 예능프로그램부터 프로당구 인기 선수와 명장면 등을 활용해 NFT 상품을 출시한다는 계획이다. 팬들은 당구 황제 프레드릭 쿠드롱 선수 관련 디지털 카드, 우승 장면, 예술구 등이 담긴 NFT 상품을 구매하고 실제 당구 레슨을 받을 기회가 생겼다.

프로당구가 유럽슈퍼리그나 리브 골프 인비테이셔널과 차별화된 점은 기존 메이저 스포츠에서 파생된 새로운 리그를 창설하려는 시도가 아니라 비인기 종목 스포츠를 발굴해서 육성했다는 점이다. 프로당구는 비인기 종목이 음지에서 양지로 올라오는 과정을 고스란히 보여준다. 아직 프로당구의 성공 여부를 평가하기에 이른 감이 있지만 향후 프로화를 꿈꾸는 비인기 종목에게 좋은 벤치마킹 대상이 될 것이다.

오늘날 스포츠 산업은 큰 변화의 갈림길에 서 있다. 기존 체제를 지키려는 자와 새로운 체제로 바꾸려는 자 사이에 치열한 주도권 전쟁이 스포츠 세계에서 일어나고 있다. 결국 어느 쪽이든 과거의 기준에 머무르지 않고 현재의 변화에 맞춰 혁신을 수용하는 자세를 가진 쪽이 승리를 쟁취할 것이다.

오팔세대를 사로잡은 프로당구

『트렌드 코리아 2021』은 2019년 2~5월까지 방영한 TV조선 예능프로그램 「내일은 미스트롯」이 불러온 트로트 열풍에 주목했다. 그간 트로트는 촌스럽다거나 중장년층만 즐기는 장르라는 인식이 강했다. 하지만 「내일은 미스트롯」은 이러한 고정관념을 깨고 많은 시청자의 공감을 끌어냈다. 내일은 미스트롯 후속작인 「내일은 미스터트롯」은 「내일은 미스트롯」 남자 버전으로 전작 인기를 압도하는 성적을 거둔다. 내일은 미스터트롯은 2020년 1~3월까지 방영되었는데 최고 시청률 35.7%를 기록했다. 코로나19 확산으로 걱정스러운 뉴스가 쏟아지던 시기에 트로트는 온 국민의 마음과 귀를 '뽕필'로 유혹하며 큰 인기를 누렸다.

트로트 열풍 중심에는 오팔세대가 있다. 오팔OPAL은 활기찬 인생을 살아가는 신노년층을 의미하는 Old People with Active Lives 약자다. 내일은 미스터트롯은 우승자 임영웅을 비롯해 영탁, 장민호, 김호중 등 새로운 트로트 스타를 발굴했다. 특히 임영웅은 오팔세대 사랑을 독차지하며 순식간에 광고계 블루칩으로 떠올랐다. 그는 현재 식품, 패션, 화장품은 물론 중장년층 지갑을 열 수 있는 다양한 제품 모델로 활약 중이다.

그런데 비슷한 시기 트로트처럼 오팔세대 지지를 받고 성공한 스포츠 사례가 있어 화제다. 그 주인공은 프로당구다. 그간 당구는 흡연, 음주, 내기, 욕설 등으로 인해 부정적인 인식이 강했다. 하지만 2019년 6월 출범한 프로당구는 일부 노령층이 즐기는 올드한 스포츠라는 이미지를 벗어던지기 위해 다양한 시도를 통해 당구 팬에게 새롭게 다가섰다. 프로당구는 학창 시절 오팔세대 향수를 자극하며 이들의 든든한 지지를 받는 데 성공한다.

2017년 국내 최고 인기 스포츠인 프로야구의 평균 시청률은 1.07%였다. 프로배구는 0.81%로 2위를 차지했다. 남자프로농구는 경기당 평균 0.2%, 프로축구는 0.11% 순이다. 2018년 여자 프로골프 시청률은 약 0.42%를 기록했다. 그렇다면 당구 시청률은 어떨까? 2019년 프로당구 투어를 기준으로 살펴보자면 채널별 평균 시청률은 빌리어즈TV 0.21%, SBS스포츠 0.2%, MBC 0.44%다. 시청률만 놓고 보면 프로농구나 프로축구를 훌쩍 뛰어넘고, 여자프로골프 시청률과 맞먹는 수치를 기록했다.

더욱더 놀라운 사실은 프로그램 도달률이다. 프로그램 도달률이란 어떤 매체에 최소한 한 번 또는 그 이상 노출된 표적 오디언스Audience 수 혹은 퍼센트를 말한다. 예를 들어 4주 동안 해당 프로그램에 한 번이라도 노출된 표적 오디언스 수는 10명 중 7명으로 비율로 환산하면 70%가 된다.

프로당구 19-20시즌 TV 중계 도달률 35.1%를 기록해 프로야구 60.2%에 이어 2위에 올랐다. 그 뒤로 프로농구 32.7%, 프로배구 31.6%, 프로축구 30.4%, 프로골프 20.2% 순이다. 프로당구는 20-21시즌 역시 TV 중계 도달률 44.0%를 기록해 프로야구 56.1%에 이은 2위에 올랐다. 그 뒤는 프로농구 30.4%, 프로배구 32.4%, 프로축구 24.5%, 프로골프 17.9%가 차지했다.

프로당구는 기존 당구 판에서 인기 있는 프레드릭 쿠드롱, 강동궁, 카시도코스타스, 이미래, 김가영, 차유람 등을 비롯해 기존 체제에서 빛을 보지 못한 서현민, 오성욱, 신정주와 같은 실력 있는 선수를 대중에게 알리는 역할을 했다. 프로당구는 여세를 몰아

2020년 8월 팀리그를 출범했다.

신한금융투자, SK렌터카, 크라운해태, 블루원리조트, TS샴푸, 웰컴저축은행이 팀을 창단했다. 여기에 2020년 12월에는 NH농협카드가, 2021년 5월에는 휴온스가, 2022년 6월에는 하나카드가 팀 창단을 선언했다. 이에 신한금융투자는 신정주와 김가영 선수를, 웰컴저축은행은 쿠드롱과 차유람 선수를, SK렌터카는 강동궁 선수를 광고모델로 전격 발탁했다. 조재호 선수는 과거 아마추어 시절 기아자동차 광고를 찍은 적이 있는데 이번에 NH농협카드 후원을 받게 되며 향후 NH농협카드 유력한 광고 모델로 떠올랐다. 프로화 이전에 당구 선수는 주로 당구용품 관련 광고를 찍었는데 프로화 이후 당구 선수가 일반 기업의 모델로 진출한 사실은 대단히 고무적인 일이 아닐 수 없다. 과거 영광스러운 한때를 누렸던 트로트와 당구가 리포지셔닝에 성공했다. 오팔세대를 등에 업은 트로트와 당구가 과거의 영광을 뛰어넘어 제2의 전성기를 누릴 수 있을지 귀추가 주목된다.

메가, 기가를 넘어 테라 이벤트 시대가 왔다

스위스 취리히 대학교 지리학 교수인 마틴 뮐러Martin Müller 교수는 2015년 발표한 논문「이벤트를 메가 이벤트로 만드는 것은 무엇인가What makes an event a mega-event?」에서 방문객 수, 미디어 도달 범위, 이벤트 개최 비용, 도시에 미친 영향과 요소 4가지를 분석해 메가 이벤트를 정의했다. 그는 메가 이벤트로 동계올림픽, 하계올림픽, 유로 축구, FIFA월드컵, 아시안 게임, 세계 엑스포 등 6개 이벤트를 꼽았다. 그는 하계올림픽은 메가 이벤트를 뛰어넘는 기가 이벤트로 규정하기도 했다.

스포츠에서 가장 작으면서 지속적인 가치를 창출하는 조직 단위는 클럽이다. 클럽이 지역 단위 연합체가 되고 지역 단위 연합체가 모여 협회NF, National Federation가 된다. 단일 협회가 모이면 FIFA와 같은 국제 연맹IF, International Federation이 되고 종목별 협회가 모이면 국가올림픽위원회NOC, National Olympic Committee가 된다. 오늘날 메가 이벤트 혹은 기가 이벤트라 불리는 올림픽은 국제 연맹IF과 국가올림픽위원회NOC와 밀접한 협력 관계를 맺으며 공생한다. 국가올림픽위원나 국제연맹 모두 협회를 기반으로 하고 있다. 협회는 오랫동안 스포츠 이벤트를 구성하는 기반이었다.

과거 협회, 국제연맹, 국가올림픽위원회를 포함한 대부분 스포츠 단체는 올림픽과 같이 자신이 주최하는 스포츠 이벤트가 메가를 넘어 기가급으로 발전하는 것을 목표로 삼았다. 이들 단체는 지속가능성을 위해 오랜 세월 동안 지역사회와 교류하며 유대감을 형성하기 위해 노력했다.

그런데 코로나19 전후로 새로운 움직임이 감지되었다. 리브 골프나 프로당구와 같은 새로운 글로벌 리그 출현이다. 이들이 만든 스포츠 이벤트는 협회가 아닌 거대 자본이 뒤를 받치고 있다. 최근까지 활발히 논의되는 유러피언슈퍼리그 역시 같은 맥락이다. 이들은 특별히 지켜야 할 전통이나 역사가 없기 때문에 과거에 기준에 집착할 필요가 없다. 글로벌을 타깃으로 하므로 특정 지역이나 인종 역시 큰 걸림돌이 아니다. 이들은 현재를 살아가는 관중이 어떤 것에 관심이 있는지, 어떤 것을 좋아하는지에 초점을 맞춘다. 이런 이유로 이들이 내놓는 스포츠는 자연스레 스포츠 범주를 확장한다. 일례로 2022년 6월 개막한 리브 골프 인비테이셔널 대회는 골프는 엔터테인먼트라는 철학을 바탕으로 현장을 찾은 팬이 골프뿐만 아니라 다양한 방식으로 대회를 즐길 수 있도록 배려한다. 리브 골프 인비테이셔널에는 일반 대회에서 찾아볼 수 없는 비행쇼, 콘서트, 의장대 퍼레이드, 대형 애드벌룬 놀이터, 마임, 불꽃놀이 등 다양한 이벤트가 즐비하다. 이제 대회장을 찾은 관중은 각자 방식으로 대회를 즐길 수 있게 되었다

2019년 프로스포츠로 거듭난 당구대회 역시 기존 당구대회에서 볼 수 없던 다양한 이벤트로 팬들의 시선을 사로잡고 있다. 프로당구는 세상에 없는 당구라는 철학을 바탕으로 대회 기간 중 DJ, 록밴드, 댄스, 가수 공연 등 팬심을 자극하는 다양한 활동을 활발히 진행 중이다.

이 책에서는 기존 스포츠 이벤트 경계를 무너뜨리며 새롭게 등장한 스포츠 이벤트를 테라 이벤트라 정의한다. 테라는 기존 메가나 기가처럼 데이터 단위를 뜻하는데 메가와 기가 그 다음이 테라라는 뜻도 있고 테라 어원이 괴물Monster을 뜻하는 그리스어 단어 '테라스τέρας(teras, 괴물)'에서 유래했다는 점에 착안했다. 필자는 어느 날 난데없이 출현한 괴물이 온 세상을 휘저으며 생태계를 교란하는 모습을 흥미롭게 바라보고 있다. 스포츠의 탈을 쓴 신생 이벤트가 과연 스포츠 팬에게 얼마나 어필할지 지켜보자. 기존 단체와 신생 단체가 펼치는 쫓고 쫓기는 치열한 경쟁 속에서 다양한 인사이트를 얻길 기대한다.

나가며

스포츠는 영원하다

　스포츠 칼럼니스트 릭 라일리Rick Reilly가 2007년에 쓴 글을 최근에서야 발견했다. 스포츠를 좋아하고 스포츠로 생계를 꾸려온 사람으로서 릭 라일리 글이 가슴 한편에 와 닿았다. 릭 라일리 글은 스포츠에 대한 열정이 사그라지려는 순간 흐트러진 마음을 다잡고 다시 나아갈 수 있는 용기를 준다.

　"내가 대학 2학년 때였다. 나는 지역의 한 신문사에서 일하고 있었다. 하루는 교수가 내게 말했다. '자네는 스포츠에서 벗어날 필요가 있어. 자네는 스포츠 따위보다 나은 일을 할 수 있다고.' 누군가는 이렇게 말할 것이다. '스포츠 따위는 졸업하고, 이를테면 『타임』지 같은 데서 일하는 게 어때? 너도 알겠지만 그게 더 가치 있는 일 아니겠어?' 하지만 나는 스포츠를 사랑한다. 스포츠는 삶의 도피처가 아니라 오히려 씨줄과 날줄로서 삶과 밀접하게 엮인 삶 자체다. 스포츠는 즉각적인 연대를 만든다. 얼마나 멋진가. 우리 삶에 있어 그 어떤 것이 50만 명의 사람들을 이틀 동안 시내 거리로 쏟아지게 할 수 있을까. 그리고 그때 사내들이 치마를 입고 춤을 추는 장관이란. 스포츠는 뒷문이 없다. 엄격한 실력의 세계다.

만약 당신이 에런 스펠링Aaron Spelling(유명 TV 프로 제작자)의 딸이고 배우가 되고 싶다면 배역을 따낼 수 있다. 당신이 트럼프라면 건물을 지을 수 있다. 그러나 스포츠에서는 누구도 유전자만으로 경기를 뛸 수는 없다. 스포츠는 건강한 증오를 만들어낼 수 있다. 스포츠 말고 어디에 이렇게 마음껏 증오할 수 있는 대상이 있을까. 스포츠는 명확하게 흑백이 갈리는 세계다. 회색지대는 없다. 매일 밤 승자와 패자가 갈리고 그 중간은 없다. 게임이 끝났는데, 심판이 '오케이, 클리블랜드가 14대 13으로 이겼지만, 결과적으로 버팔로의 승리입니다.'라고 말하는 경우는 없단 말이다. 스포츠는 점수가 있고 정당하고 깨끗하고 이해하기 쉽다. 물론 피겨스케이팅은 좀 예외다.

그래서 말인데요 교수님. 그때로부터 30년이 지났습니다. 그런데 전 아직도 제가 스포츠보다 더 나은 어떤 일을 할 사람이라고는 생각하지 않습니다. 사실 스포츠가 저보다 나은 일을 해왔죠. 언제나요."

2007년 릭 라일리의 기고문 「나는 스포츠를 사랑합니다」에서 요약 발췌했다. 코로나19 여파로 전 세계 스포츠 산업이 총체적 위기 상황을 맞았다. 거대 자본이 점을 파고들어 휘청거리는 스포츠 산업을 자신의 손아귀에 넣으려 호시탐탐 기회를 살핀다. 팬 관점에서 새로운 스포츠 이벤트 탄생을 딱히 마다할 이유가 없다. 가뜩이나 신경 써야 할 일도 많은데 그저 한번 웃고 즐기면 그만이다. 엔터테인먼트 수단으로써 스포츠 역할이 주목받는 시기다.

하지만 10여 년 전 릭 라일리가 이야기한 것처럼 스포츠에는 다양한 가치가 있다. 우리는 스포츠를 통해 새로운 가치를 발견하고 기꺼이 동참할 수 있다. 최근 대형 산불, 지진, 홍수, 미세먼지 등 자연재해가 심각해지면서 환경에 관한 관심이 커졌다. 이에 올림픽이나 월드컵과 같은 메가 스포츠 이벤트는 환경보호를 통한 지속가능성을 새로운 가치로 정했다. 1996년 국제올림픽위원회는 올림픽 헌장에 환경 보호에 관한 내용을 추가했다. 2016년 리우 올림픽 테마는 '환경'으로 1992년 브라질 리우에서 열린 유엔기후변화협약 정신을 이어갔다. 2022년 베이징 동계올림픽은 기존 수영장을 얼려서 컬링장으로 사용하고 버려진 공장 터를 빅에어 경기장으로 만들었다.

2022년 카타르 월드컵 역시 환경을 최우선으로 고려했다. 카타르 수도 도하에 건설한 라스 아부 아부드스타디움 주재료는 화물 컨테이너다. 화물 컨테이너는 건설비용과 공사 기간을 줄일 수 있는 장점이 있다. 무엇보다 이번 월드컵이 끝나고 전 세계를 돌며 재활용할 수 있는 점에서 매력적이다. 경기장에 사용한 화물 컨테이너 수는 974개로 카타르국제 전화 코드를 상징하는 데 홍보 효과까지 덤으로 챙겼다. 2022년 카타르 월드컵 역시 환경을 최우선으로 고려했다. 카타르 화물 컨테이너는 건설비용과 공사 기간을 줄일 수 있는 장점이 있는데 무엇보다 이번 월드컵이 끝나고 전 세계를 돌며 재활용할 수 있다는 점에서 매력적이다. 경기장에 사용한 화물 컨테이너 수는 974개로 카타르국제 전화 코드를 상징하는 데 홍보 효과까지 덤으로 챙겼다.

스포츠가 지켜야 할 가치는 비단 환경 문제에 국한하지 않는다. 사회적 약자에 대한 배려나 포용 역시 스포츠가 앞장서서 지켜야 할 소중한 가치다. 스포츠가 세월이 흘러도 지켜야 할 가치를 좇는 과정을 지켜보며 오늘날 내가 지켜내야 할 가치는 무엇인지 생각해보자. 그 옛날 원시인이 생존을 위해 매머드를 좇아 들판을 달려야 했던 것처럼 이제는 자신이 지키고 싶은 가치를 좇아 신나게 달려볼 때다.

미주

1. 네팔 동부 에베레스트산 기슭에 살고 있는 티베트계의 한 종족으로 동쪽에서 온 사람을 일컫는다. 라마교를 신봉하고 농업, 목축업, 상업 따위에 종사하며, 히말라야 등산대의 짐을 나르고 길을 안내하는 인부로서 유명하다.
2. 영국에서 귀족의 지위는 없었으나 가문의 휘장을 사용할 수 있는 계급이다. 넓은 의미로는 귀족을 포함한 상류층 사람들을 지칭한다.
3. 김효헌, [김효헌의 스코틀랜드이야기] '스코틀랜드의 하일랜드 게임', 뉴스인, 2019. 10. 10, https://www.newsin.co.kr/news/articleView.html?idxno=75061에서 발췌했다.
4. 스포츠에서 선수가 최상의 경기 수행을 할 수 있는 이상적인 상태를 갖추기 위해 습관적으로 하는 고유한 동작이나 절차를 뜻한다. 부정적인 의미의 징크스jinx와는 차이가 있다.
5. Woodward, S. (1949). Sports page. New York: Simon & Schuster.
6. Hill, J. (2002). Sports, Leisure and Culture in Twentieth-Century Britain. New York: Palgrave.
7. Schultz, B. (2002). Sports Broadcasting. Focal Press, p.3.
8. Betts, J. R. (1974), America's sporting heritage: 1850~1950, Reading, MA: Addison-Wesley.
9. 글로벌 코카콜라는 2012년 회사 홈페이지를 디지털 매거진 형태로 전환한 '코카콜라 저니'를 오픈하며 본격적인 브랜드 저널리즘의 세계로 뛰어들었다. 이후 독일, 이탈리아, 중국, 호주 등 전 세계 40여 개 사이트로 확대해 22개의 언어로 각국 고객들과 소통하고 있다.
10. commissioner. 프로 스포츠에서 전권(全權)을 발휘하는 최고 책임자를 일컫는다.
11. 재산, 소유물, 부동산, 건물 등을 뜻한다. 스포츠 현장에서 프라퍼티의 의미는 보다 넓게 해석되는데 유무형 자산을 포함한 소유물이라는 어감이 강하다.
12. 유료 방송 시청자가 가입을 해지하고 인터넷TV, 온라인 동영상 서비스(OTT) 등 새로운 플랫폼으로 이동하는 현상이다. '선(cord)을 끊는다(cut)'라는 표현에서 생긴 말이다. 전기코드로 연결된 텔레비전 수상기 앞에서 지상파나 케이블 등으로 방송을 보는 대신 인터넷을 통해 시공간 제약 없이 영상 콘텐츠를 즐기는 소비자를 뜻한다.
13. 스포츠 이벤트에서 공식적인 후원업체가 아니면서도 이를 연상케 하는 광고 문구 등을 통해 해당 이벤트와 관련이 있는 업체라는 인상을 주어 고객을 확보하는 마케팅 활동이다.
14. SK경제경영연구소 수석연구위원인 조영신 박사의 페이스북(2018. 2. 12)에서 발췌하여 재구성했다.
15. 『뉴욕 월드』와 『뉴욕 저널』두 신문사 경쟁이 과열되자 당시 『뉴욕 프레스』편집국장 어빈 워드맨은 이 두 신문이 끔찍한 사건과 스캔들을 이용함으로써 지나친 상업성과 선정주의

가 불거졌다고 비판했다. 그 과정에서 '옐로저널리즘'이라는 용어가 탄생한다.

16. Rader, B. (1984), In its own image: How television has transformed sports, New York: Free Press.

17. Ritzer, G. (1998), The McDonaldization of Society, Newbury Park, CA; Pine Forge.

18. 이전 최다 시청자 기록 역시 NBC가 보유하고 있었다. 1996년 NBC가 독점 중계한 애틀랜타 올림픽이 2억 900만 명의 시청자를 기록한 바 있다.

19. 영국의 데이터 분석가 댄 슬리(Dan Slee)는 틱톡에서 2020년 인기를 얻은 레시피 영상 100개를 분석했다. 이 영상들 중 80%는 길이가 20초 또는 20초 미만이다. 댄 슬리가 제안하는 최적의 틱톡 영상 길이는 16초이다. 스포츠 분야도 참고할 만하다.

20. 재산, 소유물, 부동산, 건물 등이다. 스포츠 현장에서 프라퍼티의 의미는 보다 넓게 해석되는데 유무형 자산을 포함한 소유물의 어감이 강하다.

21. 에이전트(Agent)는 대리인(1인)을 뜻한다.

22. 에이전시(Agency)는 대리 행위, 대리 업무를 수행하는 대리 기관을 의미한다.

23. 이 장은 이원재 외 (2017), 글로벌 스포츠 시스템, 북마크, pp.33~55를 참고하여 요약, 보완했다.

24. 많은 종목에서 대회명에 월드컵이 붙어 있는 걸 볼 수 있다. 대회명에 월드컵을 붙이는 이유는 FIFA월드컵과 같이 해당 종목 대회의 위상을 높이고자 함이다. 대표적으로 ISU(국제빙상연맹)가 매해 겨울 주최하는 '쇼트트랙 월드컵'이 있다.

25. 골프 대회에서 관중이 가장 많이 몰리는 곳으로 갤러리를 위한 각종 편의시설이 밀집되어 있는 장소다.

26. 해외에서는 갤러리 플라자가 아니라 관중 광장(Spectator Square)이라고 부른다.

27. http://www.thebusinessofsports.com/2017/02/14/interactive-analysis-of-fan-cost-index

28. 잇(it)+아이템(item)의 합성어다. 누구나 꼭 갖고 싶어 하는 필수 아이템을 말한다.

29. Lee, S. J. (2017). Social influence and legal tasks of intelligent information technology in the era of the fourth industrial revolution. Yonsei Journal of Public Governance & Law, 8(1), pp.47-74.

30. Hyundai Research Institute (2017). Corporate perception and implications for the fourth industrial revolution. VIP Report for Renaissance on the Korean Peninsula, 17-18(Vol. 691), pp.1-12.

31. 개싸움에서 아래에 깔린 개under dog를 응원하게 되는 심리 현상을 뜻하는 사회과학 용어다.

32. '운동'을 의미하는 애슬레틱(athletic)과 '여가'를 뜻하는 레저(leisure)의 합성어다. 스포츠와 스타일을 동시에 연출할 수 있는 의상을 뜻한다.

33. 스포츠심리학에서 관중 효과란 선수들이 수많은 관중 앞에서 경기하면서 승부사 기질을 발동해 자신의 능력을 최대로 발휘하는 것을 말한다.

34. 리그 오브 레전드LoL는 세계적으로 인기 있는 다자간 전략 액션 게임의 일종이다. 2009

년 10월 출시 이후 대륙별 지역별로 약 25개 언어로 서비스되고 있다. 월 1억 명 이상이 이 게임을 즐기는 것으로 알려졌다.

35. Non-Fungible Token의 약자로 직역하면 '대체불가능토큰'이라고 한다. 블록체인에 저장된 데이터 단위로 고유하면서 상호 교환할 수 없는 토큰을 뜻한다. 가상화폐라는 점에서 비트코인과 비슷하다.

36. 서민준, "디지털 뉴딜에 5년간 47조 원 투입... 메타버스 집중 육성한다.", 한국경제, 2021. 07. 22

37. 양 팀이 각각 상대팀의 홈에서 한 번씩 2회 대전하는 방식을 말한다.

38. 행사와 장소에 맞는 복장을 갖추는 것을 뜻한다. 예를 들면 학교에서는 교복을 입어야 하는 것을 의미한다.

39. AGB 닐슨 미디어 리서치, 2020년 3월 12일 방영된 최종 결승전 기준

40. 19-20 시즌 생방송 중계 기준, 유료방송가구 (AGB닐슨미디어 리서치) 모집단 19,221,541가구 대상

41. 20-21 시즌 생방송 중계 기준, 유료방송가구 (AGB닐슨미디어 리서치) 모집단 20,343,194가구 대상

42. 리포지셔닝 마케팅이란 기존 제품이 가지고 있는 이미지와 콘셉트를 새롭게 분석하여 재조정하는 마케팅 활동이다.

참고자료

1장

Mullin, B. J., Hardy, S. & Sutton, W. A.(1993). Sport Marketing. champaign, IL: Human Kinetics

김용만 · 박세혁 · 전호문(2005). 스포츠마케팅 pp.47-50, 학현사

Ken Kaser, Dotty Boen Oelkers(2016). 스포츠 엔터테인먼트 마케팅, p.16, 카오스북

Phil Schaaf(1995). Sports marketing, Prometheus Books Dennis R. Howard, John L.

Crompton(1995). Financing Sport, Fitness Information Technology, Inc. Street Business Journal(1998.07)

W. A. Sutwon, Sports Marketing, The Management of Sport, In Parkhouse, B. l., 1991, pp.149-172

Woodward, S.(1949). Sports page. New York: Simon & Schuster

Hill, J.(2002). Sports, Leisure and Culture in Twentieth-Century Britain. New York: Palgrave

Schultz, B.(2002). Sports Broadcasting. Focal Press. p.3

Betts, J. R.(1974). America's sporting heritage: 1850~1950. Reading, MA: Addison-Wesley

남현준(2016). 프로야구 중계방송 수용자의 미디어 이용과 시공간 경험 분석, 연세대학교

김경윤, 스포츠마케팅 발전 역사와 성공 사례, 스포츠서울, 2014. 02. 24

필립 코틀러(2009). 스포츠팬을 잡아라, pp.58-60, 지식의 날개

박영주(2000). 한국 스포츠마케팅 현황 및 활용방안에 관한 연구, 연세대학교

김용만(2002). 스포츠커뮤니케이션, p.89, 학연사

김원제(2016). 미디어스포츠사회학, pp.102-103, 커뮤니케이션북스

김치조(1993). 스포츠 마케팅, p.48, 태근문화사

B. J. Mullin & W. A. Sutton, Sport Marketing, Campaign, (Illinois: Human Kinetics, 1993), pp.21-28

2장

Lipsky, R.(1981). How we play the game. Boston: Beacon

Rader, B.(1984). In its own image: How television has transformed sports. New York: Free Press

Voigt, D. O.(1976). America through baseball. Chicago: Nelson-Hall.

Castonguay, Jim(1997). "The Gulf War TV Super Bowl," Bad Subjects no.35

Peterson, Erik M. & Arthur A. Raney(2008). Journal of Broadcasting & Electronic Media, 52(4), pp.544-562

McCracken, Grant(1989). Who is the Celebrity Endorser? Cultural Foundations of the Endorsement Process Journal of Consumner Research, 16(December), pp.310-321

박소영, 미녀 스타의 달콤한 부업, 중앙일보, 2014. 09. 13

양이랑, '세계 女선수 수입 1위' 샤라포바, 포르쉐 등 후원 중단 줄이어, 조선비즈, 2018. 04. 07

윤희영, 샤라포바의 섹시한 괴성에 관하여, 조선닷컴, 2009. 06. 17

김보경, '도핑 자격정지' 샤라포바, 하버드 경영대학원 등록, 연합뉴스, 2016. 06. 30

전채항, '고해성사부터 복귀까지' 샤라포바의 금지약물 스캔들. 테니스코리아, 2017. 04. 23

이원재 외(2017). 글로벌 스포츠 시스템, pp.33~55, 북마크

서명운(2004). '삼성전자: Top of Top Partners' 스포츠 시장을 지탱하는 스폰서와 에이전시. 스포츠 산업의 현장 3권, 국민체육공단

Paul Dickson(2012). Bill Veeck: Baseball's Greatest Maverick, Bloomsbury USA

한성삼(2003). 한일월드컵과 국내 축구 중계방송 영상비교연구, 중앙대학교

미국 4대 스포츠 FCI통계(Interactive Analysis of Fan Cost Index), http://www.thebusinessofsports.com/2017/02/14/interactive-analysis-of-fan-cost-index

Fullerton, S.(2006). Sports marketing, New york: McGraw-Hill college

심우택(2015). 메가스포츠 이벤트 라이센싱 상품화 사업 중요요인 분석에 따른 전략 개발, 연세대학교

맹찬형, 월드컵, 부산AG 상품화업체 75% 부도, 연합뉴스, 2003. 06. 17

심우택·신선윤(2017). 스포츠 이벤트 라이센싱 상품화 사업의 성공전략 방안, 한국체육학회지, 제56권 제3호, pp.255-269

3장

안무정(2018). 4차 산업혁명을 주도할 6가지 코드, 나비의 활주로

Hyundai Research Institute(2017). Corporate perception and implications for the fourth industrial revolution. VIP Report for Renaissance on the Korean Peninsula, 17-18(Vol. 691), pp.1-12

Lee, S. J.(2017). Social influence and legal tasks of intelligent information technology in the era of the fourth industrial revolution. Yonsei Journal of Public Governance & Law, 8(1), pp.47-74

이서영(2018). 디지털 트랜스포메이션(Digital Transformation)이 조직에 미치는 영향, 연세대학교

김도하, 드라이버는 더이상 '쇼'가 아니다...디섐보가 증명한 '새로운 승리 법칙', 골프한국, 2021. 03. 10

조재석, 스포츠 산업이 블록체인 기술을 활용하는 5가지 방법, 디센서, 2020. 03. 03

이슬기, 스포츠 산업으로 보폭 넓히는 블록체인, 투기 오욕 씻을까, 조선비즈, 2021. 07. 13

TheTicketingBusiness, CASE STUDY: UEFA EURO 2020 & THE ROLE OF MOBILE BLOCKCHAIN TICKETING, 2021. 08. 03

김기태(2021). 메타버스를 통한 스포츠 패러다임의 변화, 한국스포츠정책과학원, pp.48-57,

한남희(2020). 4차산업혁명과 스포츠융복합산업의 적용 사례 분석, 한국스포츠학회, pp.821-834,

김정은, 사명 변경한 페이스북...첫 도전 사업은?, 더데일리포스트, 2021. 11. 10

이상혁, 메타버스 여기도 '메타', 저기도 '메타', 가상현실에 열광하는 대한민국, 비즈니스리포트, 2021. 11. 11

신수지, 빅테크 3사가 운전대 잡았다, 9500조원 이 시장 놓치면 미래 없다, 조선일보, 2021. 12. 16

Martin Müller(2015). What makes an event a mega-event? Definitions and sizes. Leisure Studies Volume 34

스포츠 마케팅의 미래

초판 1쇄 인쇄 2022년 8월 18일
초판 1쇄 발행 2022년 8월 26일

지은이 박재민
펴낸이 안현주

기획 류재운 **편집** 안선영 **마케팅** 안현영
디자인 표지 최승협 본문 장덕종

펴낸 곳 클라우드나인 **출판등록** 2013년 12월 12일(제2013-101호)
주소 우)03993 서울시 마포구 월드컵북로 4길 82(동교동) 신흥빌딩 3층
전화 02-332-8939 **팩스** 02-6008-8938
이메일 c9book@naver.com

값 19,000원
ISBN 979-11-91334-85-2 03320

* 잘못 만들어진 책은 구입하신 곳에서 교환해드립니다.
* 이 책의 전부 또는 일부 내용을 재사용하려면 사전에 저작권자와 클라우드나인의 동의를 받아야 합니다.
* 클라우드나인에서는 독자 여러분의 원고를 기다리고 있습니다.
  출간을 원하시는 분은 원고를 bookmuseum@naver.com으로 보내주세요.
* 클라우드나인은 구름 중 가장 높은 구름인 9번 구름을 뜻합니다. 새들이 깃털로 하늘을 나는 것처럼 인간은 깃펜으로 쓴 글자에 의해 천상에 오를 것입니다.